U0453343

杭州市哲学社会科学规划重点课题
杭州历史文化研究丛书

世界文明连续体中的良渚文化

周膺 吴晶／著

中国社会科学出版社

图书在版编目（CIP）数据

世界文明连续体中的良渚文化 / 周膺、吴晶著. —北京：中国社会科学出版社，2016.5
ISBN 978-7-5161-8697-8

Ⅰ.①世… Ⅱ.①周… ②吴… Ⅲ.①良渚文化—研究 Ⅳ.①K871.134

中国版本图书馆 CIP 数据核字（2016）第 182758 号

出 版 人	赵剑英
责任编辑	郭 鹏
特约编辑	金 泓
责任校对	李 莉
责任印制	李寡寡

出　　版	中国社会科学出版社
社　　址	北京鼓楼西大街甲158号
邮　　编	100720
网　　址	http://www.csspw.cn
发 行 部	010—84083685
门 市 部	010—84029450
经　　销	新华书店及其他书店
印刷装订	杭州高腾印务有限公司
版　　次	2016年8月第1版
印　　次	2016年8月第1次印刷
开　　本	787×1092　1/16
印　　张	11.75
插　　页	2
字　　数	237千字
定　　价	55.00元

凡购买中国社会科学出版社图书，如有质量问题请与本社营销中心联系调换
电话：010—84083683
版权所有　侵权必究

编辑指导委员会

主　任　沈　翔

委　员（以姓氏笔画为序）

王其煌　史及伟　孙　璐　李志庭

何忠礼　陈　铭　张旭东　林正秋

周　膺　徐吉军　顾志兴　顾希佳

薛家柱

目　录

绪　言 …………………………………………………………………… 1

第一章　良渚文化与龙山时代 ………………………………………… 5
　一、良渚文化的发现与考古学定性研究 …………………………… 5
　二、满天星斗与多元互动 …………………………………………… 10
　三、最后的夷与双螺旋结构 ………………………………………… 15

第二章　隐在非亚美文化底层与显在青铜世界体系 ………………… 27
　一、自然内外的文明 ………………………………………………… 27
　二、非亚美连续带 …………………………………………………… 36
　三、全新世时间连续体 ……………………………………………… 41

第三章　人力型经济与自然连续统 …………………………………… 53
　一、作为自然适应性反应的生业 …………………………………… 53
　二、从渔猎采集到联系性经济 ……………………………………… 59
　三、人力金字塔及其限度 …………………………………………… 68

第四章　农业根性与城乡连续统 ……………………………………… 75
　一、城乡一元与大农业社会 ………………………………………… 75
　二、聚落分层与聚合 ………………………………………………… 80
　三、农业文明人 ……………………………………………………… 91

第五章　巫术宇宙观与巫政连续统 …………………………………… 103
　一、自然神的变形与政治操纵 ……………………………………… 103
　二、巫幻统治与巫幻文明社会 ……………………………………… 109

  三、财富的政治性集中 …………………………………… 115
第六章 艺术、神话与礼仪：原创与因循 ………………………… 123
  一、单向艺术创造与极权话语 …………………………… 123
  二、艺术原创与对科学技术的节制 ……………………… 132
  三、艺术在时间序列中的因循 …………………………… 143
第七章 现代转换的生态危机与文明形态的更化 ……………… 149
  一、连续中的破裂 ………………………………………… 149
  二、重回连续世界 ………………………………………… 155
  三、破裂中的有益经验 …………………………………… 161
主要参考文献 …………………………………………………………… 171
  一、外文文献 ……………………………………………… 171
  二、中文专著 ……………………………………………… 173
  三、中文论文、研究报告 ………………………………… 178

绪　言

张光直根据韦斯登·拉巴（Weston La Barre）、彼得·T. 佛斯特（Peter T. Furst）等的亚美文化底层概念，提出环太平洋文化底层、玛雅—中国连续体的著名论点。所谓文化底层，指存在于不同区域中一种或数种来源相同、年代古远并在各自文化序列中处于底层、带有底层特征的共同的文化因素。文化底层对文明的形成和长期发展有决定性作用。北纬30°的农耕世界或许在旧石器时代的人口迁徙中即构建了农业文化底层，形成非亚美连续带。张光直认为，在这一区域中，只有苏美尔文明、希腊文明为代表的技术或商业特征强烈的西方式文明是个特例，其他农业特征强烈的非西方式文明可以描述为一个共同的连续体。中国文明则不仅没有跳跃式发展，同时还具有历史连续性。张光直还认为，农业性的非西方式文明与自然也是连续的，即具有生态性。西方式文明与自然则是断裂的。作为玛雅—中国连续体的典型范例、中国5000年文明史最有力的实证之一的良渚文化，在世界文明连续体的形成和发展中具有特别的重要性，因而对它的研究在世界文明连续体的研究中也具有纲领性。

良渚文化之农业经济和农业社会与自然保持连续。其农业生产率较此前的新石器文化有较大提升，特别是犁耕农业将规模农业推进到一个新的历史阶段，为中国文明的起源奠定了基础。但这种规模农业并未超过自然的承载力，能与自然构成良性循环。良渚文化还形成了后代中国基本的经济、政治和社会格局。财富的创造或积累主要依靠劳动力的投入，财富的集中借政治程序（人与人的关系）而不是技术或商业程序（人与自然的关系）。天人合一的宇宙观以及农业社会体系则为政治操纵创造了条件。手工业的专门化和农业的规模化为初级贸易创造了条件，但贸易主要限于玉器、漆器和精致陶器、木器等范围之内，且总体上为"官方"控制，量能十分有限，因而这种生产方式可以维持生态平衡。并且，它还有利于形成超稳定的社会结构，从而为连续性历史发展埋下伏笔。中国后来的历史虽然主要是中原文明生发的，但良渚文化与中原文明质性一致，它最终也融入中原文明成为中国文明的基因，并未形成真正的断裂层。

但是，良渚文化或中国文明也内含超级功利主义或重实利基因，存在着与自然断裂的巨大可能性。自明代中后期引进美洲等地的甘薯、玉米等农作物以后，不仅使中国人口爆炸，而且使黄河流域、长江流域大范围水土流失，造成巨大的生态灾难。不过，由于直至改革开放以前中国尚没有形成现代机器工业体系，所以空气、水、土壤环境的人为破坏仍不足以危及人的基本生存安全。改革开放以后，传统农业社会中的超级功利观与功能强大的现代机器结合，使中国迅速成为世界上资源消耗最大、污染最严重的国家之一，社会风险巨大。

西方式文明的非农业特征使张光直简单判断其与自然断裂。事实上，不过度依赖田地开发、节约和深度有效利用自然资源的西方式文明虽然跳跃式非连续发展，却比非西方式文明与自然更具有连续性。苏美尔文明、希腊文明不仅十分重视资源的有效利用，而且从哲学、科学上深入探索世界的有机性、整体性，开掘了现代生态学源脉。当现代工业造成巨大的生态危机以后，西方传统文化中包括有机论、整体论和人性论在内的生态纠偏机制便自动启动，以生态学、生态文化学或生态文明纠正问题。虽然由于人口增长、利欲膨胀，西方世界也未能避免生态恶化，但相比于非西方的"农业性大机器"，西方文明还是表现得有节制得多。当今英、美、日等发达国家的资源利用绩效以及环境状况相对较好，而中国、印度、巴基斯坦、伊朗、埃及等则成为全球资源消耗最大、污染最严重的国家。1995—1999年，一群科学家在印度洋展开实验和研究，发现印度洋、南亚、东南亚和中国南部上空长期盘旋着一个面积相当于美国大陆大小、厚度约3 km的褐色云团，将其命名为"亚洲褐云"（Asian Brown Clouds）。此说甫一提出，各种针对亚洲环境的指责和非议随之而来。进一步研究发现，美洲、欧洲和非洲的一些地区也同样存在这种情况。因此2003年在中国学者的建议下，"亚洲褐云"更名为"大气褐云"。2008年11月13日联合国环境规划署（United Nations Environment Programme）发表的《大气褐云：亚洲区域评估》指出，由燃烧化石和生物燃料所形成的大气褐云（Atmospheric Brown Clouds）与温室气体一道对亚洲的气候、环境和人类健康等造成巨大影响。褐云和气候变暖改变了原有的东亚季风模式，并导致中国"北旱南涝"的局面进一步加剧。过去半个多世纪，中国和印度的极端降雨天气，即降雨量超过100 mm的天数明显增加，降雨量超过150 mm的大暴雨天数则翻了一番。为大多数亚洲河流提供水源的冰川，即印度—库什—喜马拉雅—中国西藏冰川受到巨大威胁，正在以更快的速度融化。自1950年以来已经缩小了5%。而中国近4.7万座冰川在过去1/4个世纪里缩减了3000 km²。[1]

直至今日，中国并没有真正实现现代化，后现代化为时更远。从文化

[1] 陈冰:《从ABC到霾》,贺莉丹:《城市空气污染调查:广州怎么了》,《新民周刊》2009年第14期。

性质来判断，当今的中国不过是"机器农业社会"。如前所述，这种"机器农业社会"潜藏着足以毁灭国家、民族的十分巨大的生态危机。在当前历史条件下，有必要对玛雅—中国连续体或非亚美农业连续体进行系统深入的研究，发掘良渚文化等的优秀生态文化因素，通过比较汲取西方式文明的先进理念和经验，改造传统文化，构建生态社会。

第一章　良渚文化与龙山时代

一、良渚文化的发现与考古学定性研究

环太湖地区良渚文化器物很早以前即已出土。考古资料显示，春秋战国之际的一些墓葬埋藏着良渚文化玉器。江苏吴县严山春秋玉器窖藏（有人认为为吴王墓葬）出土琮、璧等多件良渚文化玉器。[1]浙江安吉递铺垅坝战国墓出土良渚文化玉璧。[2]南宋官窑、龙泉窑出土多件琮式瓶，显然模仿了良渚文化玉琮造型。清代乾隆皇帝收有许多传世玉器，并题了许多玩赏御制诗。台北"故宫博物院"所藏5件琢刻御制诗的玉琮中有2件为良渚文化玉琮（编号为故玉2823和4183）。由清道光十二年（1832年）瞿中溶《奕载堂古玉图录》、光绪十五年（1889年）吴大澂《古玉图考》和1936年端方《陶斋古玉图》可知，清季传世或出土的良渚文化玉器已不少。《古玉图考》著录了一批良渚文化玉器。其中31件玉琮中的"大琮二"和"组琮十一"可确定为良渚文化晚期器物。另有1件神人兽面纹饰"方玎"也是良渚文化器物。[3]《陶斋古玉图》原稿本缺损较多，但仍存"璧、琮以次百五十余器"，其中良渚文化器物著录数量超过《古玉图考》。如"镇琮三""组琮四""琮六""琮七""琮九"等为典型器，六龙首纹玉环"珑"和琢纹锥形器"玉笄三"也较典型。[4]清末徐寿基《玉谱类编》和刘心白《玉纪补》等著作将良渚文化玉器的出土地点明确指向"安溪"和"双桥"，"安溪土""双桥土"成为古玉行中"南土"的代表。古玉行中也有更直接的"良渚古玉"之称。安溪为杭州市余杭区一镇，后并入良渚街道。双桥即嘉兴市秀洲区王江泾镇双桥村。晚清时良渚、双桥一带出土的古玉已闻名遐迩。到民国时期，良渚文化玉器风靡市肆，一时盗挖成风，有的还辗转流于海外。据说良渚一个洪姓农民曾挖到几担所谓"玉塔""玉饼"和"玉节"到上海出售，使之流失于海外。1949年前后古董

[1] 姚勤德、龚金元:《吴国王室玉器》，上海人民出版社1996年版。

[2] 安吉县博物馆:《安吉文物精华》，文物出版社2003年版。

[3] 吴大澂:《古玉图考》，上海同文书局光绪十五年（1889年）版。

[4] 端方:《陶斋古玉图》，上海来青阁民国25年（1936年）版。

商卢芹斋等通过到美洲、欧洲展销整批出售。全球各大博物馆基本上都收藏有良渚文化器物。

中国考古学发端以后，考古学家开头把眼光集中于黄河流域，对北京周口店、河南渑池、安阳殷墟、山东城子崖、河南后岗等遗址进行了卓有成效的田野考古发掘，很长一段时间只视远古江南为"化外"之地。光绪三十二年（1906年），在上海求学的慎微之返回浙江湖州老家度假，拣到钱山漾遗址石器。后于民国23年（1934年）趁干旱再次采集，结果发现了钱山漾遗址。民国9年（1920年），卫聚贤在南京栖霞山发掘六朝墓时找到一些良渚文化石器。嗣后陈志良在江、浙许多地方发现属良渚文化的被称为"吴越民族先期文化"的遗物。杭州籍学者何天行、施昕更慧眼识珠，很早便从田野考古资料中注意到中国文明的多元因素，发现了良渚文化，不仅奠定了长江文明考古学的基础，而且成为中国考古学的开拓者。

良渚文化及其中心遗址良渚遗址的最早发现得缘于何天行的工作。民国24年（1935年），杭州市西湖区古荡街道老和山遗址出土陶器、石器，西湖博物馆随即进行了比较系统的发掘，正在复旦大学求学的何天行注意到了此事。他通过对杭州一些古玩市场的调查，即刻又找到了新的同类型文化的线索，于这年暑假对老和山遗址和余杭区良渚街道、瓶窑镇的良渚遗址区进行了考察。在良渚街道荀山和瓶窑镇长命桥一带发现了一些遗址，并征集和采集到许多石器和陶器，其中包括一只刻有陶文的黑陶盘。他把这件事告诉了老师卫聚贤，受到卫聚贤重视。民国25年毕业后，他又采集到相关文物100多件。当时河南安阳后岗黑陶和山东龙山城子崖黑陶已发现，他加以对照，并向中央研究院历史语言研究所要了殷墟陶器和卜辞实物图片进行比较，意识到良渚一带的出土物当是一处典型的江南远古文化遗存。民国26年（1937年）初，他又到中央研究院历史语言研究所向考古学家董作宾等陈述，并出示了实物，判断得到进一步确认。后经实地反复调查，何天行于民国26年4月写出考古报告《杭县良渚镇之石器与黑陶》，由蔡元培题写书名，作为吴越史地研究会丛书第一种出版。民国25年2月，以卫聚贤为代表的一些学者在上海发起成立"以研究吴越（暂以江苏、浙江两省为限）史地为宗旨"的吴越史地研究会。8月30日，吴越史地研究会在上海成立，推举蔡元培为会长，卫聚贤为总干事。会上提出"吴越文化"新概念，倡导"吴越文化"考古研究。由卫聚贤主编的《吴越文化论丛》成为发表吴越文化最新研究成果的阵地。《杭县良渚镇之石器与黑陶》作为吴越史地研究会丛书第一种出版，足见其开创性和重要的学术价值。

《杭县良渚镇之石器与黑陶》运用西方考古学方法对层位和器物进行了系统测量和标注，在当时属相当严谨。在系统归纳、整理、描述的基础上又对其进行考古学文化分析，而不是简单的器物介绍，最早使良渚文化纳入现代考古学范域。《杭县良渚镇之石器与黑陶》共分5部分，即绪言、遗址的发现、地层的大概、遗物的种类（分石器、黑陶两部分）、结语。每一部分由独立思考提出独到的见解。如绪言中写道："这次的发现，不但是南方考古界的创获……而且因为浙江在春秋战国以前绝少历史上真确的史料，文化不彰，向以为文身断发的蛮荒境界。现在发现了这样优秀的文化遗迹，可见浙江的远古文化本极悠久，将吴越文化的源流拉长了几千年。不独借此补充文献上所欠缺的材料，且从中国文化起源与发展而论，这次的发现，亦不啻为东南的古文化奠一新的基础与途径。"[1] 所附图录黑陶豆盘体口沿纹饰是目前发现的最接近文字的良渚文化刻画符号，具有极高的考古研究价值。书后附卫聚贤《中国最古的文字已发现》一文对其做出了很高的评价。

[1] 何天行：《杭县良渚镇之石器与黑陶》，载何天行：《何天行文集》，周膺、何宝康编校，浙江大学出版社2014年版。

何天行（1913—1986年），字摩什，浙江杭州人。父亲何公旦是杭州名医，当过慈溪知县，胞弟何任曾任浙江中医学院院长，毕业于国立艺术专科学校的胞姐何谙是潘天寿夫人。何天行先后就读于上海大同大学预科、中国公学大学部、复旦大学，曾任国立艺术专科学校图书馆主任、浙江大学人类学系兼职教授、浙江博物馆历史文化部主任、上海市文化局职员、东北人民大学图书馆研究员等职。他有很高的人文素养，是中国考古学的先驱，对先秦历史等有很深的研究。不仅最早发现了良渚遗址，20世纪50年代对90年代发掘的杭州市萧山区跨湖桥遗址即有指证。

何天行对《楚辞》颇多研究。对《楚辞》及其作者的怀疑古已有之。民国10年（1921年）四川存古书局出版廖平《楚辞讲义》一书，该书提出《离骚》为秦博士所作的观点。胡适于《读书杂志》民国11年（1922年）第1期（《努力周报》增刊）发表《读〈楚辞〉》一文，对屈原的存在质疑。许笃行于民国24年（1935年）第4期《浙江省图书馆馆刊》发表《楚辞识疑》一文，称《离骚》是淮南王刘安怨刺汉武帝之作，并指出《离骚》与《淮南子》的一些相似之处。何天行发挥廖平、胡适、许笃行的观点，较系统地论证《离骚》为淮南王刘安所作。他先于民国27年（1938年）6月15日在吴越史地研究会主办的《楚辞研究》上发表《楚辞新考》一文，民国37年（1948年）修改并更名为《楚辞作于汉代考》由中华书局出版。此书被日本早稻田大学教授稻畑耕一郎称为"最周密、最系统"的"屈原否定论"。[2] 1951年3月17日、3月31日、4月28日、5月12日，朱东润在《光明日报》"学术副刊"以《楚辞探故》为总题连续发表《楚歌及楚辞》《离骚的作者》《淮南王安及其作品》《〈离骚〉以外的屈赋》4篇论文，论证刘安作《离骚》的观点。5月26日郭沫若在《光明日报》"学术副刊"发表《评〈离骚以外的屈赋〉》一文，反驳朱东润的论点。又在附记中说："何天行有《楚辞作于汉代考》（1949年中华书局出版），其自序云乃十年前之旧作。朱东润说多与之相同。朱与何不知是否一人？"郭沫若还组织杨树达、沈知方发表了4篇批评文章。何天行次年经李青崖介绍到上海市文化局工作。在上海工作时间不长。1956年

[2]〔日〕稻畑耕一郎：《屈原否定论之系谱》，载早稻田大学中国文学会编：《中国文学研究》1977年第3期。

经汪馥泉介绍去东北人民大学图书馆工作,但次年即回家休养直至去世。何天行后半生仍然坚持考古调查和学术研究,写了大量论著。"文化大革命"抄家时大多被毁。

比何天行稍晚,施昕更也对良渚遗址进行了考古调查。施昕更(1912—1939年),初名兴根、鑫赓,浙江杭州人。出身于良渚镇(现良渚街道)一个店员家庭,家境贫寒,但自幼聪颖,虽仅毕业于浙江省立高级工业学校艺徒班,却因在西湖博览会上工作出众而入西湖博物馆工作。民国23年(1934年)代表西湖博物馆出席在天津召开的全国地质会议,次年著成《浙江地质矿产志》,颇显才华。民国24年参与老和山遗址发掘时,施昕更也注意到此地的出土物与其家乡良渚一带的极相类似,萌生了回乡考古的想法。从施昕更后来的论述以及何天行对其《杭县良渚镇之石器与黑陶》的说明来判断,施昕更的工作应是在何天行的基础上做的。其主要发掘坑何天行大多已有著录。但施昕更也有独立的发现,并展开了更系统的田野考古调查。民国25年(1936年)11月3日,他在良渚街道荀山棋盘坟一个狭长的干涸水池断层中发现了"黑色有光的陶片"。通过与山东城子崖黑陶的对比,他认定这是"江南远古文化"。在西湖博物馆馆长董聿茂的支持下,施昕更于12月1日至10日、12月26日至30日主持了两次棋盘坟遗址田野考古发掘,证实了自己的判断。为弄清这一考古学文化的范围,他又于次年3月8日至20日主持了第三次考古发掘,在良渚街道横圩里、横村塘、大雄、后湖村和瓶窑镇钟家村、金家弄、宋村一带发现良渚文化遗址或遗存共13处之多。据他自己说,试掘的过程中,在当地一般无知的农民中造成轰动,但遭多重阻难。有的指责他窃以自肥,有的则在晚上私自盗掘,毁坏农田而归罪于他,使之成为众矢之的。但是他克服了重重困难,采集到数十种陶器、石器、玉器,掌握了第一手充实的材料。民国26年4月,西湖博物馆邀请中央研究院历史语言研究所的董作宾、梁思永到良渚考察,两位专家对施昕更的工作评价很高。约用了半年时间,施昕更写成《良渚:杭县第二区黑陶文化遗址初步报告》。但经过多重周折,才于民国27年(1938年)6月由浙江省教育厅出版。施昕更于该书出版的第二年病逝,年仅27岁。

施昕更根据考古调查把良渚遗址分为三大区,如发表的论文副题所指,他只是做了第一步第二区的考古工作。这份关于第二区的考古报告分为绪言、遗址、地层、遗物和结论5个部分。第四部分重点从4个方面对黑陶进行了描述与分析。一是将良渚黑陶与山东城子崖黑陶在陶质、陶色、纹饰、器类、制法等方面进行了比较,认为二者有一些共同因素,但断定良渚黑陶是受山东黑陶"传播影响而发生,为同一文化系统和产物"。二是对良渚黑陶的陶色、陶质、纹饰、制法等加以详细的分析和推测。除注意到陶器制作普遍使用轮制法留下的特征外,还指出一些小件器物以及器耳、器把、器足等是用手捏制的。纹饰形成有的属于制作时留下的旋纹等,也有加工纹。加工纹分为镂孔、刻画、弦纹、压纹、印纹等几类。三是把器物分为缘、盖、足、底、鼻、把等部分,并对每个部分都细致分类。将器足分为鼎足和圈足两大类。鼎足又有圆锥式、三角式、扁凿式、丁(T)字式、犁铲式等。这种分类法许多沿用至今,显示作者过人的观察力与科学品性。四是推断器物的形制与用途,将陶器分为容器门和非容器门。另外,对石器也做了分类与分析。把有打击痕迹、器身粗糙的石器归为"粗制石器",如锛、斧、刀等;把带穿孔的磨光石器如戈、刀、镰、镞、锛、斧、钺等划为"精致石器"。由于考古学在当时尚很不成熟,加之出土器物数量有限,施昕更的许多论断不可避免地存在问题。比如认为黑陶为非日常生活用品,只是祭祀器物或随葬品,理由是当时崇尚黑色。

《良渚:杭县第二区黑陶文化遗址初步报告》的叙述逻辑、文字格调、思想深度,拿今日之同类论文比之,还难有望项背者。其中绪言与结论写得相当有人文思辨色彩。施昕更提出,要弄清中国史前文化的渊源及其传播发展的情形,就必须"做扩大的田野考古工作,由不同区域的遗址,不同文化的遗物,及其相互的连锁关系,来建立正确的史观。这是考古学上最大的目的"。并提倡先进的实证思想:"考古报告的目的,不过将古人遗下来的物证,实事求是的,有系统的整理记载下来,为后来的学者一种参考","说明遗址遗物在历史上的真正价值"。[1]

何天行、施昕更的发现惊动了中国学界,极大地推动了长江文明的研究,也促进了稚嫩的中国考古学的发展。20世纪50年代环太湖流域良渚文化遗址大量发现,他们的推论得到完全确认。1959年,中国社会科学院考古研究所研究员夏鼐定名为"良渚文化"。70年代,特别是80年代中期以后,浙江、江苏、上海等地先后发现许多规模较大的遗址,良渚遗址更是一再发现各种类型的遗存,良渚文化在学界的估价不断提高,产生了世界级影响。

长江流域的考古调查比黄河流域晚,现知最早的是1925—1926年美国的一个探险队在三峡做的调查。很可能当时他们就找到了大溪遗址。10年以后才在长江下游发现良渚遗址。几乎同时发现的有杭州的老和山遗址、湖州的钱山漾遗址和嘉兴的双桥遗址。它们构成了一个系列。这些遗址的发现是两种力量推动的结果:第一,随着考古学的传入,中国原有的史学观念受到冲击,促进了中国知识界努力探求认识中国历史的新途径;第二,随着江浙地区经济社会发展水平的提升,知识界也增强了企图补充或修改传统史学的欲求。[2] 吴越史地研究会开展了许多宣传鼓动工作,在全国产生很大的影响。虽然良渚文化研究仍不能完全摆脱对中原文化的攀附,但如何天行、施昕更一样也萌发了"江南远古文化"观念。良渚遗址的发现也在客观上突破了以黄河中游为中华文明唯一起源地的看法。

中国地处亚洲东部。东亚地区向东是海,北面戈壁高寒地带,向西是沙漠,西南是青藏高原,东南是雨林,特别是由于帕米尔高原、天山、阴

[1] 施昕更:《良渚:杭县第二区黑陶文化遗址初步报告》,载浙江省文物局、浙江省博物馆编:《浙江文博七十年文萃》,浙江大学出版社1999年版。

[2] 芮国耀:《长江流域考古与中国古代文明:牟永抗先生访谈录》,《东南文化》1992年第6期。

山、大兴安岭、喀喇昆仑山、喀尔巴阡山的环绕，使之与欧亚旧大陆相对隔离，形成一个相对独立的文明发源中心。古代所谓中国的"中"可以指东亚这个地理条件中的"中"。而以往在人们的观念中这个中心里还有一个中心即仰韶文化或龙山文化分布区，似乎东亚文明都是从这个中心辐射出去的。而学界一方面主张东亚文明有独立的起源，强烈反对外来传播论，另一方面就东亚内部而言却表现出强烈的传播论色彩。在相对封闭的地理环境内，东亚内部的文化交流却相对方便。久而久之，文化趋于同一，并形成传统；而由于对外交往困难，又使其保持独特性。按照传统观念，长江流域的历史作用一直到汉代以后才充分显现出来。这种观念很强烈，其影响不仅存在于20世纪30年代，甚至50年代钱山漾遗址发现蚕丝，开始也怀疑出土地层有问题，而且还将^{14}C年代定为相当于商代。事实上远古时期中国确实存在广泛的文化传播关系，并且传播的广度和深度应当超出由现有考古资料做出的估计，但这种传播不是单向的，而是互相的。外来文化在中国的传播力同样超出目前的估计，其发生时间可以追溯至东亚人类起源时期。上述外来和内部两种文化传播不断在时空上交集，形成了中国文化的地缘品格。这种地缘品格具有相对的存在性，但也不断沉淀为一种与西方文化不同的底层。其特征主要表现为定居农业生态。而就农业生产而论，无论是过去还是今天，中国南方特别是长江下游地区在中国都是相对优越的。北方主要是草原性或沙漠化生态。从长时段或广域空间来考察，良渚文化在新石器时代直至文明起源阶段在中国都是农业发展水平最高的文化形态，因而是本地传播论意义上最具代表性的考古学文化。太平洋西岸有一个从日本岛经琉球、中国台湾省到菲律宾组成的岛链。良渚文化分布区紧邻东亚岛链，它也在环太平洋地区构成某种文化底层，是张光直所说的玛雅—中国连续体的典型范例。中国的西部直至非洲北部，除中东地区外，古代几大文明也以农业文明为特征，与良渚文化也颇多共性。就此而论，良渚文化不独是中国文明起源最有力的实证，而且在世界文明体系中也是某种典型因素。

二、满天星斗与多元互动

1977年，苏秉琦在南京召开的长江下游新石器时代学术讨论会上提出考古学文化"块块问题"。至20世纪80年代初，发展为"区系类型学说"。苏秉琦认为中国古代文化是分区发展的。每个区有自己的传统，形成不同的谱系。谱系下还分很多枝蔓。中国文化演进不是单线式，而是多元的，或者说是满天星斗式的。苏秉琦认为中国新石器文化可以分为6个区，即以燕山、长城南北地带为中心的北方，以山东为中心的东方，以关中、晋南、豫西为中心的中原，以环太湖为中心的东南部，以环洞庭湖和四川盆地为中心的西南部，以鄱阳湖—珠江三角洲一线为中轴的南方。今日"中国"所包括的疆域超越了上述6个文化圈的空间,蒙藏、中亚、西南山地及沿海岛屿又各有自己的文化圈。苏秉琦提到的区系是中国新石器文化遗址分布最密集的几个大地区,不但资料多,发展线索也较为清楚,而其区系理论大体可以反映中国新石器文化聚合和文明发育的过程。[1]严文明则划分出8个区。此外还有其他种种划法。考察这些文化或其指代的古代民族的分布,可以发现一个多重空间结构。"区系类型学说"虽是对文化面貌浅层的认识,但是隐含了对整个中国历史过程的深刻理解。它至少有两个重要作用:一是可以指导各地完善本地区的考古学文化年表,建立尽量丰满的文化谱系。二是形成对物质文化遗存背后社会历史的整体性认识框架,即差异中的同一。以这个学说为标志,中国考古学重建物质文化史年表的技术和方法开始成熟。

[1] 苏秉琦、殷玮璋:《关于考古学文化的区系类型问题》,《文物》1981年第5期。

从距今约6000年起,几个在中国文明发源过程中发挥过重大作用的史前文化主要集中在黄河、长江两大流域。它们主要是黄河下游的大汶口—龙山文化、长江下游的崧泽—良渚文化、长江中游的屈家岭—石家河文化、燕辽地区的红山文化、中原地区的仰韶文化及其后续龙山时代的各考古学文化。此外,可能还包括晋中、陕北以及分布在四川盆地内的各个考古学文化。这个巨大的文化丛体构成了"重瓣花朵"式多重分布的最内重。至少在新石器时代中期,这个文化内重就形成了。在它的外围是因各种原因尚停滞在采集狩猎阶段迟迟没有开展农业的地区,构成文化分布上的外重。这些区域文化各有特色,意味着其背后创造它们的社会在文明化进程上各具特点,对整个中国文明的形成做出过不同的历史贡献。

上述这些区域文化发展进程并不一致,但相较于过去的文化都呈现加速发展的态势。至中国早期文明形成可以分为此起彼伏的三大发展阶段。距今6000—5300年为第一阶段。此时中原仰韶文化庙底沟期空前繁荣,长江中下游地区也呈现出同样的态势,而其他地区相对沉寂。距今5300—4500年或稍晚为第二阶段。由于内部结构调整,中原地区转入表面的沉寂。长江中下游以良渚文化为代表的各文化则继续此前的发展趋势,并相继达到发展高峰。黄河下游的海岱文化也保持着稳健发展的态势,辽西地区的红山文化以更快的速度走向了发展巅峰。距今4500—4000年是第三阶段。除长江上游的成都平原突然涌现出一批城市外,长江中下游地区的社会文明化进程却急转而下,快速凋零。类似的情况也发生在辽西地区。红山文化与良渚文化,一北一南相继衰落。中原文化经过调整后再度崛起,形成了以中原为中心的历史发展趋势。

各区域文化走了不同的道路,各有特点。大体可归纳为两种模式。自然条件较好的东部、南部地区是一种模式。其社会复杂化和社会分层化水平较高。随着社会等级的确立,这些地区发展出一系列复杂的等级象征系统。比如通过大量的玉器、象牙器、漆器、丝绸、精致陶器和墓葬等来表现社会成员的等级。聚落和聚落群之间也有清晰的等级秩序,社群开始分化。为了维护和巩固这种等级秩序，巫教发挥着至关重要的作用。这类模式以长江下游的良渚文化为代表。自然条件相对较差的西部和北部的旱作农业地区呈现另一种模式。这些区域社会分化程度普遍较低，缺乏等级表征系统，社会矛盾的尖锐和新的社会秩序的建立更多体现在聚落和聚落之间。这些地区常常可以见到城墙壕沟等聚落防御设施遗存，并且大量出土箭头等武器，较多发现乱葬和杀埋活人奠基仪式等遗存。社群之间的冲突和暴力似乎是其社会生活中的重要内容。中原龙山文化是这一模式的代表。中原不是一个严格的自然地理概念，而是古代人文地理概念，大体相当于黄河中游地区，古称华夏。新石器时代中期，这里有 3 支不同的考古学文化。约在距今 7000 年，大地湾文化、磁山文化和裴李岗文化逐步融合成仰韶文化。约从距今 6000 年开始，仰韶文化进入中期，又叫庙底沟期。这是仰韶文化最繁荣的阶段，文化统一性空前加强，人口急剧增长，聚落分化加剧。地域也开始大幅度向外扩张，原本很少有人活动的陕北及河套地区也出现了仰韶文化聚落。仰韶文化彩陶在很多区域文化中都有发现，文化影响力遍及大半个中国。但大约从距今 5500 年开始，仰韶文化高度统一的局面不复存在。这与当时气候向干冷方向变化影响旱作农业或许有关。直到距今 5000 年，开始了一场大规模重组。起源于晋南地区的庙底沟二期文化快速覆盖了豫西的洛阳平原，并对郑州、嵩山以南乃至渭河上游地区产生了广泛影响。与此同时，来自东方的大汶口文化和南方长江中游的屈家岭—石家河文化也相继影响到中原地区。到距今 4500 年前后形成了几支既有联系又有各自特色的地方文化，它们被统称为中原龙山文化。这一时期中原地区混乱不堪，聚落冲突剧烈，征伐不断，小国林立。但在激烈的冲突中，中原逐渐酝酿出了一种新的社会秩序。其标志就是距今 4000 年前后被认为是夏文化的二里头文化。二里头遗址也被认为是夏王朝的都邑。

陈连开等从较大范围描绘了中国文明起源的本土、多元以及由多元向一体汇聚的特点。东西两大部和南北三大带诸民族的统一过程也就是统一多民族中国形成的过程。所谓东西两大部是指面向海洋的湿润的东南部农业区和背靠欧亚大陆的广大的干旱牧区，所谓三大带就是秦岭淮河以南的水田农业带、秦岭淮河以北至秦长城以南的旱地农业带和秦长城以北的游牧带。三大不同经济类型与文化传统在交流中汇聚，从而为夏、商、周三代文明的出现和国家的形成奠定了基础，即在取得"文化认同"的过程中实现"共识的中国"。[1] 费孝通将考古学与历史学、语言学和体质人类学相结合，提出了中华民族"多元一体格局"假说，调解了一元论与多元论的矛盾。[2]

张光直提出"中国相互作用圈"假说，并用"龙山形成期"来描述这种相互作用的实际进程。"相互作用圈"（Sphere of Interaction）概念自考古学家约瑟夫·R. 葛德伟（Joseph R. Caldwell）那里借来。在一篇讨

---

[1] 陈连开：《关于中华民族的含义和起源的初步探讨》，《民族论坛》1987 年第 3 期；《中华新石器文化的多元区域性发展及其汇聚与辐射》，《北方民族》1988 年第 1 期。

[2] 费孝通：《中华民族的多元一体格局》，载费孝通主编：《中华民族多元一体格局》（修订本），中央民族大学出版社 1999 年版。

论北美东部侯泼威廉（Hopewellian）资料的文章里，葛德伟用"相互作用圈"指称各区域之间葬仪或宗教方面的相互作用。他还很明显地暗示说，相互作用圈也可以建立在他种因素相互作用的基础之上。中国相互作用圈牵涉的范围远较上述广泛。另外也可以借用温德尔·C. 本奈特（Wendall C. Bennett）用于秘鲁的所谓"地域共同传统"（Areaco-tradition）概念来解释。本奈特将"地域共同传统"定义为"文化史的总单位"，其中的构成因素在一段时期彼此发生关系。相比之下，"相互作用圈"概念表述得更清晰。一个相互作用圈里的区域文化或地方文化显示着由它们相互作用而形成的类似性，考古学家制定各种文化"水平"（Horizon）或"水平形态"（Horizon-style）将这种类似性加以特征化。另外，一个大的相互作用圈也可以在个别区域发生作用。区域文化与相互作用圈长期作用使其内部发生连锁反应。中国相互作用圈的形成与其内部各组分的进化是同一发展的两面。龙山形成期这个概念是张光直最初在1959年作为贯穿若干区域文化序列的空间性的整合工具而提出来的，用来说明整个中国东海岸在一段连续时期之中的许多石器和陶器特征与类型上的相似之处。同时又将华北的中原地区即汾河、渭河、黄河交汇地带当作一个文化核心区域。做这种解释的基础是新石器时代文化发展在中原有一串完整的系列，而在东部或东南海岸当时没有发现这样一个完整的系列。后来发现的考古资料推翻了"龙山形成期的大扩张"的结论，但"龙山形成期"是确实存在的。华北的大汶口文化等与长江流域或东海岸文化的连锁发展就是所谓的"龙山形成期"。龙山形成期自距今5000年在华北和长江流域出现，然后沿着东海岸到台湾和珠江三角洲一直延续至距今3500年。在此意义上的龙山文化不特指某种特定的地域文化，而指同一个时代的中国考古学文化。这个时代也可表述为"龙山时代"。

距今5000年以来，上述相互作用圈的每一个区域都开始走向复杂社会或者早期文明社会。其区域文化分布主要有如下部分：（1）山东的大汶口文化演变为山东龙山文化；（2）长江下游兴起杭州湾区龙山文化即良渚文化；（3）黄河中游河谷仰韶文化经过过渡期类型庙底沟二期发展为几个区域性的龙山文化，如河南龙山文化、陕西龙山文化、山西龙山文化；（4）甘肃兴起齐家文化（如果发现时间比东邻的陕西龙山文化早，有可能被命名为甘肃龙山文化）；（5）长江中游兴起青龙泉三期文化（湖北龙山文化）。这些龙山文化接续出现。由于彼此之间信息交往持续而且频繁，它们互动发展，不仅物质形态的相似度极大提高，而且由此反映的社会组织和意识形态同样如此。张光直在《中国相互作用圈与文明的形成》中提到8个方面：（1）红铜器物（多为小件饰物和无农业作用的小型器具）在山东、豫西、晋南和甘肃发现。已有的发现还不足构成一种重要的金属工业，但王城岗发现的青铜容器残片有重要意义。（2）陶轮在陶器制造上使用非常广泛。陶窑和陶轮的改进说明应有专业化的社会生产。各种龙山文化的陶器彼此之间有非常大的差异，但从红色陶向灰色陶的转变以及彩绘装饰的衰落来看，应是陶工有意选择的结果。（3）城墙的出现和夯土建筑技术在山东、豫东、豫北和豫西的传递，说明有了防御性公共工事的需要。（4）与防御工事产生有关的是制度性的暴力使用，表现在战争和人祭等方面。（5）祭祀艺术的发展如动物或鸟纹饰的使用与巫政人物有关。（6）玉琮、玉璧等的使用，尤其是与动物或鸟纹饰的结合使用，表现出一种独特的宇宙观。这种宇宙观甚至是整个作用圈的底层。（7）使用肩胛骨的占卜术较为普遍，它是宇宙观底层的又一表现。（8）墓葬遗迹说明出现了政治和经济上严重分化的社会。[1]

[1] 张光直：《中国相互作用圈与文明的形成》，载张光直：《中国考古学论文集》，生活·读书·新知三联书店1999年版。

20世纪30年代，梁思永根据区域特征将特定的龙山文化划分为山东沿海、豫北和杭州湾3个区，良渚文化被视作龙山文化的一个类型。而事实上良渚文化不仅发源比山东龙山文化早，而且发展水平也更高，乃至在整个"龙山形成期"或"龙山时代"的早中期即距今4000年前发展水平都是最高的。就上述8个方面而言，除第一个并不十分普遍的红铜因素外，其余7个方面良渚文化都是表现最为充分和典型的。龙山时代的生产力较以前有较大提高，社会已分化为不同的利益集团，平等和民主已经不是处理人与人关系的准则。当时冲突频仍，战争不息，不择手段聚敛财富成为一种崇高目标。聚落分级导致城乡对立，王权业已出现，礼仪活动注入了阶级内涵。这些因素具备了文明社会的基本要素，只不过国家机器还不发达，政治实体的统辖范围还比较小。良渚文化在这方面的表征是最为清晰和典型的。苏秉琦和殷玮璋在《关于考古学文化的区系类型问题》一文中指出："在历史上，黄河流域确曾起过重要的作用，特别是在文明时期，它常常居于主导的地位。但是，在同一时期内，其他地区的古代文化也以各自的特点和途径在发展着。各地考古发现的考古材料越来越多地证明了这一点。同时，影响总是相互的，中原给各地以影响，各地也给中原以影响。"[2] 徐苹芳、张光直《中国文明的形成及其在世界文明史上的地位》一文总结了中国文明的形成及其特点："中国文明的形成是自身发展的结果，是土生土长的原生文明。中国文明的经济基础是农业。与农业有关的科学技术得以发展。中国文明起源和文明社会诞生之间，经历了大约两千年。大约在公元前3000年前后，中国早期文明社会已在黄河中下游和长江中下游形成。商、周是中国早期文明社会的繁荣时期。以宫庙为主体的城市，以玉和青铜器制作的礼器，是中国早期文明社会的标志。在中国文明起源诸要素中，'礼'是很重要的。'礼'表现在建筑上有宫室宗庙。要祭祀，便要有礼器；为了表示身份和地位也要用礼器。中国从氏族社会进入文明社会时，并未削弱氏族社会的血缘关系，却以血缘关系为纽带，与政治相结合，构成了西周的宗法分封制，实行血缘政治统治。祖先崇拜是牢固的血缘关系的反映，从商周以来便成为中国宗教的主要形态，而且一直影响到后世。秦始皇统一，改血缘政治为地缘政治，建立统一的

[2] 苏秉琦、殷玮璋：《关于考古学文化的区系类型问题》，《文物》1981年第5期。

中央集权帝国。这对中国历史文明的发展具有决定性的影响和深远的历史意义。"[1]需要指出的是，在中原崛起夏、商王朝以前的中国文明早期阶段，良渚文化对中原和其他地区的影响可能是最大的。作为一种文化底层，良渚文化的农业社会组织方式及其意识即巫政体系对其他地区的影响尤大。最有力的证据是良渚文化玉器在江西、安徽、湖南、山西、陕西、四川、广东等地的传布，这种广泛性传布是其他文化所没有的。二里头遗址不仅出土了许多与良渚文化玉器形制接近的玉器，而且还发现了不少纹饰与良渚文化接近的铜器、漆器等。

三、最后的夷与双螺旋结构

自考古学引入中国以后，便引发了中国文明起源问题。对它的研究又随考古发现而不断深入。就研究历程而言，大致可以1950年为界分为前后两个时期。前期从西来说到东西二元对立说，后期从一元说到多元说。[2]1921年约翰·古纳尔·安特生（Johan Gunnar Andersson）发现仰韶遗址，他推测仰韶文化是"中华远古之文化"。但当时这是个孤岛式的发现，只能与已知的中亚和中东的考古发现作比较。仰韶文化最有特色的是彩陶，而中亚地区今土库曼斯坦安诺遗址等出土的彩陶又与仰韶文化的纹饰很相似，于是安特生得出仰韶文化西来的假说："中国中原仰韶新石器文化所用的陶炉，很可能与随后公元前4000年代中部伊朗西阿尔克遗址用的陶炉有其同一来源，仰韶彩陶是伊朗高原陶器型制传统所达到的最东部地区。"但他同时认为："这种传播在中国并未引起任何文化系统的转变。"[3]1930年日本考古学家滨田耕作的名著《东亚文明之黎明》在介绍安特生的主张后指出："那么彩画陶器，或此时的中国文化，何由而发生？换言之，这种陶器或文化，是随从具有这种陶器、文化的人种从西方进来的呢？或者是仅仅其文化技术，受了西方的影响呢？这是当然要发生的问题。关于这个问题，发现者安特生氏早就立说，谓这大约是具有和生产彩画陶器的西方各地一样文化的原中国人（Proto-Chinese），当新石器时代从土耳其斯坦方面移动到中国西疆，入了甘肃而终于深入河南及其他各地，留下了那些陶器的。同是瑞典人语言学者高本汉，则谓中国人在产生这种彩画陶器文化以前，早已居住中土，制造了鬲式三代陶器；至于彩陶文化和它的民族，是后来从西方流入的……我将安特生和高本汉两说比较，反而觉得高本汉说较善。依我的意思，中国人至少在新石器时代，已经住在中土，及其末期，乃有彩画陶器的文化，随同新人种侵进来。"他还进一步相信殷墟青铜文化也是由西方输入的："铜或青铜的使用……至少在旧大陆，是发生于西方亚细亚的一个中心，传播到各地的……关于铜和青铜的知识，就说是从西方传到中国，也是大可以有的事。"[4]换言之，中国文明史上在当时的考古学上最重要的两个元素，即彩陶与青铜，都是从西方传

[1] 徐苹芳、张光直：《中国文明的形成及其在世界文明史上的地位》，《燕京学报》新6期，北京大学出版社1999年版。

[2] 陈星灿：《中国史前文化研究的心路历程》，载浙江省文物考古研究所编：《良渚文化研究：纪念良渚文化发现60周年国际学术讨论会文集》，科学出版社1999年版。

[3] Ilea Gersh-evitch, *The Cambridge History of Iran*, Vol. III(1), London and New Youk: Cambridge University Press, 1983, pp.531, 538.

[4] 滨田耕作：《东亚文明之黎明》，张我军译，《辅仁学志》1930年第2期。

来的,而我们可以由此来解释中国文明的起源。1933年和1939年,英国伦敦《古物》杂志先后刊登了卡尔·韦廷·毕士博（Carl Whiting Bishop）的两篇文章《中国之新石器时代》和《远东文化之原始》,其要旨为中国早期文化不是来自西方便是来自北方。新石器时代的中国文化与欧洲相比显得非常贫乏,它的成分大多为外国传入,如彩陶、青铜器、战车、复弓、版筑、穴居、文字、牛、羊、马、鸡、大麦、小米、大米、高粱等。他的结论是:"文明最早出现于近东。在那里若干动物被驯养,若干作物被栽培;也是在那里各种基本的发明被创造,城市生活产生。这些成就需要很长时间,可能是几千年。在东亚我们发现当时情形纯然不同。上述文化特质中有许多在这里也有出现,但它们都出现得晚得多,并且表现为一个比较进步的发展阶段,没有任何证据能说明它们是在这里独立发生的。而在若干例子中我们可以找到它们自西方起源的确凿证据……因此,后来在东亚建立起来的文明,其起源与基本类型必须归因于从古代近东来的文化传播所致的刺激。"[1]民国24年（1935年）傅斯年发表《夷夏东西说》一文,系统提出他在此前较早已经形成的观点,即中国东西部属于不同的文化系统,所谓夷东夏西。[2]民国17年（1928年）中央研究院历史语言研究所在河南安阳小屯开始大规模发掘商晚期都城殷墟。商文明与仰韶文化存在巨大差别,许多人认识到以殷墟为代表的商文明应该另有来源。而此年吴金鼎在山东济南附近发现城子崖遗址。这个遗址于民国19年（1930年）正式发掘,发现了不同于仰韶文化而接近商文明的遗物,如占卜的骨头、发亮的黑陶以及城墙。[3]"夷夏东西说"得到考古资料的证明。徐中舒更认为殷墟文明与仰韶文化各有渊源,分属两个系统。仰韶文化为虞夏民族文化,殷墟文明另有来源。"殷民族颇有由今山东向河南发展的趋势","小屯文化的来源当从这方面来探求。环渤海湾一带或者就是孕育中国文化的摇床"。[4]梁思永从十多个方面论证龙山文化与殷文明的密切关系,提出龙山文化是"中国文明史前期之一"的观点。[5]截至20世纪50年代中期,东西二元对立的理论在历史学和考古学界占据主导地位。而自20世纪30年代开始,考古学界对仰韶文化和龙山文化的关系也进一步深入探索,至50年代将仰韶文化、龙山文化东西对立的二元论转化为仰韶文化发展到龙山文化再到商文明的一元论。80年代又兴起多元论,即前述苏秉琦、张光直所说的多线互动发展的观点。张光直甚至将夏、商、周也看成并行发展而不是前后相继的3个相互关联、相互促进的文明形态。[6]但20世纪80年代以后的文明起源研究似乎局限于"中国",而忽视了与西亚、中东等的关联研究。

其实安特生等的仰韶文化西来说内含合理因素。李济在《再谈中国上古史的重建问题》一文中批评毕士博的同时也谨慎地指出:"殷商时代的中国文化,它已经达到了一种高度的发展。发展的背景我们认为是一种普遍传播在太平洋沿岸的原始文化。在这种原始文化的底子上,殷商人建筑

[1] Carl Whiting Bishop, *Beginnings of Civilization in Eastern Asia*, ANNUAL REPORT, Smithsonian Institution, Washington, D.C., 1939.
[2] 傅斯年:《夷夏东西说》,载《中央研究院历史语言研究所集刊》外编第1种《庆祝蔡元培先生六十五岁论文集》（下编）,民国24年（1935年）。
[3] 李济等:《城子崖:山东历城龙山镇之黑陶文化遗址》,中央研究院历史语言研究所《中国考古学报告集》之一,民国23年（1934年）。
[4] 徐中舒:《再论小屯与仰韶》,载李济主编:《安阳发掘报告》第3期,1931年。
[5] 梁思永:《龙山文化:中国文明史前期之一》,《考古学报》第7册,1954年。
[6] 张光直:《中国青铜时代》,生活·读书·新知三联书店1990年版;《中国青铜时代》（二集）,生活·读书·新知三联书店1990年版。

了一种伟大的青铜文化。而青铜文化本身却有它复杂的来源。在这些来源中，有一部分，我认为是与两河流域—中央亚细亚有密切关系的。若是我们把欧、亚、非大陆在最近1200万年所经过的变迁及动植物移动的历史弄清楚了，这一现象可以说是并不奇怪。史学家研究这一阶段文化所面临的最要紧的问题，一部分是要如何把殷商的考古材料与史前的考古材料比较贯穿，同时要把若干不能解释的成分找出它们可能的来源。这些问题，在我看来，都不是凭想象所能解决的。它们的解决需要更广阔的田野考古工作及更深度的比较研究。"[1]自龙山时代以后，中国早期文明确实出现了许多外来元素。

[1] 李济:《再谈中国上古史的重建问题》,《民主评论》1954年第4期。

易华《夷夏先后说》一书对这些外来元素进行重新审视，在肯定傅斯年"夷夏东西说"的基础上提出"夷夏先后说"，认为夷、夏不仅有东西之分，而且有先后之别。分子遗传学研究显示人类同源，但民族形成过程异常复杂。越来越多的证据显示东亚人主要经东南亚来自非洲，大体属于蒙古人种；同时又有一小部分人来自西北，属于印欧人。两者结合形成了东亚各民族。先到者为土著，可称之为夷，创造了东亚石器时代的文化；后到者与夏以后的文明关系密切，发展了青铜时代的游牧文化。目前确凿无疑、举世公认的夏文明还没有发现，而且夏、商、周文明的源头还在扑朔迷离之中。自旧石器时代以来的非、欧、亚人类迁徙和文化交流应当经历多次，中国文明起源阶段有过一次高峰。汉族是夷夏混合而成的，汉语是混合语。日语、韩语语系难定，汉语的语系归属也不能确定。汉藏语系假说面临严峻挑战。埃德温·乔治·蒲立本（Edwin George Pulleyblank）等主张汉语属于印欧语系，洛朗·沙加尔（Laurent Sagart）等认为汉语与南岛语系更亲近。语言学家的观点针锋相对，原因在于汉语的混合性。汉语底层夷语与南岛语亲近，而汉语表层夏言大多来自印欧语。汉语的混合性可以证明汉语是夷夏混合而成的。

夏鼐、安志敏、何炳棣等曾对中原文化的连续性进行多方面求证，但从现有考古资料看黄土高原与中国文化或文明的起源没有明显关系。黄土高原没有发现新石器时代早期文化遗址[2]，东亚新石器文化诸要素均不起源于黄土高原；中原也不是东亚最早进入青铜时代的地区，青铜时代诸新文化因子来自他方；东亚新石器时代晚期没有孕育青铜与游牧文化的迹象；夏、商、周三代以黄土高原南部为首都另有原因。作为传播论的中国文明外来说先后流行过埃及说、巴比伦说、中亚说、印度说等，也可分为一元论和多元论。考古发现和相关研究表明外来说与本土起源说都有确凿的证据，只是各执一端，理由均不充分。要否认青铜文化或游牧文化外来十分困难，而要证明其本土起源几乎不可能。

[2] 陈星灿:《黄河流域农业的起源：现象和假设》,《中原文物》2001年第4期。

李济是对中国文明起源较早、较多关注也是学术上较具包容性的学者。他曾从人种、文字、青铜器、陶器、兵器、艺术、生业等多方面进行考证。得出的结论如其《中国文明的开始》一书所说："商的文化是一个多方面的综合体,融会了很多不同文化。"[1]李济对现代中国人的体质特征进行了测量和研究,发现了明显的多样性,因而认为中国人或汉族不可能是同种系(Homogeneous),而是异种系(Heterogeneous)。中原是不同人种汇聚的"熔炉":"大多数的迁徙主要是在来自北方的不断入侵的推动下发生的,每一次迁徙都导致不同氏族、部族和民族之间杂交进程的加剧。"[2]李济认为甲骨占卜是东亚传统,但不能肯定甲骨文亦源于东亚:"小屯的文字比最早的苏美尔文字晚了1600年至1800年。在这一段时间里,保存书写记载的观念可能会由幼发拉底河和底格里斯河流域移植到黄河流域来。然而这仍不能解释具有2000多个单字且结构复杂的、与楔形文字一无相似之处的甲骨文,会突然出现在中国的土地上的原因……就我个人而言,我认为今日或过去所有伟大文明的发生,都是由于文化接触的结果。"[3]殷墟铜器仿自殷墟陶器,殷墟以前中国没有单独发展的青铜器。[4]殷墟侯家庄M1001大墓椁顶肥遗图案和木雕残片中发现的老虎母题图形渊源于美索不达米亚,是中国在距今4000年或更早时期与西方文明接触的证据。深受李济影响的徐中舒在《北狄在前殷文化上之贡献:论殷墟青铜器与两轮大车之由来》一文中也论证说,中国古代两轮大车跟巴比伦遗物上的图画并无差别,可认定冶铜技术和两轮大车都是外来的。[5]凌纯声发现中国的封禅源于两河流域的昆仑文化:"此一文化之输入中国有早晚两期:早期的坛墠较为低小,晚期的台观则甚高大。"[6]他认为昆仑丘与西王母与明堂有关[7],埃及金字塔对中国古王陵有明显影响。[8]李济认为,商朝的祖先首先征服了东夷,吸取了他们的某些艺术传统,也教给他们一些新的战争技术:"商人挟此新练之兵,西指克夏,又吸收了一部分他们认为有价值的夏文化。所以商朝的文明综合了东夷、西夏和原商3种文化传统。"[9]商文明一部分显然受到西方的影响,同时带有浓厚地方色彩,如文字、部分农业及陶业;一部分完全是在中国或东亚创始并发展的,如骨卜、龟卜、蚕丝业、部分陶业和雕刻业;还有一部分来自南亚,如水牛、稻米及部分艺术。殷墟矢镞、戈、矛、刀削、斧斤5种兵器仅戈为中国本土之物。[10]李济认为,"中国早期文化的成分中有多少是外来的,有多少是土著的?这些都是讨论中国上古史的中心问题。如果对它们不能说出一个清楚的立场,则上古史是没法写的"。因此,要同时考虑到纵、横两个"据点":"(1)中国最早的文化,即在黄河流域发生的商文化,它的背景是一个广大的区域,包括东经90度以东的一个大区域。如果进一步寻求殷商文化的来源,则所找到的范围不是长城以南长江以北可以满足的,而必须向四面射到,包括了太平洋群岛、南北美洲,从北极到南极。这区域里一切考古学、民族学的资料,都是中国上古史的参考资料……(2)但这不是说,这是一个中国文化的孤立的世界。以此为中心,研究中西文化的关系也是同等的重要;这个关系,可以从黑海,经过中亚草原,新疆的准噶尔,蒙古的戈壁,一直找到满洲。"[11]

[1] 李济:《中国文明的开始》,江苏教育出版社2005年版,第32—33页。

[2] 李济:《中国人的种族历史》,载李济:《中国民族的形成》,江苏教育出版社2005年版,第352页。

[3] 李济:《中国文明的开始》,江苏教育出版社2005年版,第17—18页。

[4] 李济:《记小屯出土之青铜器》,《中国考古学报》1948年第3期。

[5] 徐中舒:《北狄在前殷文化上之贡献:论殷墟青铜器与两轮大车之由来》,《古今论衡》1999年第3期。

[6] 凌纯声:《中国的封禅与两河流域的昆仑文化》,《中央研究院民族学研究所集刊》第19期,1965年。

[7] 凌纯声:《昆仑丘与西王母》,《中央研究院民族学研究所集刊》第22期,1966年。

[8] 凌纯声:《埃及金字塔与中国古王陵》,《中央研究院民族学研究所集刊》第24期,1967年。

[9] 李济:《中国文明的开始》,江苏教育出版社2005年版,第20页。

[10] 李济:《殷虚铜器五种及其相关之问题》,载《中央研究院历史语言研究所集刊》外编第一种《庆祝蔡元培先生六十五岁论文集》(上编),民国24年(1935年)。

[11] 李济:《中国上古史之重建工作及其问题》,载李济:《李济考古学论文选集》,文物出版社1990年版。

目前的甲骨文研究尚未找到确凿的夏代记载，考古学资料对夏的存在也不能充分证明。史学界有"周人杜撰夏王朝说"。20世纪初，"古史辨"学派掀起"疑古"思潮，对《史记》为代表的夏、商、周三代以及黄帝至尧舜时代的历史记载提出诸多怀疑。这种怀疑受到晚清学者崔述的《考信录》的启发。崔述在《夏考信录》卷二中指出："禹之后嗣见于传记者，曰启、曰相、曰杼、曰皋，皆其名也。上古质朴，故皆以名著，无可异者。唯太康、少康则不似名而似号。不知二后何故独以号显？且太康失国、少康中兴贤否不同，世代亦隔，又不知何以同称为'康'也？仲康见于《史记》，当不为诬；何故亦沿康号而以仲别之？至孔甲则又与商诸王之号相类，岂商之取号于甲乙已仿于此与？"[1]胡适提出"东周以上无史"的论断，认为东周时杜撰了夏朝。[2]杨宽认为"夏史大部为周人依据东西神话辗转演述而成"[3]。陈梦家认为"夏史乃全从商史中分出"[4]，否认夏的存在。他将商先公世系与夏后氏世系进行比对，认为"启""相""槐""芒""不降""履癸"等夏后名字可能由商先公名字演化而来，"夏商两代各十四世，而殷之报乙、报丙、报丁、示壬，仅存庙号，无由知其私名，外此十世与夏世相合者七"[5]。顾颉刚在夏史研究方面创造了自己独特的体系，他在《与钱玄同先生论古史书》一文中开辟性地提出了"层累地造成的中国古史"的史观，其中最重要的例子就是有关"禹"的讨论。[6]其《讨论古史答刘胡二先生》一文指出，禹在古人心中是最古的，西周中期以前是天神（也不排除在这之前是人，后来被神化），西周中期以来由天神向人王转变，也就是"神话的历史化"。[7]他与童书业合著的《鲧禹的传说》一文指出，尧、舜、鲧、禹、启本都是不相关的。[8]杨宽《中国上古史导论》第十篇《说夏》按语指出："商之于夏，时代若是其近，顾甲骨文发得若干万片，始终未见有关夏代之记载，则二先生之疑诚不为无理。唯《周书·召诰》等篇屡称'有夏'，或古代确有夏之一族，与周人同居西土，故周人自称为夏乎？吾人虽无确据以证夏代之必有，似亦未易断言其必无也。"[9]李宏飞《夏商世系探索》等文对"夏世系"研究的结论是：所谓"夏世系"，与商先公世系有着很多惊人的相似之处。其一，所谓"夏世系"，与商人建国以前的先公世系是同期的对应的14世。其二，"古史辨"学派认为属于"神话传说"的部分也是"夏世系"的前半部分，与得不到殷墟卜辞证实的商先公世系前半部分也是对应的。其三，"昭明—相土—昌若—曹圉"与对应的"太康—中康—相—少康"都被学者指出涉嫌造伪，而"太康—中康—相—少康"甚至都可以找到造伪的原型。早期商先公世系（以契为中心）是传世文献堆砌出的传说世系，晚期商先公世系（季、王亥、王恒、上甲等及其以后）是可运用"二重证据法"进行对证的现世世系，在两者之间起过渡作用的"昭明—相土—昌若—曹圉"4位商先公世系得不到殷墟卜辞的支持。"太康—中康—相—少康"4位夏后是连接传说阶段与现世阶段人为虚构的过渡阶段世系，是商代中期"太

[1] 崔述：《夏考信录》，《丛书集成初编》第138册，中华书局1985年版。
[2] 胡适：《中国哲学史大纲》导言，上海古籍出版社1997年版，第16页。
[3] 杨宽：《中国上古史导论》，载吕思勉、童书业编著：《古史辨》第7册上，上海古籍出版社1982年版。
[4] 陈梦家：《商代的神话与巫术》，《燕京学报》第20期，1936年。
[5] 陈梦家：《夏世即商世说》，载顾颉刚编著：《古史辨》第7册下，上海古籍出版社1982年版。
[6] 顾颉刚：《与钱玄同先生论古史书》，载顾颉刚编著：《古史辨》第1册，上海古籍出版社1982年版。
[7] 顾颉刚：《讨论古史答刘胡二先生》，载顾颉刚编著：《古史辨》第1册，上海古籍出版社1982年版。
[8] 顾颉刚、童书业：《鲧禹的传说》，载吕思勉、童书业编著：《古史辨》第7册下，上海古籍出版社1982年版。
[9] 杨宽：《中国上古史导论》，载吕思勉、童书业编著：《古史辨》第7册上，上海古籍出版社1982年版。

戊—仲丁—外壬—河亶甲—祖乙"5位商王事迹的史影。传世文献中的"夏世系"并不完全可信，而在此基础上的"夏年"也是不可信的。[1]

陈淳、龚辛《二里头、夏与中国早期国家研究》一文回顾了河南偃师二里头遗址发掘以及夏文化研究，从认知方法、考古学范例、文献运用、推论程序、通则与个案5个方面剖析了中外学者在中国早期国家研究中存在歧见的原因。1959年，徐旭生从文献资料考证了"夏氏族或者部落所活动的区域"，指出河南中部的洛阳平原和山西西南部汾河下游为两片可能的区域[2]，并亲赴河南进行考古调查。在二里头发现早商遗存后，进一步提出在河南偏西、山西西南进行调查和发掘的建议。同年，中国科学院考古研究所洛阳考古队对二里头遗址进行试掘，发现了从龙山文化晚期到早商的3层文化堆积。[3]之后，有不少学者陆续发表文章提出二里头文化就是夏文化的见解。1996年，受到埃及、两河流域考古纪年成就的激励，国家启动"夏商周断代工程"。该项目不仅确定夏的存在，而且列出了夏代各王的世系表。坚持这一论断的学者以4条理由来支持自己的观点：（1）豫西和晋南是周代文献中提到的夏人活动区域，其中二里头文化最有可能是夏文化的代表。（2）二里头发现了宫殿遗迹，表明国家的存在。（3）^{14}C测年结果证明二里头文化在夏的纪年内。（4）既然司马迁所记载的商朝被证明为信史，那么夏的存在也应该是可信的。[4]但是在持不同意见的中外学者看来，这些理由显然不够令人信服。这项研究不应该预设夏的存在，而应该证明它存在。应当从考古学上来进行独立的相关探究。但是目前考古学者并没有充分消化考古材料，利用所含的信息潜力来破解这个问题，而仅仅局限于比较出土文物的异同来界定夏文化的内涵，并坚信不疑地用考古资料来印证文献。迄今为止，中国学者在二里头文化或夏文化的研究中采用的是文化历史学的考古学研究范例。这一范例在20世纪20年代由维尔·戈登·柴尔德（Vere Gordon Childe）所倡导，并被世界各国的考古学家所采纳。这一范例的操作方法是用类型学将含有相同或相似器物的组合合并到一起，建立一种与民族学中"文化"概念类似的分析单位。柴尔德一度认为，物质文化的相似性只在人们享有共同的生活方式的时候才有可能形成，那些拥有相同考古学文化的人应当具有相同的语言、相同的意识，并在社会和政治上彼此认同。但是到了20世纪中叶，这一范例已经受到了包括柴尔德本人在内的广泛质疑。考古学界逐渐认识到，考古学文化并不以机械的方式与部落或民族这样的社会集团相对应，因为物质文化的分布不一定与社会或政治结构相一致。柴尔德指出，完全用类型学而不用社会学因素定义考古学文化，有把同一群体的不同方面划分为不同文化的危险。同样，拥有相同的物质文化并不能证明这个文化的成员具有强烈的认同意识，正如物质文化的不同不能说明没有认同意识一样。更值得注意的是，在早期国家这样的复杂社会中，统治者和被统治者可能有不同的渊源，完全有理由把这样的社群看作是民族学上截然不同的集

[1] 李宏飞：《夏商世系探索》，载李雪山、郭旭东、郭胜详主编：《甲骨学110年：回顾与展望——王宇信教授师友国际学术研讨会论文集》，中国社会科学出版社2009年版。

[2] 徐旭生：《1959年夏豫西调查"夏墟"的初步报告》，《考古》1959年第11期。

[3] 中国科学院考古研究所洛阳发掘队：《1959年河南偃师二里头试掘简报》，《考古》1961年第2期。

[4] 陈宁：《"夏商周断代工程"争议难平》，《社会科学报》2003年11月27日。

团。因此，考古学文化概念只适合于研究小规模的、相对封闭的、基本定居的史前社群。由于在复杂社会中社会和经济的差异会形成文化多元性，考古学文化就成为不适当的衡量手段。柴尔德在这种意义上将文化考古学发展为社会考古学。他的《欧洲社会史前史》就运用了这一方法。[1] 正是认识到这一范例的缺陷，从20世纪下半叶开始，类型学方法开始式微，文化的功能观、以聚落形态为基础的社会考古学开始兴起，考古学范例也开始从以文化编年为目的的研究扩展到关注影响文化演变动因的探索。由于缺乏交流，中国考古学界对20世纪60年代以来国际考古学研究范例的革命性变革十分隔膜，在研究中仍然采用西方20世纪二三十年代的方法。[2]

学界对夏、商、周三代有传承说与共存说两种论断。如果确实存在夏代，那么夏、商共存或商、周共存的可能性较大。而就继统来看，周继夏统也存在可能性。《尚书》有多篇提到"夏"。如《康诰》："唯乃丕显考文王，克明德慎罚……用肇造我区夏，越我一二邦，以修我西土。"《君奭》："唯文王尚克修和我有夏。"《立政》："帝钦罚之，乃伻我有夏，式商受命，奄甸万姓。""区夏""有夏"可以确信是周人自称，指克商以前文王时代在陕西周原一带的周人集团。周人为何要自称"夏"？学界流行的意见认为周人先祖与夏王朝有渊源关系，有人甚至认为周人与夏人本为一族，周人自称"夏"是以此取得正统资格。而学界公认作于周初的《诗经·周颂》之《时迈》《思文》两篇又提及"时夏"，它虽指周在中原的统治区，却不包括周人自己。这说明西周初年的周人并不独占"夏"名号，他们同时以此名号称中原殷商旧邦。周人称"夏"如果有光复旧邦的意思，就不可能同时称殷商为"夏"。近年有学者撰文认为周人称"夏"是用了"夏"字的本义。"夏"是阿尔泰语的音译，本义为高大。夏族可能不是一个使用汉语的民族，夏族与匈奴有渊源。"夏"名源于古阿尔泰语，"匈奴"急读即"胡"，《广雅·释诂》："胡，大也。"胡、夏上古同音同义。又"夏"与阿尔泰各族首领"可罕"音同，可罕亦有伟大、雄壮之意。[3] 这是一个颇有启发的推测，商为汉语民族，夏却未必。夏来自西部，有可能是古阿尔泰语族的一个分支。傅斯年主要根据史记和传说得出结论："夏实西方之帝国或联盟，曾一度或数度压迫东方而已。与商殷之为东方帝国，曾两度西向拓土，灭夏克鬼方者，正是恰恰相反，遥遥相对。知此形势，于中国古代史之了解，不无小补也。"[4]

阿诺德·约瑟夫·汤因比（Arnold Joseph Toynbee）认为，原始社会与文明社会的本质区别在于模仿方向的不同。原始社会的模仿对象是已故的祖先，传统习惯占据统治地位，所以社会停滞不前。文明社会的模仿对象则是富有创造性的人物。事实上，模仿的主要是其他文明的优秀因素。由于传统习惯被打破，社会便处于不断变化和生长之中。因而，所谓文明起源是社会从静止状态到活动状态的过渡。所有的文明都是由许多种人共

[1]〔加〕布鲁斯·炊格尔：《时间与传统》，蒋祖棣、刘英译，生活·读书·新知三联书店1991年版，第127—128页。

[2] 陈淳、龚辛：《二里头、夏与中国早期国家研究》，《复旦学报》2004年第4期。

[3] 唐善纯：《华夏探秘》，江苏人民出版社2000年版，第92—96页。

[4] 傅斯年：《夷夏东西说》，载《中央研究院历史语言研究所集刊》外编第一种《庆祝蔡元培先生六十五岁论文集》（下编），民国24年（1935年）。

同创造的。仅据现有的文献和考古资料还无法完全解释夏、商、周三代的关系,也无法说清中国文明的地域来源。但有一点是学界公认的,即中国文明的形成有东西两种来源。如果以"夏"指代西来传统,以"夷"指代东方固有传统,则夷、夏互动贯穿中国文明发源的全过程,乃至是中国文明发源的基本动力所在。夷、夏不仅有东西之分,而且有先后之别。夷为东亚土著,创造了东亚新石器时代定居农业文化;夏人西来,传播了青铜时代的游牧文化。汉族的历史是夷、夏结合的历史,汉人、汉语、汉文化均是夷、夏混合的结果。夷、夏转换是东亚上古史上的关键环节。三代文明除本地聚合而外,也与青铜文明聚合。综合研究表明,石器、陶器、水稻、粟、猪、狗、半地穴或干栏式住宅、土坑葬、玉器等定居农业文化因素在东亚可以追溯到8000年前甚至1万年前,而青铜、牛、马、羊、小麦、大麦、蚕豆、牛耕、车马、毛制品、砖、火葬、墓道、好战风气、金崇拜、天帝信仰等与游牧生活方式有关的文化要素不早于5000年或4000年。青铜技术和游牧文化是旧大陆远古世界体系形成的技术文化基础,上述青铜时代世界体系的指示物或示踪元素三代中国几乎照单全收,说明其已开始进入青铜时代的世界体系。三代文明具有"双螺旋"特性:以定居农业为特征的本土文化是中国文明的基础,青铜时代的游牧文化西来,触发了本土文化向文明的转进,并影响了整个中国文明的发展。两者有机结合形成了独特的三代文明。[1]

学界对中国青铜时代的界定以及是否存在铜石并用时代尚有争议。青铜时代世界体系的中心是中东和中亚,中东青铜冶炼技术和中亚游牧文化向全球扩散。青铜技术首先扩散到中亚、地中海地区(南欧和北亚)、南亚,然后扩散到欧洲大部、东亚和东南亚、南部非洲,乃至整个旧大陆及其附近岛屿。游牧文化向四面八方扩散,与印欧文化的形成和印欧人的扩张密切相关。青铜时代世界体系是由中东中亚向周围扩张形成的,5000年前局限于西亚及其附近地区,4000年前扩展到中亚地区,3000年前几乎普及整个旧大陆。然而夏、商、周三代并没有进入中东和中亚意义上的青铜时代。"青铜时代"(Bronze Age)这个概念借自西方进化论中所谓的"技术演进三期说"(Three-stage Technological Sequence)。尽管18世纪初的约翰·冯·艾科特(Johann von Eckart)甚至是古罗马的卢克莱修(Lucretius)就已有了类似的说法,但通常将这一理论的发明权归于19世纪的丹麦考古学家克里斯蒂安·约金森·汤姆森(Christian Jurgensen Thomsen)和肯·沃尔索(Kens Worsaae)。汤姆森《北欧古物指南》一书下了这样一个定义:"在石器时代,武器和工具以石、木、骨或类似材料制造,人们对金属了解很少,或一无所知……在青铜时代,武器或切割类工具以红铜或青铜制造,人们对于铁或银一无所知,或知之甚少……铁器时代是野蛮时代(Heathen Times)的第三个也是最后一个阶段。在这个时期,人们以铁来制造最为适合的器具,铁器的使用取代了

[1] 易华:《夷夏先后说》,民族出版社2012年版,第243页。

青铜器。"[1]汤姆森对该理论的简单表述在19世纪后半叶至20世纪前半叶得到极大丰富：约翰·拉博克（John Lubbock）将石器时代划分为旧石器时代和新石器时代，阿林·布朗（Aleen Brown）提出"中石器时代"概念，意大利的一些考古学家提出在石器时期和青铜时代之间应该还存在一个铜石并用时代（Eneolithic Age）。最后，柴尔德将这些单项的发现综合成"一系列连续技术演进阶段"的文化发展系统理论，青铜时代被划分为3种更迭模式：在模式1中，武器和装饰品以红铜及其合金制成，但是没有专为生产制造的金属工具，石制工具仍然继续被制造和使用。在模式2中，红铜和青铜通常用来制造工艺品，但既不用于农牧业，也不用于其他重体力劳动，主要用于刀、锯、凿、斧和轴等。在模式3中，金属工具在农业和重体力劳动中得到应用，如农业中的镰刀、锄头、锤。[2]青铜时代本身的发展证实了（同时也来源于）这种理论在总体上的一种基本假设，即先进工具的发明和不断广泛应用带来生产力的持续发展。作为一般意义上的进化论理论，这种范式进而被认为适用于古代社会的不同文化。对"技术演进三期说"的崇尚使中国学界在研究早期中国历史时简单借用"青铜时代"一词来指传统上称作三代的历史时期，因为在这一时期中国的青铜制造业已经达到顶峰。但是许多学者指出，尽管中国青铜器被公认为古代世界技术最为高超的青铜作品，古代中国却很少用青铜制造农具，其他手工工具也很少。

从现存的青铜器来观察，可以初步得出有关古代中国青铜器功能的3个结论：首先，在青铜发明之后，这种新的金属主要服务于非生产性目的。这些非生产性青铜器分作两大类，一是礼仪中使用的容器和乐器，二是武器和车具。有些武器和车可能用于战争，但数量可观的武器和车具运用了精巧的镶嵌工艺，或者形体巨大，可能也用于礼仪。其次，尽管有一些青铜钻、刀、凿和小型的铲子被发现，但是不能即断定为日常生活中的实用工具。如可能被用于卜骨钻孔，以便使之在经过火烤后出现裂缝。1952年郑州曾有这种工具与甲骨一同出土。1953年在同一地区发现的另一件铜钻与卜骨上的钻孔十分吻合。[3]郭宝钧认为大批青铜钻可能是为商王室所控制的宗教活动制作的。[4]最后，考古发现的商和西周的农业工具主要用石头制作。二里头遗址的发掘证明，在青铜器被发明以后，人们继续使用石质的农业生产工具。[5]晚商的情况也是如此。1928—1937年殷墟出土3640件石刀或石镰。[6]河北藁城台西村商代遗址出土石斧54件，石、骨、蚌铲132件，石、蚌镰刀365件。[7]1955—1957年陕西长安客省庄遗址出土西周农具150余件，其中石铲1件、骨铲61件、蚌铲2件、石镰2件、蚌镰6件、石刀66件、蚌刀13件、石臼1件。张家坡西周居住遗址出土农具448件，其中石铲23件、骨铲82件、蚌铲7件、石刀68件、蚌刀178件、石镰两件、蚌镰88件、石臼1件。[8]青铜农具有少量出土。如1953年河南安阳大司空村晚商文化层发现1件青铜铲，有明显的使用

[1] Glyn Daniel, *The Origins and Growth of Archaeology*, Harmondsworth: Penguin Books, 1967, pp. 93-95.

[2] Kuang-chih Chang, *The Chinese Bronze Age: A Modern Synthesis*, in Wen Fong (ed.), *The Great Bronze Age of China*, New York: Metropolitan Museum of Art, 1980.

[3] 安志敏：《1952年秋季郑州二里岗发掘记》，《考古学报》1954年第8期；河北省文化局文物处：《郑州二里岗》，科学出版社1959年版，第37页。
[4] 郭宝钧：《中国青铜器时代》，生活·读书·新知三联书店1963年版，第21页。
[5] 中国社会科学院考古研究所：《新中国的考古发现和研究》，文物出版社1984年版，第218页。
[6] 石璋如：《第七次殷墟发掘》，《安阳发掘报告》（4），1933年；安志敏：《殷墟的石刀》，《燕京学报》第33期，1947年。
[7] 河北省文物研究所：《藁城台西商代遗址》，文物出版社1985年版，第67—79页。
[8] 中国科学院考古研究所：《沣西发掘报告》，文物出版社1962年版，第22—87页。

[1] 陈文华:《中国农业考古图录》,江西科技出版社1994年版,第171—194页。

[2] 雷海宗:《世界史分期与上古中古史中的一些问题》,《历史教学》1957年第7期。

[3] 陈梦家:《殷墟卜辞综述》,中华书局1988年版,第541—542页。

[4] 于省吾:《从甲骨文看商代奴隶社会性质》,《东北人民大学人文科学学报》1957年第2、3期。

[5] 陈文华:《关于夏商西周春秋时期的青铜农具问题》,《农业考古》2002年第3期。

痕迹。此外,河南安阳苗圃、殷墟妇好墓、洛阳东郊、罗山蟒张和天湖、江西新干大洋洲等地也出土过商代青铜铲。[1]这一状况使许多学者对中国青铜时代的性质提出疑问。雷海宗1957年提出,中国的青铜时代实质上是一个石器时代,工具特别是农业工具多以石和木制造。当时生产力仍十分低下,剩余产品非常有限。[2]这一观点得到陈梦家和于省吾的支持。陈梦家指出:"当已知道了青铜铸造术以后,首先做的是王室工官所用的工具、王室师旅所用的兵器和王室所用的祭器。自由农固无力制作青铜农具,从事耕作的奴隶亦自不允许用贵重的农具……由发掘或由其他方式出土的殷代铜器中,有大量的兵器、祭器,有不少也不太多的工具,而几乎没有农具。这种现象不是偶然的……殷代青铜农具之不见,是合乎历史条件的。我们对于殷代农具,应着眼于木制、石制、蚌制及其他材料所制的。"[3]于省吾在《从甲骨文看商代奴隶社会性质》《斥唐兰先生关于商代社会性质的讨论》等文中也表达了同样观点。于省吾指出:"商代的农业生产工具还处在原始式石器化的阶段上","并没有利用冶铜技术来制造农具。"[4]但是20世纪50年代的这项讨论不久被迫中断,怀疑中国历史上曾存在青铜工具的说法被视为异端。1960年唐兰发表的《中国古代社会使用青铜农器问题的初步研究》一文宣布了主流观点的胜利。唐兰指出几乎所有现存先秦文献中出现的农具名字都带金字旁,此外还列举了他认为可以断定为农具的45件存世青铜器。但他所引用的文献大多成于东周,现存的版本甚至在更晚时期才编成。那45件器物分散在从商代到汉代大约1500年的漫长时期。与同时期制作的大量青铜礼器和武器相比,不仅在数量上极不相称,而且所谓的农具实际上包括小而薄的铲、斧以及铸有高贵铭文和饕餮纹的"锄"。陈文华指出:"我们承认商周的农业生产中已经在使用青铜农具,但是并不大量,也不普遍。当时能够使用青铜农具的地方,主要是在商周统治阶级直接掌管的私田里和园圃中,有许多青铜农具就是从贵族坟墓中出土的,这些农具不可能是在郊外大田中劳动的低贱奴隶们所使用过的农具,而是身边的宠幸臣吏和家奴所使用的,有的则是墓主人自己在为表示重视农业生产所举行的籍田仪式时使用过的。此外,有部分经济条件较好的平民(自耕农)也可能会使用一些青铜农具,但数量不可能很多……总之,目前还没有充分材料来证明商周时期已经大量和普遍使用青铜农具。或者说,青铜农具在当时的大田生产中并不占主导地位。"[5]

真正意义上的青铜文明在中国历史上并不存在,中国自龙山时代直至夏、商、周三代实际上是从石器时代经铜石并用时代过渡到铁器时代。铜石并用时代的实质仍是石器时代。但西来的青铜文明确实也对三代文明发生巨大影响,伴随青铜文明而来的生产方式和社会意识对东夷文化进行了全面改造。其混合形态最终居于统领地位,可谓"金声玉振"集大成。青铜相较于铁具有更强的金属稳定性,也更具质料美,加之产量有限,故在中国古代被作为贵金属对待。后来的铁则较普遍用于实用工具。青铜和铁与玉石和石头在中国构成某种对应关系。铜石并用时代之"铜"的功能大体相当于玉。玉在龙山时代主要用作礼器，是权力的象征。青铜在铜石并用时代或夏、商、周三代的功能也可作如是观。尽管是社会发展或文明水平提升的体现，中国古代的青铜礼器，包括珍贵的礼仪性玉、陶器，实际上都是在浪费或吞并生产力。正是由于可以如此浪费或吞并生产力，它们也恰恰表达了政治极权，获得了"纪念碑性"（Monumentality）。

除前述基本论述外，易华《夷夏先后说》一书还列举了许多夷夏东西、夷夏先后的具体例证。如本土起源的猪、狗、鸡和外来的牛、马、羊组成了六畜，外来的麦与本土的稻、粟、黍、豆构成了五谷。牛耕姗姗来迟，耒耜或锄头一直是基本的生产工具，犁耕与锄耕互补形成了东亚农业传统。丝绸西传，毛毯东播，丝毯是东西文化交织的象征。舟船源自中国，车马来自中亚，舟船车马在中原交汇。夯筑起源于本土，秦砖或周砖源自西亚，夯土城墙外砌砖边是东西合璧。土葬是东亚文化特色，火葬源自中亚，土葬火葬并行不悖。礼乐文化源于新石器时代，好战风尚来自中亚，祀与戎均成国之大事。玉文化源于新石器时代，金崇拜始于青铜时代，金声玉振集大成。祭祖是东方特色，拜天是中亚传统，敬天法祖两不误。[1] 这些列举未必十分准确，但东方社会的两个基本点即定居的原始农业社会基础和以玉礼为表征的政治统治制度还是被把握到了。这两个基本点恰恰是东方社会贯穿始终的基本要素或文化底层，历史学家所谓的中国青铜时代只是表层。如果对此不深入分析，极易曲解中国历史。张光直1980年发表的《中国青铜时代：一种现代综合》一文试图在这种特殊背景下重新定义青铜时代概念："由于青铜并没有广泛地用来制造农业工具，青铜时代主要不是通过生产技术的革命产生的。如果真的有一次革命，那么它就应该是社会组织领域内的革命。"张光直还写了两部《中国青铜时代》。由于他所谓的中国青铜时代与诸如中国国家的形成、城市化以及文明等因素的发生时间相合，便认为"青铜时代"这一概念"可以用来作为衡量文化和社会的一个标准"。"中国青铜时代的特征是这种金属的使用与礼仪、战争密切联系。换言之，青铜是一种政治权力"。[2] 张光直的这种主张与西方青铜时代概念的旨趣大相径庭，不利于对中国历史真实的把握。

定居的原始农业社会基础和以玉礼为表征的政治统治制度这两个基本方面最早充分实现并表达的正是良渚文化。考古资料十分清晰地显示良渚文化已经形成了与后世毫无二致的规模化水田作业定居方式，而其玉器的等级化、广泛化使用以及玉礼政治的极端化在全球无出其右。良渚文化分布于广域的环太湖地区，与龙山时代的他域文化有广泛交流；在存在时限上则经历了龙山时代的大部分时期，并与三代衔接。在这种意义上，可以说良渚文化是最后的东夷，代表了中国文明的底层。

[1] 易华：《夷夏先后说》，民族出版社2012年版，第269—270页。

[2] Kuang-chih Chang, *The Chinese Bronze Age: A Modern Synthesis*, in Wen Fong (ed.), *The Great Bronze Age of China*, New York: Metropolitan Museum of Art, 1980.

第二章 隐在非亚美文化底层与显在青铜世界体系

一、自然内外的文明

汤因比提出"挑战—应战"的文明起源动力模式。他说:"在文明的起源中,挑战和应战之间的交互作用,乃是超乎其他因素的一个因素。"[1] 文明起源既不是由于种族,也不是由于地理,而是由于人类面对某种困难的挑战进行了成功的应战。对第一代文明来说,挑战主要来自自然环境;对第二、三代文明来说,挑战主要来自人为环境,也就是垂死文明的挣扎。汤因比的假说涵盖性较强,可以解释大部分文明发生的原因。汤姆森以"技术演进三期说"来描述文明起源的外部特征。人类应对自然或争取物质利益都要通过技术途径。而自青铜应用于生产开始,人类文明的发展便有了新的分野。石器只是以物理加工的生产工具,没有改变自然物的属性,只有经验性而无真正的技术性。青铜或铁制工具则是化学加工的产物,赋有真正的技术属性。因而可以说石器(或铜石)性农业文明是自然内的文明,青铜性文明是自然外的文明。但青铜性文明真正变为自然外的文明是在工业革命以后。在此之前,它只具有一种潜在性。中国文明在进入铁器时代以后由于不具有真正意义上的技术性,其实质仍是自然内的石器农业文明。

农业生产是一种特殊的物质运动形式。人类以各种手段干预自然界生物体的生长过程,使之在与外界环境不断进行的物质循环和能量转化中,制造出人类所需要的食物和其他产品。它是自然再生产过程与经济再生产过程的结合。农业的发展与生产技术、社会制度、自然条件、人口分布等关系密切。生产技术是决定人类干预生物体自然再生产过程以及生态环境

[1]〔英〕阿诺德·约瑟夫·汤因比:《历史研究》(上),曹未风等译,上海人民出版社1996年版,第95页。

之手段、内容和规模的主要方面。石器农业本质上是一种非技术农业,只是一种经验农业,可称为原始农业或自然农业。其活动范围基本局限于自然内部,社会制度不能强制它突破这一范围。使用金属工具或机械化的技术农业则可以突破自然的循环,实现突变性发展,但有可能破坏生态环境。是否破坏生态环境,取决于社会制度的控制能力。而反过来生产技术也在影响着社会制度的建构。

汤因比认为,挑战越强,刺激人类创造文明的力量就越大。但这并不意味着挑战越大,应战能力就越强,文明就越能得到发展。在挑战与应战之间存有一条"报酬递减律",超过这个度文明的价值就会递减。"足以发挥最大刺激能力的挑战是在中间的一个点上,这一点是在强度不足和强度过分之间的某一个地方。"过犹不及。"在超过了中间点以后,挑战的严重性愈增加,相随而来的并不是应战成功程度的增加,反而是应战减少了。"而衡量最适度的标准则应看它是否能持续地促进文明的生长。"真正的最适度挑战不仅刺激它的对象产生一次成功的应战,而且还要刺激它积聚更大的力量继续向前进展一步:从一次成就走向另一次新的斗争,从解决一个问题走向提出另一个新问题,从阴过渡到阳。"[1]汤因比此论主要是从人的方面来考虑问题的,而事实上生态环境的因素更重要。挑战如果超越了生态环境的承载极限,则挑战便是失败的。

中纬度加上季风气候,使中国东南半壁大河流域地带每年有一段高温、湿润、多雨的季节,因而发展成农业文明区域;而在暖湿的夏季风势力之外的西北半壁,则是一片干旱和半干旱地域,显现为草原和荒漠地貌,追逐水草而居处不定的游牧民族是这片地域的主人。由此造成的华夏农业文明与西北民族游牧文化之间的相反相成的关系,构成了中国文明发展史上的重要线索。长江流域四季分明,土壤肥沃,宜于作物生长;黄河流域土质疏松,易于耕种。简单的粗耕就可以产生较高的效率,从而吸引了华夏民族较早选择了以农业为主的经济活动方式,并由此形成了精耕细作的传统。这种传统最早的代表是沟洫农业。新石器时代中期长江流域的原始水田区遂产生了灌溉水利,由此形成水田沟洫农业。北方地区原始农业种植的作物主要为耐旱的黍、粟等旱作物,依靠天然降雨基本能满足生长需要,对灌溉的要求不十分迫切。新石器晚期黄河中下游平原的低地农业面临的主要问题是积涝,受长江流域水田沟洫农业的影响,发展了以排水为主的旱地沟洫水利。

在中国历史上,精耕细作或劳动力密集的沟洫农业最早、最具典型性的形态正是良渚文化犁耕农业。2007年陈中原、王张华等在英国《自然》杂志上发表的《沿海沼泽地的刀耕火种和水涝治理成就:中国东部最早的水稻文明》一文指出,中国东部的水稻耕作起始于沿海湿地。1992—1995年,南京博物院、江苏省农业科学院和日本国立宫崎大学合作开展《草鞋山古稻田研究》课题研究,并由南京博物院、苏州博物馆、吴县文物管理

[1]〔英〕阿诺德·约瑟夫·汤因比:《历史研究》(上),曹未风等译,上海人民出版社1996年版,第174、181、236页。

委员会和江苏省农业科学院组成考古队在国内首次进行水稻田考古的实践。经对位于江苏苏州的草鞋山遗址中心区南缘进行 4 期 1400m² 发掘，在距今 6000 年前的马家浜文化层发现水稻田遗址。该遗址由 3 部分组成：第一部分是稻田主体，为椭圆形或圆角方形的浅坑，与现在阡陌相连的方整的形态不一样；第二部分和第三部分分别是人工挖掘的水塘、水井和过水的水道，为灌溉之用。其中遗址东区发现呈多行排列、相互连接的浅坑型水稻田 33 块、水沟 3 条、水井 6 个。水稻田深 0.1—0.5m，呈椭圆形或长方圆角形，面积一般为 3.0—5.0m²，个别小的 0.9m²，大的 12.5m²。填土不同于地层土，是含有丰富水稻植物的蛋白石。水稻田沿一低洼地带分布，两侧有土冈，东部及北部边缘有"水沟"和"水口"相通，"水沟"的两端有"流水坑"和"蓄水井"，显然属一种农田水利设施。遗址西区发现水稻田 11 块、水沟 3 条、水井 4 个、水塘 2 个。水稻田的形状、大小、排列方式与东区类似，不同的是都分布于大水塘西侧边沿，部分与水塘相沟通。[1] 江苏昆山绰墩遗址也发现马家浜文化水稻田 24 块及与其相配套的水沟 3 条、蓄水坑 4 个。水稻田面积 1.0—16.0m²。[2] 江苏苏州澄湖甪直区域湖底发现崧泽文化晚期水稻田 20 块，周围有池塘、水沟等灌溉设施，田块之间有水口和水路相通。[3] 余杭区临平街道茅山遗址和玉架山遗址水稻田为首次发现的良渚文化水稻田遗迹。茅山遗址水稻田可分 3 层，其中已经发掘的部分分别与居住生活区的后两个阶段堆积对应。这一水稻田遗址不仅规模大、遗迹种类丰富、性状清晰，而且与良渚文化聚落紧密有机地联系在一起。水渠 2（G2）是居住生活区和水稻田遗迹区的分界，已分段揭露 106m，深浅不一，宽度也不等，在 4.5—18.0m 之间，丰水期可排水，枯水期可蓄水，同时具有防洪排水、提供生活用水和灌溉水稻田等多种功能。水稻田遗迹区北端发现有与 G2 方向基本一致的东西向大路兼 G2 南侧堤岸 1 条（L1）。以探沟形式分段发掘的各段宽窄不等，为 3.4—8.0m。路面和路层中夹杂较多的碎陶片、细砂和少量的红烧土块，路面剥剔层中发现有细薄片状小层，应为踩踏面。紧邻其南侧有灌溉水渠 1 条（G3）、水口 1 处。水稻田发掘区中北部有东西向小路 1 条（L4），路面宽约 1m，东西长约 30m，路面微微隆起，铺垫有细砂和少量碎陶片。L4 南北两侧附近大致呈不规则东西向长方形范围的土层也夹杂有较多碎陶片和细砂，与水稻田中的土质区别明显，推断应是当时稻田口的一处活动场所。水稻田中分布有基本呈南北向（南端略偏东）的小路（或田埂）5 条。灌溉水渠（G3）紧临 L1 南侧，南北宽约 2.5m，东侧深度约 0.18m，由东向西深度逐渐加深并逐渐呈喇叭口扩大，到发掘区中部演变为一蓄水池塘。蓄水池塘南侧有 1 处灌溉水口。5 条南北向的小路（或田埂）呈东西排列，路面宽 0.6—1.0m 不等，高出两侧稻田 0.06—0.12m，均铺垫有红烧土块或粉末。揭露最长的南北长约 61.5m（L2）。最东侧的两条间距约 31m，其余为 17—19m。可推知整个水稻田平面形状

[1] 谷建祥等：《对草鞋山遗址马家浜文化时期稻作农业的初步认识》，《东南文化》1998 年第 3 期。

[2] 苏州博物馆：《江苏昆山绰墩遗址第一至五次发掘简报》，《东南文化》（增刊 1），2003 年。

[3] 李嘉球：《澄湖水下为何有街道》，《姑苏晚报》2006 年 1 月 21 日。

为略呈平行四边形的南北向长条形，单块面积较大，并已有明确的道路系统和灌溉系统。这些都说明良渚文化先民对水稻田已有比较先进而细致的规划。另外，在属于广富林文化时期的农耕层第一层发现30个清晰的牛脚印和人脚印。[1]

水稻耕作技术的演进有一个随着时代和环境的变化而不断调适的动态过程。最初采用刀耕（火种）的耕作方法，再转为耜耕或锄耕，然后是犁耕。刀耕的要点是烧除地面草木后即行播种，但每年或隔年须另找新地，休耕地植被恢复后才能进行第二次耕种。一般一个单位的播种面积需要7倍以上的土地轮转，一个人一生砍烧同一块土地只不过三四次。耜耕使土地可以连续使用的年限大大延长，因为翻土改善了土壤结构和肥力，并改以休闲取代不断的撂荒。而犁耕又极大提高了耕作效率，因为耜耕或锄耕劳动是间歇性的，每翻一耜土，人要后退一步，再重新翻一耜；犁耕实现了连续性翻土，中间没有间歇。20世纪50年代侗族人仍以人力拉犁，称为木牛。据宋兆麟调查研究，耜耕1人1天只能耕1担田（6担田合1亩），木牛2人1天可耕4担田，牛耕则1人1天可耕14担田。[2]换算下来，即耜耕1人1天只能耕田1/6亩，人力拉犁2人1天可耕2/3亩，而牛耕则1人1天可耕2.3亩多，相当于耜耕的约14倍、人力拉犁的约7倍。目前发现的最早的石犁出现在环太湖流域，为崧泽文化遗物。自崧泽文化到良渚文化、马桥文化，犁耕不断发展，可能是中国后来犁耕农业的先导。石犁一般以片状页岩制成，体型扁平，大多呈等腰三角形。早期（崧泽文化）石犁体量较小，但前锋夹角较大。中期（良渚文化）石犁前锋夹角减小，器型增大，且正面腰部两侧边磨制成单面斜杀的刃部，后端（底边）略呈弧形。另有如茅山遗址、浙江平湖庄桥遗址、桐乡新地里遗址出土的3件组合型犁具，猜其以上下二层木架固定。晚期（马桥文化）石犁的后端中部多作凹形缺口，便于固定在木质犁床之上。

犁耕可进一步改良土壤结构，增强土地肥力，提高复种指数和粮食产量。良渚文化时期的水稻单位产量较马家浜文化之耜耕时期乃至崧泽文化之小规模犁耕时期有较大提高。大型犁耕的推广极大地提高了劳动生产率，较大地扩大了耕种面积，从而又较大幅度地提高了粮食总产量。据推算，刀耕的播种量与收获量之比约为1∶10，人力犁耕约1∶15，亩产量约为75kg，而粮食总产量却有相当大幅度的提高。这可以从良渚文化玉礼制度的盛行、手工业的高度发达得到印证，因为这需要强大的农业经济体系来支撑。[3]

基于水田沟洫农业的良渚文化居住系统则是生态化的。良渚文化先民根据生产生活需要建设良渚古城和对自然环境的改造是非常理性的。良渚遗址区平原不平，与嘉兴、湖州一带的平原地貌大相异趣，是错落交织的，像修剪到极低的丘陵，很显然是人工手笔，但却自然妥帖。良渚古城不造作、不武断，对周边山系、水系、生物环境有充分的尊重、接应、导

[1] 丁品、郑云飞、陈旭高、仲召兵、王宁远：《浙江余杭茅山良渚遗址》，http://topic.ccrnews.com.cn/Articledetail.aspx?id=79。

[2] 宋兆麟：《木牛挽犁考》，《农业考古》1984年第1期。

[3] 李根蟠、卢勋：《中国南方少数民族原始农业形态》，中国农业出版社1987年版，第77—83页；游修龄：《良渚文化与稻的生产》，载游修龄：《农史研究文集》，中国农业出版社1999年版。

分体组合石犁刀（新地里）

石犁（荷叶地）

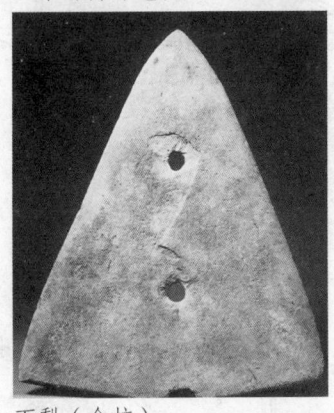

石犁（余杭）

良渚文化石犁

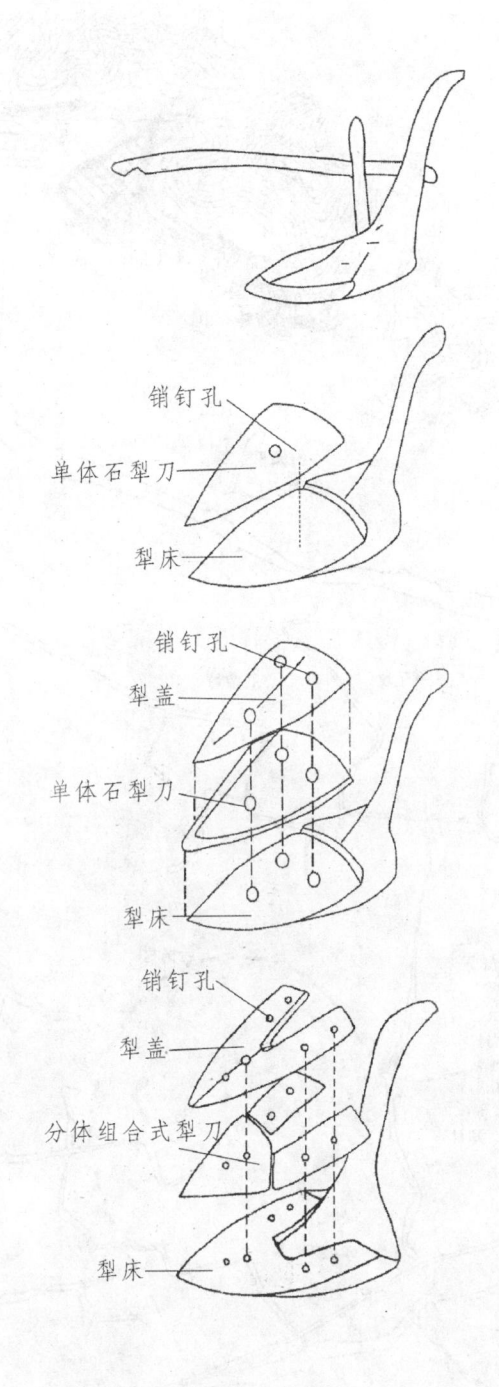

销钉孔
单体石犁刀
犁床

销钉孔
犁盖
单体石犁刀
犁床

销钉孔
犁盖
分体组合式犁刀
犁床

良渚文化石犁及安装方法

引，没有势利地成为唯我独尊的统治自然的工具，既成为相对独立的政治权力和社会生活空间，又能与自然系统构成良性循环，形如天然佳构。在体现社会分层的建筑安排上，也只巧妙利用了自然地势。所有建筑物因势而定，或依山而居，或也在天然河道边适然而处，或有不能，良渚文化先民便大量人工营建土墩、土坡来摆布，所以房屋既可以是地面起建式的、浅穴式的，也可以是干兰式的。即便如莫角山、瑶山、汇观山、反山等重要建筑群或建筑物基址，也只利用自然山势或土墩适当加高或修整，凸显

31

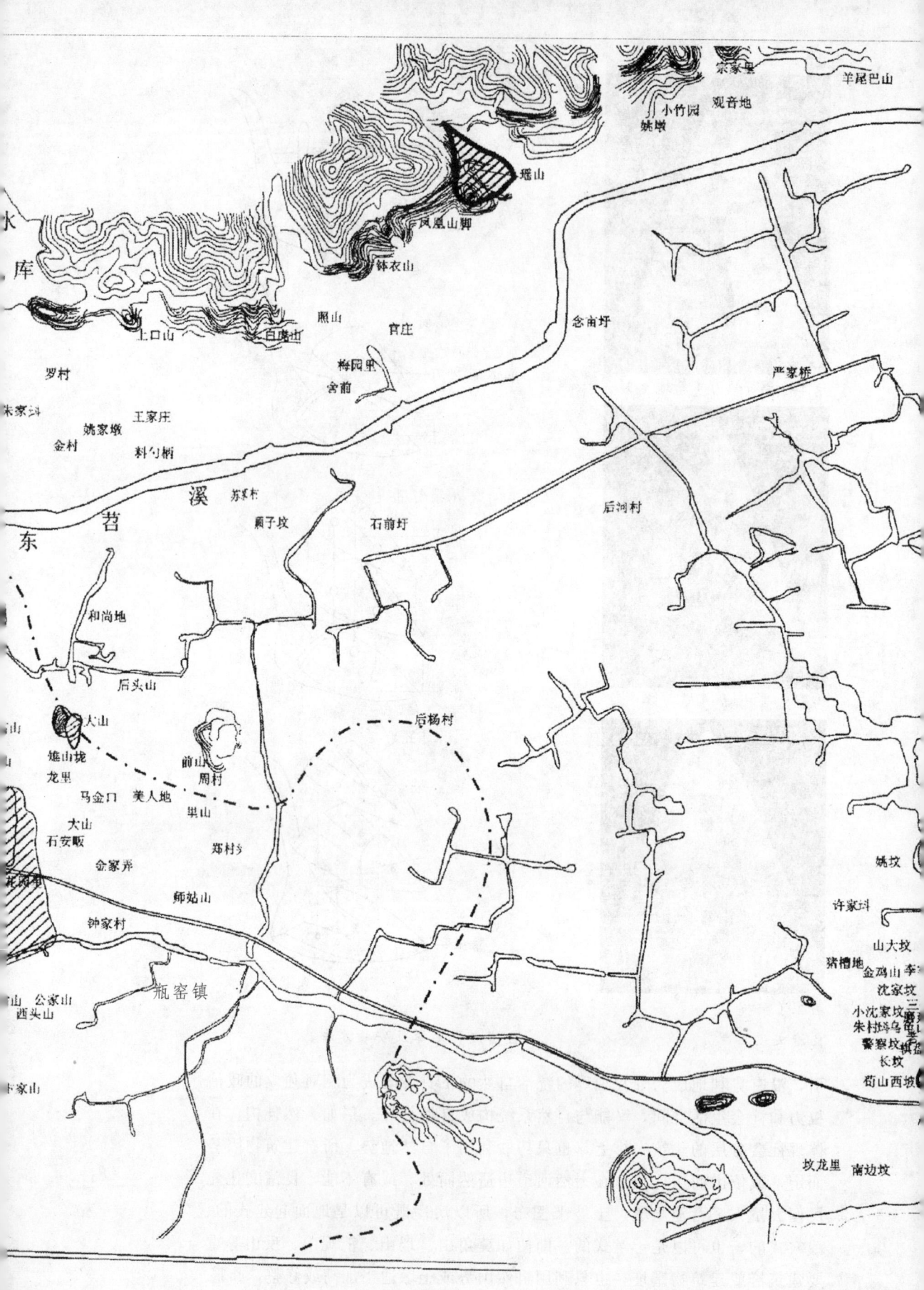

良渚遗址

良渚街道

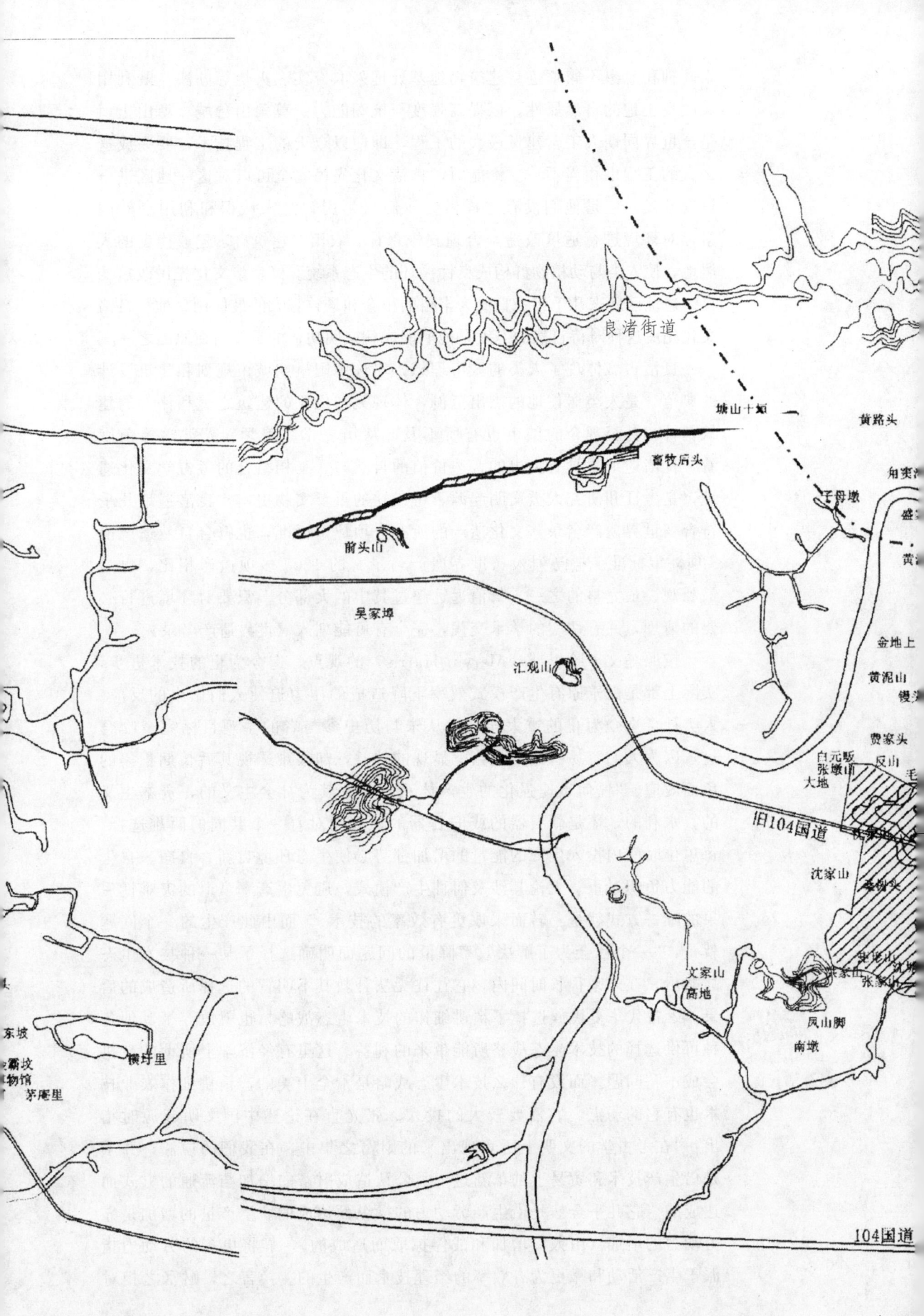

塘山土垣　黄路头

畜牧后头　角奥
子母墩
盛
前头山　黄

吴家埠
金地上
汇观山　黄泥山
镀
费家头
白元畈　反山
张墩山　毛
大地
旧104国道
沈家山　桑树头

东坡
文家山
横圩里　高地　张
霸坟
博物馆　凤山脚
茅庵里　南墩

104国道

崇高神秘意象不露痕迹。建筑物地基处理采取夯实、火烧等办法,既利用又改变土地的自然属性,以提高强度与抗潮能力。莫角山台城、塘山土垣是全世界同期人工营建量最大的工程,即便以今天的工程技术,要完成这么大的工程也相当不易。论能力,良渚文化先民完全可以对这一地区进行过度开发,但是他们没有这样做。他们只是用智慧来认识和利用自然因素,对环境进行适度改造,合理安排森林、农田、建筑群,建成优良的人居地,使人类与动植物群构成良性循环的生态系统。经良渚文化先民改造的良渚遗址区后来几千年一直成为丰裕的粮仓和景致宜人的最佳栖息地。良渚文化先民这种对待自然的态度是他们能成就文明功业的重要内在原因之一。

良渚古城体现了人类的城市理想,堪称中国早期城市规划和建筑设计的典范,是人类居住地的杰出范例,体现无与伦比的建筑之美和伟大的建筑精神,甚至现今的城市也有所不及。从历史学、美学、人类学等角度看,良渚遗址是具有突出的普遍价值的自然与人工相结合的考古学文化遗址,是考证和研究人类文明起源不可或缺的重要实物史料。良渚遗址几乎符合《世界遗产名录》文化遗产的所有6项评审标准,也符合自然遗产前3项评审标准。与已列入《世界遗产名录》的1000多项遗产相比,也是最壮观、最完整的之一,价值远远超过其中的大部分。只要对环境进行必要的清理,并有切实的学术交代,完全有可能列入《世界遗产名录》。

按照马文·哈里斯(Marvin Harris)的观点,迄今为止的技术进步,实际上都是由于原有生产模式效率下降造成的压力迫使人们做出的反应。人类社会迄今为止的重大转变,从未与历史参与者的主观目标完全吻合过,因为人们容易看到的是当下显现的效益,却很难透视其后长期积累的负面效应。"任何迅速强化的生产体系,无论其为社会主义的,资本主义的,水利的,还是新石器的或旧石器的,都面对着一个共同的两难选择。每单位时间内投入生产的能量的增加都势必使生态环境自新、自净、自生的能力负担过重。无论其涉及何种生产模式,避免生产率衰退的灾难性后果的唯一方式就是:转而采取更有效率的技术。"而由此产生的一个问题就是:"一个社会为了解决效率降低的问题而明确选择了某一种技术生态战略后,在未来很长时间内,它往往无法补救其不明智的选择所造成的后果。"[1]古代华夏民族选择了精耕细作的技术生态战略,也就放弃了其他各种可供选择的技术生态战略所能带来的利益。这里有经济学上所谓的"机会成本"问题。而没有什么技术生态战略是十全十美的,精耕细作农业技术也有它的弱点,它需要较大的投入。张光直在论述中国文明起源时指出:"在考古学的文明上所表现出来的财富之集中,在我们的说法,并不是借生产技术和贸易上的革新这一类公认造成财富的增加与流通的方式而达成的。它几乎全然是借生产劳动力的操纵而达成的。生产量的增加是靠劳动力的增加(由人口增加和战俘掠取而造成的),靠将更多的劳动力指派于生产活动和靠更为有效率的经理技术而产生的。换言之,财富之相对

[1] 〔美〕马文·哈里斯:《文化的起源》,黄晴译,华夏出版社1988年版,第171、158页。

性与绝对性的积蓄主要是靠政治程序而达成的。"[1]

　　世界上许多古老文明已经完全毁灭或基本毁灭。其原因不一，但都与生态环境负担过重以致生产率衰退有关。只有中国文明自古至今保持着发展的连续性，很大程度上就是因为一些有助于克服生产率衰退的因素发挥了作用。这些因素中，首先是在长江流域和黄河流域为主创造和发展起来的精耕细作的农业技术体系；其次是周围另外几个大河流域可供农业开发，陆续分担了两大流域过重的生态环境负担；最后是在精耕细作的华夏民族农业区外围有一大片与它联系密切而由非华夏民族群体居住并采用不同的经济活动方式的地区，其中有南方少数民族的粗放农业区（历史上曾经相当大，后来不断缩小），西北草原和荒漠地带的畜牧区，西北荒漠地带的绿洲农业区，东北森林和草原地带的牧农渔猎兼营区（后来趋于农业化）等。这些地区与汉族精耕细作农业区形成互补关系。历史上不断壮大的中国文明，就是由处于这种互补关系中的多民族共同创建而成的。这种互补关系有助于缓解中原农业区的生态压力，保持中国文明的旺盛活力。

　　但为了保持生产效率，农民也承受了异常大的劳动强度，发明、改进和推广农业技术成为下自农夫上自士大夫经常关注的问题。精耕细作避免了高强度工业技术对生态环境的破坏，但也使人口格外稠密。后世中国人受到广泛称道的勤劳刻苦、注重实践、关注现实人生及精于工艺的传统特性，就是在这种沉重的生存压力之下养成的。而山林破坏、水土流失、资源耗竭等却也成为中国自然环境的一种历史悠久而日渐深沉的慢性病症。可以说，当前中国向现代化迈进时所遇到的人口众多、资源匮乏的困难，未尝不是华夏先民技术生态战略选择所带来的历史包袱。后世的中国农业文明事实上在走出自然、破坏自然。

　　汤因比认为文明的生长过程有内外两个方面。外在方面表现为对环境占有力量的扩大，具体而言是军事征服、地理扩张、技术进步；内在方面则表现为一种精神自觉能力及自我表现能力。对外部环境的占有，无论是军事征服、地理扩张，还是技术进步，都不能作为文明真正生长的标准。"差不多每一个文明的历史都提供了在地理扩张的同时出现了实质退化的事例。"文明真正生长的标准在于社会内部自决能力的增强。"对于一系列挑战的某一系列胜利的应战，如果在这个过程当中，它的行动从外部的物质环境或人为环境转移到了内部的人格或文明的生长，那么这一系列应战就可以被解释为生长现象。只要这个现象生长和不断地生长，那么外部力量的挑战和对于外部方面应战的必要性，就要逐渐减少它的重要性；而在它的内部，在它对它自己之间的挑战作用就越来越大。生长的意义是说，在生长中的人格或文明的趋势是逐渐变成它自己的环境、它自己的挑战者和它自己的行动场所。换一句话说，生长的衡量标准就是走向自决的进度。"[2]石器农业文明的自在发展尽管可以在相当历史时期保持于自然之内，但只要它不是自决或自为的，它也有可能超出自然。

[1] 张光直：《连续与破裂：一个文明起源新说的草稿》，载张光直：《中国青铜时代》（二集），生活·读书·新知三联书店1990年版。

[2] ［英］阿诺德·约瑟夫·汤因比：《历史研究》（上），曹未风等译，上海人民出版社1996年版，第241、262页。

二、非亚美连续带

汤因比认为全球有21个成熟的文明：埃及、苏美尔、米诺斯、古代中国、安第斯、玛雅、赫梯、巴比伦、古代印度、希腊、伊朗、叙利亚、阿拉伯、中国、印度、朝鲜、西方、拜占庭、俄罗斯、墨西哥、育加丹。其中前6个是直接从原始社会产生的第一代文明，后15个是从第一代文明派生出来的亲属文明。另外还有5个中途夭折停滞的文明：波里尼西亚、爱斯基摩、游牧、斯巴达和奥斯曼。一般认为最初的文明有5个，从西到东排列依次是地中海东部的爱琴文明、北非尼罗河流域的埃及文明、幼发拉底河和底格里斯河流域的美索不达米亚文明、印度河流域的古代印度文明、黄河和长江流域的古代中国文明。这些最初的文明的南边基本上都是荒漠或大海，北边是平原、草场、森林或高山。由此形成两个世界，即北纬30°附近大河流域文明构成的农耕世界与其北部的游牧世界。南农北牧长期对峙，两个世界的冲突构成了文明发展的重要动力。

这种对峙和冲突对文明的发展有两种基本效应，即空间上的"酵母效应"和时间上的"春蚕效应"。最早的农耕文明原来都如星星之火，占据着弹丸之地。在遭受游牧民族入侵后，农耕文明反而发酵了。看起来是游牧民族包围了农耕民族，实际上是游牧民族被农耕民族同化了。随着游牧民族一次次对农耕民族大肆入侵，结果却是农耕世界的范围不断扩大，直至几乎整个世界都变成了农耕民族的世界。游牧世界对农耕世界的周期性入侵，一般规模较大的每次持续300多年，也导致旧的农耕文明形态消亡或变异，蜕变为新的形态。正是由于游牧民族的入侵，爱琴文明发展成为希腊、罗马文明。中国古代文明也经过了不断的混杂斗争，得以不断更新发展。

美国不少学者对濒临太平洋的北美洲西北岸印第安人的艺术进行深入探讨，发现其中有许多与中国文化接近的因素。韦斯登·拉巴（Weston La Barre）在一篇研究美洲印第安人巫教与幻觉剂的论文中提出文化底层概念，意指美洲印第安人的宗教一般都保存着他们的祖先在进入新大陆时从其亚洲老家所带来的旧石器时代和中石器文化底层的特征。佛斯特进一步发展了这一观点，用以论证"亚美巫教底层"。张光直运用这一理念提出环太平洋文化底层、玛雅—中国连续体的著名论点。张光直认为，玛雅—中国连续体的地理范围包括旧大陆和新大陆，其时间至少早自旧石器时代晚期。也有人认为，环太平洋的文化传播或应更早。凌纯声指出，东夷向东北移动，渡白令海峡而入北美。[1] 或许当时白令海峡仍相接，而相同族性的人分散后由于思维上的相似性，后来发展出相类特征的文化。

所谓文化底层，是指存在于不同区域中一种或数种来源相同、年代古远，并在各自文化序列中处于底层、带有底色特征的共同文化因素。从这

---

[1] 凌纯声：《中国古代海洋文化与亚洲地中海》，载凌纯声：《中国边疆民族与环太平洋文化》，台北联经出版事业股份有限公司1979年版。

种意义上说，文化底层应当具有3层含义：第一，来源于一个共同的文化祖源；第二，积淀为各地区文化序列的底层，相对于文化序列的发展演变而言；第三，在各地区文化的发展演变中，底层特征恒久不变地保留并贯穿于各个发展序列，长期而持续地产生着特殊的重要作用。文化底层还可以进一步区分出原生文化底层和次生文化底层。原生文化底层是指同一文化祖源在不同地区的原生分布，次生文化底层是指具有同一祖源的文化在不同地区长期发展后形成的文化传统或文化特质，是原生文化底层与不同地缘或其他文化作用的结果。原生文化底层对文明的形成和长期发展有决定性作用。北纬30°的农耕世界或许在旧石器时代的人口迁徙中即构建了农业文化底层，形成非亚美连续带。

中东的新石器发源最早，大致分布在以下5个地区：（1）黎凡特。包括叙利亚、黎巴嫩、巴勒斯坦和约旦等地。（2）安纳托利亚。包括土耳其的安纳托利亚地区和塞浦路斯。（3）美索不达米亚。主要是今天的伊拉克和叙利亚东部。（4）伊朗高原，包括环绕高原的诸山脉。以伊朗和阿富汗为主。（5）阿拉伯半岛。虽然不是新石器文化的核心地区，但在不同范围内的交往中的作用却不可低估。前4个地区的主要遗址在黎凡特所在的南部耶利哥遗址和北部的穆拉贝特遗址。这里是中东新石器文化发展最早也是最充分的地区，并对埃及有很大影响。但在距今8000年后，其有陶新石器文化因干旱而迅速衰落，文化中心转移到了安纳托利亚和美索不达米亚等地。从铜石并用时代中晚期起美索不达米亚取代了安纳托利亚占据主要地位。其主要文化有哈孙那文化、萨马腊文化、哈雷夫文化和埃利都·欧贝德文化，并经乌鲁克文化进入文明时代。

上述中东地区的新石器文化大部分都经历了从无陶到有陶、再到铜石并用时代这一过程。虽然农业和畜牧业已经产生，但仍然是二元性的混合经济，高级采集和渔猎仍占重要地位。主要栽培植物有大麦、小麦和一些豆科植物，家畜以绵羊、山羊和猪最普遍，牛的驯养要晚一些。距今7000年以后，在河流平原地区，以牛为家畜和以灌溉农业为特点的经济逐渐代替了早期以山羊为家畜和以干耕为主的时代。生产工具以燧石磨制的各种细石器为多，如石镰、石斧和石磨。黑曜石被用来制造工具。骨器和木石复合工具也经常使用。铜制工具的比例不断增加。中东地区创造了许多新石器时代的世界第一，如最早的铜器（萨约吕，距今9500年）、最早的有城堡与城墙的村落（耶利哥，距今1万年）、最早驯化的绵羊（萨威克米·沙尼达，距今10650年）、最早驯养的山羊（甘吉达雷，距今10200年）、最早驯化的猪（萨约吕，距今9200年）等。这些产品后来都通过贸易向外传播。"不管怎样，早在公元前6500年左右，西亚贸易就无疑已经扩展到非常远的距离之外。特别是，现知存在于伊朗和伊拉克的所有村落都能设法从400英里到500英里之外的今亚美尼亚地区产地得到稳定的黑曜石供应，此外这些村落还从两倍于上述距离之外的安纳托利亚中部得到小块的黄铜。因此,岩石、金属、食物、编织物、兽皮和小装饰品等物品的交易空前繁荣;到村落时代结束时,人们既通过陆路,也通过船只由水路运输货物。"[1] 美国化学家 O. 威廉姆斯-索佩(O. Williams-Thorpe)通过对中东各地发现的黑曜石工具中痕量元素的化学分析,绘出了一张中东黑曜石产地和贸易路线图。在某种意义上,它也是一幅中东贸易路线图。黑曜石在中国新石器文化中也较多出现,良渚文化的主要雕刻工具以其为原料。雷奈·格鲁塞(René Grousset)指出:"在彩陶方面,我们发现出自一些不同地点的陶器,都有奇妙的类似之处:例如埃及和后新石器时代的苏萨,苏萨和安诺,安诺和中国的后新石器遗址,苏萨、安诺和锡斯坦,以及锡斯坦、稗路支和印度的哈拉帕及莫亨佐·达罗二遗址等地点之间,所出土的陶器都是如此。根据这一有力证明,我们可以认为,那种相信各伟大的史前期文明都是彼此完全隔绝的说法极不可靠,而要立即予以摈弃。让我们且满足于这样一个结论:即当历史的黎明期,从埃及一直延展到黄河及印度河,曾存在着一种共同的文明,我们可称它为彩陶文明。"当然,"这种在基本花纹上的普遍一致,丝毫无损于各中心点的工业上和艺术上的独立性"。[2] 鬲作为一种青铜时代早期就已出现的器具,广泛分布于欧亚大陆的许多地方,尤其是接近草原的地区。从蒙古高原到中亚、西亚、高加索、印度以及中国北方都有鬲出土。研究者认为,鬲是农耕民族与草原民族的交往中受皮革囊袋的启发而发明的。安特生指出:"在伊朗北部出现三耳垂的和三只脚的陶器(The Three-Lobed and Tripod Vessel),在黄河中游有中国的鬲和鼎,这有点相似。"[3] 中国出土的鬲形态十分完善,却没有发现由低级到高级、由简单到复杂的演化层级,因而很可能不是土生土长的,而是由外部地区传来的,或是受外来文化的影响创造出来的。

中国位于亚欧大陆的东端,北面是常年冰封的西伯利亚荒原,西面和西南面环绕着荒漠和昆仑山、阿尔泰山、喜马拉雅山,东面和东南面是太平洋。其内部则疆域广袤,整体性强。黄河、长江两流域平原毗连,没有明显的天然屏障,政治、经济、文化和军事上都易于统一。辽阔的平原和近乎封闭的地理环境对于形成一种自给自足的生产方式非常有利。在历代强悍的游牧民族南侵面前,中国纵使丧失了首当其冲的黄河流域,仍有广大的后方可供周旋。其他古文明由于缺乏腹地,往往整体沦亡。而且,中国还能对边族潜移默化,在完整保持且绵延不绝的同时扩大文化的影响力。就农业文明而言,中国也许是非亚美连续带中历史线索最清、保存最为完整的典型案例。

从人种和语言上划分,最原始的游牧民族主要有三大支:印欧语系的高加索人、阿尔泰语系的蒙古利亚人和闪含语系(非亚语系)的闪米特人。距今5000多年前,阿拉伯半岛上的闪米特人便对埃及和苏美尔社会进行劫掠和入侵,并在两河流域先后建立了苏美尔·阿卡德、古巴比伦、

[1]〔美〕菲利普·李·拉尔夫、罗伯特·E. 勒纳、斯坦迪什·米查姆、爱德华·麦克纳尔·伯恩斯:《世界文明史》,罗经国、陈筠等译,商务印书馆1998年版,第32页。

[2]〔法〕雷奈·格鲁塞:《东方的文明》(上卷),常任侠、袁音译,中华书局1998年版,第20、21页。

[3] 日知:《中西古典学引论》,东北师范大学出版社1999年版,第310页。

亚述、新巴比伦、腓尼基、巴勒斯坦等一系列国家和王朝。约与闪米特人同时，欧亚内大陆西南部的印欧人也先后朝3个方向迁徙：东至印度河流域和中国的西北边境；西至多瑙河流域、巴尔干半岛、希腊半岛、亚平宁半岛，直至大西洋沿岸；南至伊朗高原、两河流域和小亚细亚。南下的印欧人，与从西南亚北上埃及、西亚和两河流域的闪米特人形成南北夹击、犬牙交错的局面。印欧人在其迁徙过程中，不断与当地人融合，先后建立了印度吠陀文明、安息帝国、赫梯王国、依兰和米底王国、波斯帝国、迈锡尼文明、古希腊文明、罗马帝国，并最终造就了现今的欧洲世界。因此可以说，以西欧世界为主体的西方文明是一种集原始狩猎文化、游牧文化、商品文化和农耕文化为一体的杂交文化和次生文明。它自苏美尔文明发源，由爱琴文明相沿发展而来，通过罗马文明而普遍化。

上述文明中美索不达米亚平原的苏美尔文明比较特殊，它是最早的城市文明类型，而其他文明都基本停顿于农业文明阶段。张光直认为，世界文明主要有两种形成方式，即西方式文明和非西方式文明的形成方式。西方式文明从两河流域苏美尔文明到地中海的爱琴文明相沿发展而来，通过罗马文明而普遍化。其特征是突破性或断裂性的。技术或商业程序是其财富集聚和生产方式的决定性因素；产生文字的主要动机是技术和商业的需要；城市成为交换和手工业的中心，城乡分离；在社会组织结构中，地缘关系代替了血缘关系。以古代希腊、罗马和日耳曼为代表的欧洲早期国家的特点是，在氏族制度之后按地域划分为国民。[1]非西方式或中国式文明，包括上述苏美尔文明之外的非亚文明和美洲的玛雅文明等在内，特点是连续性的。牟复礼（Frederick W. Mote）指出："中国的宇宙生成论主张的是一个有机的过程，宇宙的各个部分都从属于一个有机的整体，它们都参与到这个本然自生的生命过程的相互作用之中。"[2]杜维明进一步指出，这个有机物性的程序"呈示三个基本的主题：连续性、整体性和动力性。存在的所有形式从一个石子到天，都是一个连续体的组成部分……既然在这连续体之外一无所有，存在的链子便从不破断。在宇宙之中任何一对物事之间永远可以找到连锁关系。"[3]这种"联系性的宇宙观"不是中国独有的，它在原始社会中广泛出现，并且成为农业社会的文化基层被一直保存下来。这种联系性的宇宙观成为统治者调整人类与自然资源之间关系的意识形态体系，它也使整个社会变为政治连续统。如社会财富的集聚主要靠政治程序完成，贸易主要限于聚宝；文字的出现与政治、亲族的辨认和宗教仪式密切相关；文明时代的城市与以前的氏族聚落具有一致性和连续性；从氏族发展到国家的过程中血缘关系一直延续着，并起主要作用。

按照一般定义，文明是与城市联系在一起的。城市文化的文雅、精致气象以及艺术上的成就与乡村愚昧野蛮相对立。从较深入的层面来说，城乡对应实也就是文化与自然的对应。西方人将城市看作人工产物，即由宗

[1] 张光直：《中国古代文明的环太平洋的底层》，载张光直：《中国考古学论文集》，台北联经出版事业股份有限公司1995年版；张光直：《连续与破裂：一个文明起源新说的草稿》，载张光直：《中国青铜时代》（二集），生活·读书·新知三联书店1990年版。

[2]〔美〕牟复礼：《中国思想之渊源》，王立刚译，北京大学出版社2009年版，第21页。

[3] Tu Weiming, *The Continuity of being: Chinese Versions of Nature*, in Tu Weiming, *Confucian Thought: Selfhood as Creative Transformation*, Albany: State University of New York Press, 1985, p. 38.

教和法律制度将人类与未经驯化的自然区分开来的地方，就如西班牙的修道士和士兵将自己看作上帝创造序列中的一个较高层次一样。柯林·任福儒（Colin Renfrew）指出：文明的成长可以看作人类逐渐创造一个比较大而且复杂的环境。不但占据更大的自然空间和利用自然资源，而且建立起与自然相对的社会或精神领域。野蛮人居住的环境与动物环境差异不大，虽然它已经为语言或文化器具的使用而扩大，文明人则居住在自己所创造的环境之中。在这种意义上，文明乃是人类建造的环境。人类建造这样的环境将自己与原始的自然环境隔离开来。[1]任福儒所下的这个定义触到了一个核心问题，即当人类自野蛮踏过了文明的门槛时，也即从与动物分享的自然世界迈入了自己创造的世界。在这个世界中，人类用人工器物把自己围绕起来而与动物分隔开来，这些器物包括巨大的建筑物、文字以及艺术等，它们最终综合为现代意义上的城市。良渚文化已经出现了城市，但这种城市与苏美尔文明城市有所不同，它只是农村的自然延续，是放大的农村。良渚文化所代表的农业城市将城市与自然环境看作整合性的宇宙论结构，自然不仅被视作神圣的、有生命的，而且被视作与人类活动关系密切。在这样的连续性文明系统中，人类与动物连续，地与天连续，文化与自然连续。印第安人也以一种参与的意识来对待自然现象：宇宙被看成是各种生命关系的反映，生命的每一方面都是一个互相交叉的宇宙位系的一部分。[2]

非西方式文明的基本特征良渚文化表现得十分集中：一是财富聚敛借操纵劳动力而达成，产品的增加靠将更多的劳动力指派于生产活动或更有效率的经营活动。二是手工业的专门化和农业的规模化形成了商业基础，但贸易主要限于玉器、漆器和精致陶器、木器等范围之内。三是由于财富的集中借政治程序（人与人的关系）而不是借技术或商业程序（人与自然的关系），因而可以维持生态平衡。四是天人合一的宇宙观以及农业社会体系为政治操纵创造了条件。经济和社会都出现了分层，如形成宗族分支、聚落等级和巫政阶层等。良渚文化不仅是东方文明的代表，而且也表现了非亚美文明连续体的一种基本底色。

张光直由上述宏阔的考古学文化空间研究得出一种有启发性的结论：中国式文明发生形态很可能是全世界向文明转进的主要方式，而西方式文明倒是个例外。自西方经验而来的科学法则没有普遍的应用性，具有一般适应性的社会发展原理应当经过广大的非西方世界历史的考验，或在这个历史基础之上制定出来。或者还可以说，任何历史科学原理一定要通过中国史实的考验才有普遍性。从这种意义上来说，史料极其丰富的中国历史的潜在研究价值是难以估计的。[3]张光直的上述理论具有开创性意义，对西方学术具有很大的挑战性，引发了许多学者的关注。但这至多只能就学术研究而言，传统的农业生产方式并不能代表未来的发展方向。

[1] Colin Renfrew, *The Emergence of Civilization: The Cyclades and the Aegean in the Third*, London: Methuen and Co. Ltd., 1972, p. 11.

[2] Richard Fraser Townsend, *State and Consmos in the Art of Teno-chtitlan*, Oaks Research and Study Center, Washington, D. C., 1979, p. 9.

[3] 张光直：《中国古代文明的环太平洋的底层》，载张光直：《中国考古学论文集》，台北联经出版事业股份有限公司1995年版；张光直：《连续与破裂：一个文明起源新说的草稿》，载张光直：《中国青铜时代》（二集），生活·读书·新知三联书店1990年版。

三、全新世时间连续体

汤因比认为文明都经历起源、生长、衰落、解体和死亡5个发展阶段。文明与文明之间具有一定的历史继承性，或称"亲属关系"，就像几代人生命的延续。每一个文明或者是"母体"，或者是"子体"，或者既是母体又是子体。距今1万多年前开始的全新世的自然环境促成文明的形成。但人类历史进入文明阶段不过6000多年，相对于人类诞生30万年的历史，时间长度只占2%。从哲学意义上说，所有文明社会都是同时代的。从价值方面看，如果与原始社会相比，所有文明社会都取得了巨大成就，但如果与人类理想相比，这些成就又都是微不足道的。因此，所有文明社会又是等价的。汤因比最后得出的结论未必合理，但其对文明的时间性描述却有合理性。

费尔南·布罗代尔（Fernand Braudel）指出："历史学是时段的辩证法。通过时段，也因为有了时段，历史学才能研究社会，研究社会整体。"布罗代尔因此而提出"长时段"理论。传统历史学关心的是短时段、个人与事件，布罗代尔提出"时间三分法"，将历史时间分为长时段、中时段和短时段，即"地理时间""社会时间"和"个人时间"。"短时段是所有时段中最变化莫测、最具欺骗性的。""长时段"研究可以超越"短时段"研究的狭隘和局限。"其目的在于高瞻长瞩，更好地评估它们（指历史事件），而不至于完全身陷其中。从短时段转向较长的时段，然后转向深远的视域（只要它存在，它肯定是智者的时段），这时就可以重新思考一切，重新建构周围的一切。历史学家怎么会不被这种前景所吸引？""长时段是无穷尽、无止境的结构和结构组合的历史。"[1]结构在长时段中居于首要地位，是一种具有组织与凝聚的网络构造和一种长期延续的实在，是社会现实和社会整体之间存在的相当稳定的关系，起着干扰时间并改变时间的范围和速度的作用。"结构是指社会上现实和群众之间形成的一种有机的、严密的和相当固定的关系。对我们历史学家来说，结构无疑是建筑构件，但更是十分耐久的实在。"[2]结构本身就是一种长时段历史现象，它规定和制约着历史，人也只有在历史进程的深层因素——各种结构中，才能把握和解释一切历史现象。具体说来，它是指山川、原野、海岸、岛屿、地理、气候、生态环境、自然与人的关系，以及社会组织、文化传统、心态环境等。

在结构的历史中，无限多的个别事件的短时段历史，可以在其中找到根源。布罗代尔在《15—18世纪物质文明、经济和资本主义》第一卷题名为《日常生活的结构，可能与不可能》的一章中就清楚地说明了物质文明的结构和内容。布罗代尔指出，正是这种蕴藏在市场经济底层的人们最基本、最普通的日常生活的结构，限制了社会表层各种经济活动的可能范

[1]〔法〕费尔南·布罗代尔：《论历史》，刘北成等译，北京大学出版社2008年版，第76、31、52、83页。

[2]〔法〕费尔南·布罗代尔：《历史和社会科学：长时段》，承中译，《史学理论》1987年第3期。

围。而在 15—18 世纪，这些由人们衣食住行各方面的细节和杂事构成的限制，又几乎没有任何改变。"杂事反复发生，经多次反复而取得一般性，甚至变成结构。它侵入社会的各个层次，在世代相传的生存方式和行为方式上刻下印记。"[1]结构的历史是以世纪为基本量度单位的，是在表面上看来似乎静止的一种历史运动。在长时段的历史现象形成的结构中，可以认识到事件之反复发生的节奏或周期，特别是经济生活的周期。也就是说，中时段—事态也是需要在结构中说明的。对于地理（环境）影响及历史结构研究的高度重视，是年鉴学派学术思想的一大亮点与特征之一。而布罗代尔则将这种思想特征推向了极致。"要理解长时段，最简单的方法就是联想到地理的制约。"所谓"长时段"，也就是地理时间之谓。"在费尔南·布罗代尔看来，地理是解读社会的工具，是人类赖以生存的根基。因此，他的着眼点主要是空间，而不是时间。"[2]因此，空间模式又是布罗代尔所云"结构"中最为重要的一种。"空间模式是社会现实借以形象化的图表，通过它，社会现实至少可以部分地变得清楚了。它们是真正适用于各种不同时间运动（特别是长时段）、各种社会范畴的模式。"[3]

全新世以来的人类历史可以划分为史前和历史或新石器时代和文明时期两个基本长时段。文明时期又可以相对地划分出几个长时段，后代文明可以视作汤因比意义上的子代或子体文明。新石器时代的情况同样。两个基本长时段之间的文明起源阶段承上启下，使整个人类历史构成连续统，地位相对特殊。而文明起源阶段的历史本身也构成连续统。良渚文化是全新世两个基本长时段的过渡环节，也是中心环节。良渚文化历时 1300 多年，本身也是一个长时段。

良渚文化集长江下游新石器文化之大成，在东亚最早发展为最高形态的文明。良渚文化的地缘要素来自杭州湾南北两岸。在新石器时代，杭州湾两岸的文化主体均转向水网平原，主要表现为水网平原型文化。杭州湾北岸直至长江沿线为环太湖平原，由杭嘉湖水网平原、苏锡常等平原构成。除少数突出的孤立山冈外，绝大多数区域属于典型的平原地貌。比较开阔的地理条件、相对单调和分布不平衡的野生资源使这个地区的群体面临较大的人口压力，使他们倾向于更多地依赖农业生产。而这里平坦的地貌也恰恰适合于稻作，而且还便于人群集结发展密集劳力型经济，刺激人口和聚落的快速增长，从而加剧社会复杂化进程。自新石器早期开始，这里先后产生马家浜文化、崧泽文化等。杭州湾南岸是宁绍平原，它位于浙江省的东北部，西起钱塘江，东、北濒海，南接四明山、会稽山北麓，东西长南北窄。地貌系统包括侵蚀剥蚀丘陵、冲积平原、湖积平原、三角洲平原、海积平原等，总体上不规整甚至破碎。许多区域被一些低山余脉和入海溪流斜向分隔成相对独立的几小块，地势也不平坦，明显存在两种区域特征，即地域的相对封闭性和资源的相对丰富性。相对封闭的环境较适合狩猎采集群和早期农耕社会以较小和相对隔绝的单位生存，而野生资源

[1]〔法〕费尔南·布罗代尔：《15—18 世纪物质文明、经济和资本主义》第 1 卷，顾良、施康强译，生活·读书·新知三联书店 1992 年版，第 27 页。

[2]〔法〕弗朗索瓦·多斯：《碎片化的历史学：从〈年鉴〉至"新史学"》，马胜利译，北京大学出版社 2008 年版，第 128、123 页。

[3]〔法〕费尔南·布罗代尔：《论历史》，刘北成等译，北京大学出版社 2008 年版，第 56 页。

相对丰富多样则使土地载能较高、人口压力较小，群体之间合作和依赖程度也就相对较弱，发展大规模密集劳力型农耕经济的优越性和必要性不明显，社会凝聚和复杂化的动力相对缺乏。这一带稻作农业发源很早，但丰富的野生资源使其在以后的漫长时期并没有得到强化，并且还显示出一种退化趋势。宁绍平原生产性经济占据主导地位出现的时间可能也不如学术界估计的这么早。在宁绍平原发育发展的跨湖桥文化、河姆渡文化具有明显的地域特征，但前后缺乏连续性，其中跨湖桥文化较早衰落中断。

杭州湾南北两系新石器文化呈现出大体一致的阶段性，都可以划分为早、中、晚三期。文化面貌在各阶段发生变异与气候环境变化相关，也与两地间的文化互动有关。文化内涵显示，两地文化经历了"相似—趋异—渗透—趋同"的发展轨迹。

早期为南系的上山文化、跨湖桥文化、河姆渡文化早期（田螺山遗址）和北系的前马家浜文化。上山文化、跨湖桥文化大致以距今9000年为界分为前后两期。前马家浜文化未发现系统的遗址群，文化面貌和文化来源尚不清楚。上山文化是目前发现的长江下游流域最早的新石器文化。其以敞口盆为典型器的夹炭红衣陶器群和以石片及石磨盘、石磨棒、石球等砾石石器为特征的石质工具不同于长江下游地区以往发现的其他新石器文化，代表了一种更为原始的农业萌芽期的新石器文化类型。尤其值得注意的是，陶片坯土中普遍含有颖壳，几乎达到100%。这种现象说明当时使用的稻谷数量很多。稻谷小穗轴有两种类型：一种是与现代野生稻相似的野生稻类型，另一种是与现代粳稻相似的栽培类型。陶片中还有一颗较为完整的来自于栽培稻的稻谷印痕，长度7.73mm，宽度2.86mm，长宽比约为2.7：1，比现在长江下游普遍栽培的稻米要大得多，可能是热带粳稻或旱稻。陶片中所见颖壳形态也是比较完整的，反映出当时可能有一套干燥、脱粒、加工的技术。跨湖桥文化和河姆渡文化水稻可能受上山文化古稻传播的影响。[1]上山遗址陶器器形比华南地区其他遗址更丰富，但总体上比较单调，与跨湖桥遗址陶器差别较大。不过夹炭陶却具有共性。另外，以成排柱洞为特征的木构建筑形式与河姆渡文化似有继承关系。这种建筑形式到河姆渡文化时期发展到高峰。上山遗址具有旷野性特征，小黄山遗址与上山遗址特征相近。两遗址都位于向杭州湾汇聚的两条河流的上游河谷地带，是浙西南山区向浙东北平原过渡地带的新石器文化类型，为研究中国早期定居生活方式提供了十分独特的例证。[2] 2009年底至2010年初，金华市婺城区罗埠镇山下周新村北面发现山下周遗址，年代距今9000年左右，相当于上山文化晚期。已出土数百件陶器、石器等器物。在1.4m深的探沟中有4个文化层，其中第三层发现红衣夹炭陶残片，第四文化层发现石磨棒、穿孔器、大口陶盆、平底陶盘残片等器物，它们与上山遗址、小黄山遗址器物有较多共同点。其中平底陶盘接近上山晚期，而器形有所区别。穿孔器直径仅5cm左右，较为少见。大口陶盆十分独

[1] 黄琦、蒋乐平：《上山遗址与上山文化：中国第四届环境考古学大会暨上山遗址学术研讨会上专家谈"上山文化"》，《中国文物报》2006年12月29日。

[2] 浙江省文物考古研究所、浦江县博物馆：《浙江浦江县上山遗址发掘简报》，《考古》2007年第9期。

特，有别于其他文化器形。山下周遗址第二层还发现相当于良渚文化阶段的遗存。山下周遗址西侧约1000m处的汤溪镇下伊村北面台地又发现青阳山遗址，包含商周时期、良渚文化时期、上山文化时期3个阶段的遗存，以良渚文化钱山漾类型遗存为主。山东滕县北辛遗址是目前所发现的东部地区最早的新石器时代遗址之一，所由确立的北辛文化被认为是大汶口文化的母体文化。北辛文化分布在鲁中南及苏北一带，在山东地区诸多前大汶口文化遗存中属偏南的一支。由于其年代上限早于罗家角遗址和河姆渡遗址，所以对马家浜文化和河姆渡文化可能有一定影响。跨湖桥文化与河姆渡文化和马家浜文化的早期遗存在一些主要特征上表现出明显的共性，例如夹炭陶、炊器上的绳纹装饰、陶釜与支座的配合使用、无三足器、骨耜、木质榫卯构件、稻谷遗存等。其中形制自成一体的釜、数量众多的圈足器、富有特色的彩陶和黑光陶等则体现出跨湖桥文化的鲜明个性。跨湖桥文化向东至少到达曹娥江流域，而河姆渡早期文化则向西推进到了浦阳江流域，两文化的分布范围有交叠。夹炭陶和绳纹装饰在南方地区分布较广，但在宁绍地区延续时间长，是一种较稳定的文化传统。釜与釜支座的共同使用和双耳罐、敛口盆等器形近似，骨耜、骨哨、骨匕、骨镞、木锥、木锛柄等骨木器的类似，相同的以榫卯结构为核心的木构建筑技术，成熟的耜耕农业和丰富的渔猎经济、家猪的驯养、橡子坑代表的采集业，水上交通工具的使用，等等，是跨湖桥文化和河姆渡文化十分显著的特征。[1]跨湖桥文化与马家浜文化早期的分布区同样十分邻近。马家浜文化以桐乡市罗家角遗址为代表。罗家角遗址第四文化层的河姆渡文化因素很明显，之所以将其归入马家浜文化，并视为马家浜文化的源头，可能考虑了分区因素，存在将钱塘江南北割裂的认识倾向。罗家角遗址早期更多地反映了南系文化因素。因此跨湖桥遗址与罗家角遗址的比较是同河姆渡遗址比较的一种延伸。跨湖桥遗址出土骨耜的插装安柄方法同于罗家角遗址出土物的方法。虽然外红内黑的陶器特征在河姆渡文化中同样存在，但这种特征在考古学上最早是作为马家浜文化的陶器特征来总结的。在跨湖桥遗址中，这种外红内黑的陶器有更普遍的发现，如豆、钵、盆、盘等。虽然陶质有别（河姆渡文化、马家浜文化多为泥质陶），但文化的共性还是值得关注的。马家浜文化中的另一种因素以腰沿釜及炊器的非绳纹特征为代表，这一特征后来成为马家浜文化的主流因素，可称为北方因素。这方面跨湖桥文化与之缺少联系，表明跨湖桥文化是比河姆渡文化更为纯粹的南系文化。[2]如果将跨湖桥文化、河姆渡早期文化和马家浜早期文化视为3个年代上存在交叠的文化，那么三者彼此之间应该存在形制相似的若干种陶器的交集。虽然这种交集事实上仅存在于河姆渡文化早期与马家浜文化早期之间，但跨湖桥文化与马家浜早期文化以及河姆渡早期文化之间的共通特征主要表现为文化基因的密切关系，而非个别细枝末节的相似。跨湖桥文化包含着河姆渡文化早期和马家浜文化早期几乎所有的基

[1] 浙江省文物考古研究所、萧山博物馆：《跨湖桥》，文物出版社2004年版，第330页。

[2] 蒋乐平：《浙江史前文化演进的形态与轨迹》，《南方文物》1996年第4期。

本元素。跨湖桥文化可能处在杭州湾地区史前文化发展进程中的十字路口,其文化元素在宁绍平原和杭嘉湖平原不同的重组和衍变最终导致文化系统的分裂。因此,马家浜文化和河姆渡文化在纵向关系上是同根同源的两个文化系统。但两文化诸如夹炭绳纹有脊釜一类个别器物形制的近似,说明应该还有横向交流作用力的渗入。[1]

[1] 刘恒武:《论宁绍与杭嘉湖地区新石器时代文化起源及其流变》,《宁波大学学报》(人文科学版) 2007年第3期。

中期可分两个阶段。第一阶段为南系河姆渡文化中期(河姆渡遗址第三、四文化层)和北系马家浜文化早中期。河姆渡遗址第三、四文化层与罗家角遗址的埋藏环境相似,文化遗存相当完整。河姆渡文化这时的经济形态是以栽培水稻为主的湿地农业系统,当时已饲养猪、狗、水牛等家畜,采集和狩猎在经济生活中仍占相当大的比重,是张光直所说的"富裕的食物采集文化"。罗家角遗址既出土相当数量的籼稻和粳稻,也发现丰富的动植物遗存,出土骨骸重达1000kg以上。河姆渡文化已普遍使用带榫卯结构的干兰式木构建筑,罗家角遗址也发现相当数量的木构件。尽管有人推测已是地面建筑,但营建水平总体上与河姆渡文化中期相当。河姆渡文化中期使用相当多骨角农具,其中骨耜是最基本和最有特征的,在第三文化层出土170余件。石器数量和种类都较少,加工方法较原始。器形仅斧、锛和凿3类,一般仅在刃部加磨,可能用于木作。砺石相当多,可能与骨器加工有关。木器很有特色,主要种类有木桨、木铲、木胎漆碗等。陶系以夹炭黑陶为主,夹砂黑陶不多。器形主要有釜、罐、盆、盘、钵、釜支架,还有带管状嘴的盉形器、豆等。其中最具特征、最有代表性的是釜,它们的数量也最多。主要器形有有肩有脊的敛口釜和敞口釜,肩脊为其显著特征。纹饰以绳纹和刻画纹为主,其中釜自早而晚始终以绳纹为主。刻画纹有几何形和动植物形两种图案。罗家角遗址发现的角质农具虽与河姆渡文化有较大差异,但也显发达。主要器形是麋鹿角制的器柄和梅花鹿角制作的勾勒器,也有少量骨耜。石器发现不多,主要有斧刀之类。但从第三文化层开始数量明显增多,种类有斧、锛、刀、凿等,大多磨制光滑。砺石的数量也不少。第二文化层出现对钻的穿孔石斧,磨制较精。从上述情况看,马家浜文化早期与河姆渡文化中期的发展水平是大体相当的。罗家角遗址陶器以夹砂灰红陶为主,但与河姆渡文化中期一样存在夹炭陶,这与两者均有丰富的稻谷、稻秆和叶等有机质存在有关,同时也说明两者制陶工艺水平方面的同步性。主要器形是釜、罐、盆、钵、盉等,也以釜为最多。釜可分为带脊釜、筒腹腰沿釜和弧腹腰沿釜3种。纹饰主要有米点纹、斜线纹、弦纹、三叶纹、网纹和戳印圆圈纹等。筒腹腰沿釜在浙北苏南的马家浜文化诸遗址中都有发现,是马家浜文化陶釜的基本形和典型器。弧腹腰沿釜则较多见于罗家角遗址,其他遗址中少见,是罗家角遗址最具特征的代表性器物。带脊釜也仅见于罗家角遗址,主要出自第四文化层,第三文化层明显减少,第二、第一文化层已是孑遗。从形态上看,各层肩脊釜的形态基本相同,难觅其演变发展的轨迹。相反,河姆渡遗址的带肩脊釜的发展脉络十分清楚，即由肩脊明显到不明显再发展成暗脊。这或许说明带脊釜不是马家浜文化的固有因素。但带脊釜在两支文化早期都是主要器形，器形特征十分相似，又说明它们之间很早就可能存在比较密切的交往。河姆渡遗址第四文化层出土的罐形带嘴器可能与马家浜文化常见的平底盉有某种联系，这种罐形带嘴器是目前所见的平底盉的最早形态。总体上看，时间越早，两种文化的陶器相似程度越高，表明南北两岸的文化具有共祖性。[1] 第二阶段为南系河姆渡文化晚期和北系马家浜文化晚期、崧泽文化期。这一时期骨器、木器、建筑物等易腐器物很少发现，主要遗物是陶器和石器。木器为河姆渡文化晚期的重要生产工具，除木耜外还有木桨、木杵、木锤、点种棒和木锛柄等。河姆渡遗址第二文化层还发现木构水井。慈湖遗址下层出土木轭。但其体式远较现在的牛轭小，用何种畜力牵引尚需探讨。石器的数量明显增多，制作规整，通体磨光。河姆渡遗址第一文化层出现穿孔石斧。湖州邱城遗址中层和松江汤庙村遗址崧泽文化层发现石质三角形犁形器，草鞋山遗址还发现加工粮食的陶杵。如果木轭和石质三角形犁形器能证明当时已开始犁耕的话，说明耕作技术在这时已有了飞跃。河姆渡遗址第二文化层骨耜已趋消失，并被木耜取代。陶器则第二文化层与第三文化层有相当大的差别，夹炭陶虽继续存在，但数量已明显减少，夹砂灰红陶数量已占多数，红色陶衣为显著特征。器形有多角沿釜、敞口翻沿釜、钵形釜、束腰釜、釜形鼎，袋足盉（异形鬶）、垂囊盉、平底盉、带把三足盉、喇叭豆、牛鼻耳罐、折腹圈足盆、猪嘴形釜支座等，并发现腰沿釜，肩脊釜消失。釜仍然是主要炊器，以敞口折沿或翻沿沿面内弧凹的釜为典型。新出现的釜则可分为3种类型。第一类是河姆渡文化原创的典型器，如多角沿釜、敞口翻沿釜等。第二类如钵形釜、束腰釜等有河姆渡文化和马家浜文化双重因素。钵形釜筒腹造型与马家浜文化筒腹腰沿釜相似，釜身上的绳纹和脊则袭河姆渡文化传统。束腰釜与马家浜文化筒腹腰沿釜相类似，只是仍然保留河姆渡文化肩脊遗风。第三类则是马家浜文化、崧泽文化作风，如第二文化层水井出土的腰沿釜。崧泽文化与马家浜文化有继承发展关系，如圜底器、平底器、圈足器等相类似，但圈足器明显增多。陶器主要组合变为鼎、豆、罐、壶。鼎逐渐取代了釜，形制主要有釜形鼎和盆形鼎。河姆渡文化鼎的数量开始增加。名山后遗址出土鼎的造型与马家浜文化或崧泽文化鼎相类似。第二文化层出现的袋足盉也是由马家浜文化或崧泽文化三实足盉移植而来的。河姆渡遗址第二文化层出现栽柱式地面建筑，柱洞垫木板或红烧土块、黏土和碎陶片作基础。马家浜遗址上层和邱城遗址下层建筑遗迹，也是先挖洞后垫板再立柱。河姆渡遗址第一文化层的葬式与崧泽文化一样，为仰身直肢葬。对比上述南北两系文化的特征，可以看到，它们之间存在文化交流，但相对于早期来说差异增大。[2]

晚期也可分为两个阶段，即良渚文化和马桥文化时期。良渚文化使北

[1] 王海明：《河姆渡文化与马家浜文化关系简论》，《东南文化》1991年第6期；浙江省文物管理委员会、浙江省博物馆：《河姆渡遗址第一期发掘报告》，《考古学报》1978年第1期；河姆渡遗址考古队：《浙江河姆渡遗址第二期发掘的主要收获》，《文物》1980年第5期；姚仲源：《二论马家浜文化》，载中国考古学会编：《中国考古学会第二次年会论文集》，文物出版社1982年版；浙江省文物考古研究所：《桐乡县罗家角遗址发掘报告》，《浙江省文物考古研究所学刊》，文物出版社1981年版。

[2] 王海明：《河姆渡文化与马家浜文化关系简论》，《东南文化》1991年第6期；刘恒武：《论宁绍与杭嘉湖地区新石器时代文化起源及其流变》，《宁波大学学报》（人文科学版）2007年第3期。

系文化进入发展高峰，其典型特征是大型犁耕农业、干兰居式、精致化的玉器体系、精致化的鼎、豆、壶（罐）黑陶体系、精细化的石器体系以及仰身直肢葬式等。琮、钺、璧、璜等玉器大量出现。陶器以砂质黑陶、泥质灰胎黑皮陶为多，鱼鳍足鼎、T字足盆形鼎、圈足镂空豆、竹节把豆、贯耳壶、球腹罐、大圈足盘等为代表器物。石器有有段石锛、石钺、穿孔石刀、石镰、石凿、石镞等。宁波市慈湖遗址上文化层、奉化市名山后遗址二至七文化层以及萧山区的后河姆渡文化遗址均基本呈现为良渚文化面貌，说明南系文化已完全被北系文化取代。马桥文化时期的境况与之也完全相同。

据马家浜文化夹砂、素面非绳纹红陶文化组合特征，可以拟想出大汶口—北阴阳营—马家浜文化分布区。它在地理范围上基本与所谓的青莲岗文化的大概念相重合。青莲岗文化的旧概念已被摒弃，但这一区域确实是一个表现得十分典型的非绳纹陶炊器分布区。黄河中上游、长城以北和东南沿海南段的新石器文化陶炊器均以绳纹为重要装饰特征，而海岱、宁镇、太湖一带却是非绳纹陶分布区。北辛遗址是目前所发现的东部地区最早的新石器文化遗址之一，所由确立的北辛文化被认为是大汶口文化的母体文化。北辛文化的分布在鲁中南及苏北一带，在山东地区诸多前大汶口文化遗存中属偏南的一支。其年代上限早于罗家角遗址和河姆渡遗址，对东南沿海新石器文化存在影响关系。鲁北后李文化一期也是一种前大汶口文化类型，含有极少量的绳纹，可见与黄河中游、北方地区有更多的联系，但其中大量出现的深腹罐形釜却与马家浜文化的筒腹腰沿釜颇为相似。相比之下，苏南地区的与之更接近，杭嘉湖地区腰沿发达的筒形却不够典型。这一现象表明黄河流域新石器文化由北而南传播发生变异，而这种变异是受到前河姆渡文化、河姆渡文化直接或间接干预的结果。宁绍平原是浙江的腹地，在与北方更活跃的文化类型的碰撞中处于殿后位置，因此土著文化表现得更完整、更顽强。也许正是有这样的条件做保障，才有前河姆渡文化和河姆渡文化进一步独立发展的机会。骨（牙）雕刻、漆器等工艺成就以及表现于骨、牙、陶器的精神层面的纹饰，是前河姆渡文化和河姆渡文化的特征。前河姆渡文化的北部触角在罗家角遗址形成的初期阶段尚滞留在杭嘉湖平原中部，夹炭绳纹有脊釜、干兰建筑、骨耜等的存在是其证据。不过已发生变异，如干兰建筑的榫卯加工技术更为先进，说明其石器更先进。石器对骨器的率先取代是马家浜文化的特征之一，这在河姆渡遗址和罗家角遗址中石器的不同比例上得到显示。浙江的地域性原始文化随时间的推进向南收缩。太湖—钱塘江地区新石器时代陶色具有"黑—红—黑"的变化趋势，这一变化趋势在时间、空间的分布上具有规律性。早期的黑陶是在低火候、缺氧条件下烧制的夹炭陶和部分夹砂陶，中期的红黄褐陶是在较高温度条件下氧化焰还原的产物，晚期的黑皮陶属于技术水平更进一步发展的产物。这一过程不仅需要技术做依托，也受到文化传统的干预。早期的黑陶以河姆渡文化最为典型，向北的分布逐渐淡化，罗家角遗址第四文化层夹炭、夹砂黑陶只占30%左右，再稍晚并偏北的草鞋山遗址不见夹炭陶，但色泽尚有偏黑倾向。[1]罗家角遗址晚期地层中黑陶比例减少，同时期的草鞋山遗址相应的文化层不见黑陶，而河姆渡遗址第三文化层黑陶仍占优势地位。这一地区黑—红更叠表现为愈往北愈提前。以夹炭陶、绳纹、有脊釜、干兰建筑、骨耜等特征为代表的考古学文化是本地区一种更为原始的文化类型，但在时间延续上表现为南长北消的分布特点。河姆渡文化区的文化势力或影响范围距今7000年之后向南退缩，似有一种十分强劲的文化势力与之抗衡。它们的碰撞、较量产生能量交换，结果是孕育了一种新的文化类型。由此大体可以做出这样的结论：距今7000年前后以夹砂红陶制作传统为特征的黄河流域新石器文化向南传播，与分布在太湖流域南域、宁绍平原的夹炭黑陶文化接触，以文化上的综合优势和表现在火候与坚固方面的制陶技术，终于在这一原夹炭黑陶分布区立足生根。这一经两种文化交会、碰撞而催生的新的文化实体虽不可能是文化的简单抄搬，但这种兼容并蓄式的来历特征带来开放式的、因而也更有活力的文化潜势，为这一地区后来的文化发展开辟了更为广阔的前景。不过，尽管杭嘉湖地区接纳了北方物质文化的侵入，但作为文化接受者的当地居民构成可能具有更多的南部血统。马家浜文化的创造者可能是随环境恶化而被迫向浙北、苏南疏散的南系宁绍平原先民，马家浜文化则在较明显的北部物质文化外观下掩藏着十分浓厚的地域文化心理特征。

宁绍地区新石器文化序列中也显示马家浜文化、崧泽文化、良渚文化的递变影子，但这一地区新石器文化始终保存着传统的文化特征，如绳纹釜，给河姆渡文化后续文化的定性带来困难，如良渚文化在该地区的确立问题。良渚文化基本陶器群在宁绍地区诸新石器文化晚期遗址中反复出现，是一个确定不移的事实。从强调共性、强调文化融合的角度看，以良渚文化命名不成问题，但这种共性、融合的强调，体现了以钱塘江以北地区作为文化主体的思维方式。从历史文化重心论的观点看，这种认识可谓抓住了矛盾的主要方面，但宁绍地区新石器文化所表现出来的个性特征并不是无足轻重的孤立现象。浙南连同闽、粤、赣绳纹釜的使用范围构成一个十分广阔的文化区域，这一区域在后来又成为几何印纹陶的发生区和百越民族分布区。因此，有理由将新石器时代晚期宁绍地区所处的与北方文化的对峙位置与后来该地区作为百越文化的"龙头"——越国的建立联系起来。这样，钱塘江南系河姆渡文化体系中绳纹釜的顽强遗留便成了一种有意味的文化符号，可能为后来吴文化、越文化在浙江地区的南北对峙埋下伏笔。[2]

良渚文化是一个巨大的生命体，长时间保持旺盛的新陈代谢，历久而不衰。由于考古学研究尤其是自然科学方面的年代测定做得很不充分，对

[1] 南京博物院：《江苏吴县草鞋山遗址》，《文物资料丛刊》（第3辑），文物出版社1980年版。

[2] 蒋乐平：《浙江史前文化演进的形态与轨迹》，《南方文物》1996年第4期；蒋乐平：《礼器"鼎"渊源探索》，《南方文物》1992年第3期。

良渚文化这一长时段还很难做科学的分期。目前有二期说、三期说、三期六段说、四期说、五期说等。本书以细分原则取早、中、晚三期 6 段说叙述。

早期年代距今 5300—4900 年，前后段的分界大致可定在距今 5150 年前后。前段以吴家埠东区第二文化层、龙南一期、福泉山一期和草鞋山等部分器物和墓葬为代表。主要特征是含有较多崧泽文化晚期遗风，属崧泽文化向良渚文化的过渡型。后段以张陵山上层、钱山漾下层、越城、福泉山二期等部分器物和墓葬为代表。普遍流行鱼鳍形足鼎、口部有一对鼻式器耳的双鼻壶、宽把带流罐形壶等陶器，以及诸如半月形双孔刀、钺、有段锛等石器和琮、璧等玉器，说明文化形态走向成熟。

中期年代距今 4900—4400 年，为鼎盛期，前后段分界约在距今 4650 年前后。前段以反山、瑶山、龙南三期、福泉山三期等部分器物和墓葬为代表。陶器仍流行鱼鳍形足鼎，双鼻壶颈部增高，豆为浅腹盘形附宽大低矮的喇叭形座。出现著名的良渚文化玉器体系，包括琮、璧、钺、锥形器、冠状形器、璜、镯、三叉形器、项链以及玉鸟等。后段以草鞋山、绰墩、福泉山四期、徐步桥、雀幕桥等部分器物和墓葬为代表。陶器盛行 T 字形足鼎，豆把手增高并多竹节状喇叭形，双鼻壶的颈部特长，有的还带有器盖和蟠螭纹或云雷纹、弦纹装饰，尤以器壁较薄的泥质黑皮磨光陶为大宗。中期石器多通体磨光，品种繁多且形式多样，石犁和石耘刀日趋大型化，数量增多。漆木器很流行。出现大型墓葬、大型祭坛墓葬等建筑形制较特殊的遗址，社会发展水平达到高峰。

晚期年代距今 4400—4000 年或稍后，前后段分界约为距今 4200 年。前段以福泉山五期、寺墩、雀幕桥、庙前等部分器物和墓葬为代表。器形主要沿用中期形制。陶器常见 T 字形足鼎和圆锥形足鼎，双鼻壶和圈足壶常带器盖。以细而高的竹节形把黑皮豆、口带舌沿的帽形器盖的宽把杯形壶和宽把带流罐形壶，以及圈足簋、尊、尊形罐等最具典型意义。玉器种类和制作工艺比中期逊色，多节方柱形玉琮日臻高大，所刻简化神徽纹饰则明显简化。后段以马桥第五层、寺墩、新地里等部分器物和墓葬为代表。陶器造型趋向简朴，以素面为主。袋足鬶较为流行，瓮缸类日趋大型，双鼻壶演变成直口高直颈、扁腹平底或矮圈足款式，圈足簋口部常常等距黏附三贯式小耳并加器盖，豆类变得小而素朴，新出的口部带外侈成流、蛋圆形腹、扁圆把、底设三圆锥足的盉很有特征。玉器制作和雕刻工艺大大退化，既不精致又简陋，品种和数量也不多。新地里遗址密集分布了众多良渚文化墓葬，规划有序，保存相当完整，但出土器物不多。学界疑为良渚古城的一个重要迁徙地。[1]

关于良渚文化社会内部阶层分化的问题，学界曾做过大量研究，并普遍认为良渚文化社会存在阶层分化。其典型表征是墓葬规格的差异和布局分区。过程主义考古学认为，埋葬行为中能量投入的不同反映了被葬者社

[1] 栾丰实：《良渚文化的分期与年代》，《中原文物》1992 年第 3 期；杨晶：《论良渚文化分期》，《东南文化》1991 年第 6 期；黄宣佩：《论良渚文化分期》，《上海博物馆集刊》(6)，上海古籍出版社 1992 年版；张之恒：《略论良渚文化的分期》，载余杭市政协文史资料委员会编：《文明的曙光：良渚文化》，浙江人民出版社 1996 年版。

会地位的差异[1]，这里所谓能量的投入，主要通过埋葬设施和墓地的营筑以及随葬品的状况反映出来。墓葬之间随葬品的多寡之差在崧泽文化晚期已经露出端倪，到了良渚文化时期则更加显著，而玉器随葬的不均等现象尤其突出。高台墓地或由人工堆筑而成，或位于人工修整过的高地，而且一些墓地拥有祭祀设施，这些祭坛墓地可以说是经过精心营造的、带有浓厚特权色彩的埋葬设施。良渚文化中期以后的高台墓地有两个引人注目的特征：一是见于反山、寺墩等大规模高台墓地的排他性和独占性。可以推测，这些高台墓地属于特权阶层的专用墓地。二是墓地空间的秩序化，其中最典型的是以祭祀场所为中心的井然有序的墓地布局，除了瑶山、反山等高规格墓地，不少一般高台墓地的排列也遵循着一定的规则。以龙潭港墓地为例，虽然大型墓和一般墓埋置在一起，两者被一条沟区分成两个区域，大型墓的墓区设有一座祭坛。这种埋葬空间的区划原则并非以血缘关系为依据，而是以阶层关系为依据。亨利·T. 莱特（Henry T. Wright）认为，以显著阶层分化为特征的复杂酋邦制社会，具有3个可以从考古学上观察得到的特点：聚落的阶层性、住居的分隔、埋葬的分隔。他在进一步解释所谓"埋葬的分隔"的意义时指出，特权者死后分离的埋葬在场所上应该接近举行重要祭礼的地点。[2]张忠培《良渚文化墓地与其表述的文明社会》一文指出："良渚文化早、中、晚三期墓地的级别、数量、等次或雷同，或相同。这样我们可以得出认识：其一，良渚文化早、中、晚三期墓地的级别、数量、等次雷同或相同的事实，证明其所表述的良渚文化自早至晚时期的社会关系及其结构不存在基本差异，具有同质性。早在1994年我就说过良渚文化社会已是文明时代的社会了，现在可进一步指明，从良渚文化早期起，良渚文化社会已跨进了文明时代的门槛。其二，福泉山墓地所表述的三个阶段的社会关系与社会结构的演变，和良渚文化早、中、晚三期的社会形态的变化没有关联，其所讲述的仅是共居于福泉山墓地这一人类共同体的兴衰史。同时，我们透过福泉山墓地这一人类共同体的兴衰史可以看到，良渚文化社会不是冰冻凝固的水池，而是流动的河流。社会的基层单位即家族有着广泛的活动空间，相互竞争激烈，此兴彼衰。你方唱罢我登场，戏台不变，主角轮换。这动与不动，表述着良渚文化社会的基本特征。即良渚文化社会的家族，或确切些说，是那些以墓地为代表的良渚文化的社会单位相互之间存在着竞争性，并从这竞争性中衍生出了良渚文化社会发展的不平衡性和流动性……良渚文化社会政权的行政管理结构，现今还难以详明。可知的是，良渚文化社会是被玉器表述出来的社会，是否能以玉器随葬，随葬玉器的数量和类型表现着人们是贫还是富，是无权者还是有权者，掌握着何等权力和处于什么样的社会地位，如实地以玉器表述出被撕裂为6个级别的墓地，或可简称为家族，和区分出四大等级的人群，形成一个塔形的社会结构。下面三个级别墓地，和第四等级的居民，处在这个塔形结构的最下层。第三等级的居民较为复

[1] Lewis Roberts Binford, *Mortuary Practices: Their Study and Potential*, in James A. Brown (ed.), *APPROACHES TO THE SOCIAL DIMENSIONS OF MORTUARY PRACTICES*, 25, Society for American Archaeology, Washington, D. C., 1971.

[2] Henry T. Wright, *Prestate Political Formations*, In Gil Stein & Mitchell Rothman, *Chiefdoms and Early States in the Near East: The Organizational Dynamics of Complexity*, Madison, WI: Prehistory Press, 1994.

杂,有的可窜入到社会的上层,有的则沉沦于这个社会的底层。同时,第三等级者具有夺得军权的潜力,是第二等级的后备军;上面的三个级别墓地,和第二、第一等级的掌权者,位列这一塔形结构的上层。第一等级者,执掌包括神、军权在内的政权,居于这塔形结构的顶层。在这个社会中,只有神王才能全面地掌控军权,掌握军权而未能控制神权的第二等级者,只能据神王授权执掌部分军权和政权。从另一侧面来看,在这个社会,只有掌握了军权的人,即第二等级者才具有攫取神权的可能性,成为既握神权又执掌军权的神王。掌握军权者是执掌神、军权的神王的后备军。故良渚文化社会,神权最高,军权居次,但军权却是这个社会统治权力的基础。因此,良渚文化社会政权的性质是神王国家,也可称之为政教合一的国家。"[1]

　　童恩正在谈到良渚文化的特点时曾说:"从规模小而分散的居址和墓葬来看,当时基层的社会单位和生产单位都是家庭,而不是氏族。"[2]良渚文化居址、墓葬分布和排列与当时的其他考古学文化特点不同,显示社会组织形态已经进化到较高水平。李之龙《从良渚文化社会组织形态分析其文化个性与文明进程》一文指出,居址和墓葬的分散状分布及居址的门向、大小各异,体现了血缘组织对其成员束缚力的松弛和血缘文化向心力的式微。由于居址和墓葬的分散状分布已是良渚文化一种普遍的现象,因而良渚社会中原先的血缘组织肯定已进入瓦解状态。如果说居址和墓葬的分散状分布体现了良渚文化社会组织形态中的"破"——血缘组织的瓦解,那么,良渚文化墓葬普遍性的成双成对排列,则体现了良渚文化社会组织形态中的"立":一夫一妻制个体家庭的崛起,即一夫一妻制个体家庭从血缘组织的"附庸"上升为真正具有独立性的社会基本组织。社会组织形态中的个体家庭本位制及社会结构方面的金字塔形等级体系,表明良渚文化社会形态已经具有明显的"国家"色彩。良渚文化的文明演进并不终结于酋邦,而基本上迈进了文明殿堂。[3]然而即便一夫一妻已经成为较普遍的现象,并不能证明血缘组织的瓦解或消亡。事实上定居的农业社会组织只是一种变异的血缘组织。良渚文化之国家制度与血缘组织同步发展正是东方农业文明的显著特征,也是非亚美连续带大部分文明的共同特征。这种历史特征一直延续到当代世界,构成时间连续体。

[1] 张忠培:《良渚文化墓地与其表述的文明社会》,《考古学报》2012年第4期。

[2] 童恩正:《中国古代北方与南方文明发展轨迹之异同》,《中国社会科学》1997年第2期。

[3] 李之龙:《从良渚文化社会组织形态分析其文化个性与文明进程》,《华夏考古》2003年第2期。

第三章　人力型经济与自然连续统

一、作为自然适应性反应的生业

农业起源问题作为人类学、民族学、生物学及考古学等学科的研究课题，已有150多年的历史，并且在20世纪成为考古学最主要的课题之一。由于受考古学或人文科学发展的影响，其研究范例有过几次大的转变。在20世纪初之前的文化进化论影响下，主要研究农业与社会组织的关系；20世纪初至60年代侧重于在环境模式下研究农业起源过程；20世纪60年代以来在文化生态学等理论指导下进一步讨论农业起源的动力机制。19世纪中叶到20世纪初讨论动、植物驯化较多，但阿尔方斯·德·堪多(Alphonse de Candolle)、亨利·林·罗斯（Henry Ling Roth）对农业生产的前提条件进行了开创性的总结：合适的气候、土壤和植物物种，合适的居住模式，经济上的需求，等等。这些条件几乎涵盖了以后农业起源研究的所有方面。此后一个多世纪的研究差不多都以此为基础对各个方面进行细化和不同侧重，因此这是农业起源研究的一座里程碑。但他们的局限也是很明显的：一是没有得到考古材料的帮助，二是仅注意到了人类对植物食物的需要而忽略了文化。受查尔斯·罗伯特·达尔文（Charles Robert Darwin）《物种起源》的影响，20世纪初到60年代的研究较关注人地关系，归因于环境与气候变化。如认为距今1.3万年以来全球性的气候变暖使巨兽消失，大量的小型动物取而代之，使人类的谋生方式更为多样化，并从动物渐渐转向了植物；同时由于环境的巨大变化，人类与植物群集中在一更小的地区内，接触更加密切，不仅积累了种植的知识，而且还对它们的生产进行了强化。柴尔德用新石器时代革命来描述食物生产的起源，认为农业起源是由于气候危机导致干旱的亚热带地区成了最早出现农业的地区。随着维尔姆冰期（Wurm Glacial Stage）的结束，北非、阿拉伯地区的夏季降雨迁至欧洲地区，干旱带来了间杂有绿洲的沙漠，人与动物聚集在绿洲中。此种共生导致了驯化的发生，而这些动物的驯化者可能又是最早的植物栽培者。他认为植物栽培最早出现于尼罗河沿岸，这里定期的河水泛滥使土地肥沃，而干旱的天气进一步恶化使游牧者更加集中于有水源的村落。[1]汤因比在其"挑战与回应"模式中将这一理论进一步细化，指出并不是所有人均能应对更新世末期的干旱挑战而进入农业社会。其中有一些狩猎采集人群因无法改变习惯或生活方式而灭绝，一些人通过改变生活方式而不用改变其习惯成为了牧人，另一些人对干旱环境的回应是改变其生活方式和习惯。只有这最后一种情况下的人才能进入农业社会。为了印证这一理论，罗伯特·约翰·布雷德伍德（Robert John Braidwood）率领一支植物学家、动物学家、地质学家及考古学家所组成的考察队，对西南亚地区的肥沃新月形地带进行了深入的调查。但发现这一地区在最近1万年以来气候并没有发生过较大的波动。他还指出，地球历史上曾多次发生过类似于更新世之末那样的环境变化，然而它们并没有导致食物生产的产生。这些是与绿洲理论相矛盾的。因此他提出了自己的模式——核心区域理论："我认为，没有必要用外部原因把这个问题复杂化。食物生产革命的发生似乎是人类社会不断增强的文化的多样化和专门化的累积的结果。在大约公元前8000年前，肥沃新月形地区周围的山地居民对他们周围环境的认识，达到了这样一种程度，以至于使他们开始栽培以前一直是采集的植物，驯养以前一直是猎食的动物……通过文化传播，新的生活方式从这些核心地区，扩散到了世界其他地区。"[2]根据这种观点，决定性的因素是人类不断提高的经验和感受。更早阶段的间冰期之所以没有出现相应的文化变化，乃是因为当时的文化尚未做好相应的准备。路易斯·宾福德（Lewis Binford）认为这种解释根本不能算是解释："在此，需要指出的是宿命论——无论是说某种内在的力量左右着生物进化的方向，还是说人类的先天品质决定了文化的进化，都不能算是一种解释。从文化进化过程中观察到的趋向需要有具体的解释，而用人类的先天品质作为这些趋向的原因并不是解释。"[3]从20世纪60年代开始，新考古学在美国兴起，带来了考古学研究范例的重大转变。考古学家的兴趣不再局限于文化进化和过去生活方式的重建两个考古学的传统目标，同时也对第三个目标即文化进程产生了兴趣。因而此时的农业起源研究不限于编年和描述，也试图解释在何种条件下从狩猎采集向食物生产的适应变化将会发生，也即开始探讨农业起源的机制问题。在此之前的农业起源的发现与发明模式，是建立在两个最基本的前提之上的：一是农业明显要比狩猎采集业先进，二是知识的缺乏是造成狩猎采集者不能成为农夫的最主要的原因。[4]因此农业一旦发明，将不可避免地被采纳，因为它具有明显的经济学上的特性。但是美国的考古学家从民族学的资料中发现狩猎采集人群食物丰富，并且与农耕者相比有更多的闲暇时间、营养状况更好、身体更加健康、寿命更长。

[1] Vere Gordon Childe, *Man Makes himself*, New York: Mentor Books, 1951.

[2] 〔美〕罗伯特·约翰·布雷德伍德：《农业革命》，陈星灿译，载中国社会科学院考古研究所编：《考古学的历史·理论与实践》，中州古籍出版社1996年版。

[3] 〔美〕路易斯·宾福德：《后更新世的适应》，曹兵武译，载中国社会科学院考古研究所编：《考古学的历史·理论与实践》，中州古籍出版社1996年版。

[4] Michael Rosenberg, *The Mother of Invention: Evolutionary Theory, Territoriality, and the Origins of Agriculture*, AMERICAN ANTHROPOLOGIST, 92(2), 1990.

许多学者认识到，食物生产并不是一种最佳的生存方式，而是一种劳动的强化。

20世纪60年代以来有关农业起源研究的主要有如下流派：（1）人口压力说（人口/资源平衡模式）。美国的进程考古学家以一种系统论的观点来研究农业起源的动力机制，他们集中关注亚系统与环境之间的关系，认为社会不是一直处于平衡中而是处于一种变化的状态。转变是因为来自系统外的压力。他们假设的压力是人口增长。[1]作为这一模式的最早倡导者之一，宾福德认为是人口压力直接导致文化向新的生态位转移。造成原来的人口—资源模式失衡的原因有两种：一是自然环境的变化使可利用的动、植物密度降低，二是人口的增加接近载能。旧的平衡模式被打破后，人口超过了载能。为提高生产力而改造和控制环境的做法被优先选择，人们因此会选择更有效的取食手段。在更新世末期，人类开始依靠河流中的鱼类、迁徙的鸟类等季节性极强的资源作为食物，并开始定居下来。资源不太丰富的地区最先感觉到人口压力，这种压力迫使他们采取农业生产方式以提高载能。因此农业的起源不是文化有没有做好准备的问题，而是促进变化的各种条件在以前从未出现过。[2]人口压力理论提出后，很快得到许多学者的响应，成为解释农业起源的主流理论。但由于很难进行定量分析，因而也受到一些质疑。一些学者尝试从另外的角度如古病理学、古食谱等来推测人口压力的存在。（2）多种因素理论。肯特·V.弗兰纳里（Kent V. Flannery）对中美洲玉米的起源研究表明，距今7000年前人口密度很低，农业起源是不能用人口压力来解释的，而应是许多选择压力相互作用的结果。早期的狩猎采集群体变成栽培群体似乎由如下4点所控制：一是原先已存在的技术知识，如植物繁殖方面的。二是对长远的而不是直接的可预期的收获行为有足够的理性。三是有一种中等强度的地域限制。这可能是积极的，也可能是消极的。四是有一种被高度渴望同时又短缺的植物物种。只要满足这些条件，世界上任何地区均有可能出现农业。虽然人口压力在其中仍是一种因素，但决定性的作用更低了。[3]唐纳德·O.亨利（Donald O. Henry）将农业起源的条件细分为必要条件和充分条件。必要条件包括植物的采集、加工、贮藏技术的发展和积累，在经济可行性方面潜在物种的出现，植物可能的遗传学和生理学上的变化等。充分条件主要是各地区不同的生态环境系统。由于采集者与各地不同生态环境之间的联系是很复杂的，因此不仅农业出现的时间各地不同，而且是由不同的因素如资源的短缺、人口的增长、危机的降低、人类与植物的协同进化等而推动的。只有满足了充分条件与必要条件后，农业才可能出现。[4]（3）进化理论。农业起源进化论自20世纪中叶逐渐被学者们所放弃，但80年代又重新受到一些学者重视，不过与传统的进化论有所区别，即持无意识进化观点。大卫·林多斯（David Rindos）将农业的形成过程分为偶然驯化、专门性驯化和农业驯化。植物刚开始的进化是无意识的，

[1] B. Bender, *Gahter-hunter to Farmer: A Social Perpective*, WORLD ARCHAEOLOGY, 10(2), 1978.

[2]〔美〕路易斯·宾福德：《后更新世的适应》，曹兵武译，载中国社会科学院考古研究所编：《考古学的历史·理论与实践》，中州古籍出版社1996年版。

[3] B. Bronson, *The Earliest Farming: Demography as Cause and Consequence*, in S. Polgar (ed.), *Population, Ecology and Social Evolution*, The Hague: Mouton Press, 1975.

[4] Donald O. Henry, *Considering a Universal Cause for Agriculture*, in Donald O. Henry, *From Foraging to Agriculture: The Levant at the End of the Ice Age*, Philsdeophy: University of Pennsylvam Press, 1989, pp. 228-236.

只是人类与植物共生的结果。由于人类的活动扰乱了原先的环境,一种新的栖息地环境被创造出来,植物群对它有了适应性反应。在被人类扰动了的环境中生存的植物一方面野生特征减弱,必须依赖于人类才能生存,另一方面产量提高,人类对其依赖性增大。这种互利的共生关系进一步发展导致农业出现。在农业系统的动力机制建立与维护上,植物可能也扮演了重要角色。植物对农业生态进化的贡献可能与人一样大,因为是植物使人类行为具有选择性。从驯化到农业行为是对已存在的行为的一种强化,它不需要外在因素来解释。这种变化是侧重点的变化,是源于一种已存在的经济的转变。[1]（4）社会结构变迁说。这一理论将食物生产与农业进行了区分。食物生产并不等于农业,食物生产是技术问题,而农业是"义务承担"（Commitement）问题。因而农业起源除需要合适的地理生物条件、高效的采集技术、迁移多余人口土地的缺乏、相应的经济危机之外,还包括它作为社会经济的功能。原始社会结构的出现是生产性经济最重要的前提。分析原始社会组织,可以找寻出可能造成对生产要求提高的潜在内部压力。最初的生产完全是为了满足生存的个体家庭层次上的实用性生产,这种个体单元水平层次上的生产很容易失败,因此个体需要融入更大的亲属或其他关系结构。这就产生了一种非实用性的需求。为满足这种需求的生产可以称为"过剩"生产：承担社会义务的生产。社会需要互助的支持系统,如结婚、仪式和贸易联盟的财礼。同时,个体权力与个体的财富再分配能力相关。[2]（5）竞争宴享说。布赖恩·海登（Brian Hayden）认为,在农业发明的初期,栽培和驯化的物种因其数量有限和不稳定,在当时人类的食谱结构上不可能占很大的比重,也有一些可能与充饥无关。只是在食物资源比较充裕的条件下为增添美食种类,使一些有野心的人利用基于经济的竞争宴享来控制劳动力、忠诚和租赁。例如谷物适于酿酒,有些植物纯粹是香料或调味品。一些葫芦科植物的驯化可能是用作宴饮的器皿,而狗除了渔猎外也是一种美食。[3]（6）富裕采集文化说。卡尔·O. 索尔（Carl O. Sauer）认为,农业起源于天然条件非常富饶的区域,因为资源紧缺状况下的人处于饥馑状态较多,难以有闲暇去从事缓慢且不确定性甚多的野生谷物驯化工作。[4]张光直认为,中国东南沿海的农业起源是在一种富裕采集文化基础上产生的。他引用索尔的观点指出："在饥荒的阴影下生活的人们,没有办法也没有时间来从事那种缓慢而悠闲的试验步骤,好在相当遥远的未来发展出来一种较好而又不同的食物来源……以选择的方式改进植物以对人类更为有用是只能由饥馑的水平之上有相当大的余地来生活的人们来达到的。"从东南沿海一些早期史前遗址来看,其野生的食物资源相当丰富。因此他认为："从东南海岸已经出土的最早的农业遗址中的遗物看来,我们可以推测在这个区域的最初的向农业生活推动的试验是发生在居住在富有陆生和水生动植物资源的环境中的渔猎、渔捞和采集文化中的。"[5]

[1] David Rindos, *Symbiosis, Instability, and the Oringins and Spread of Agriculture：A New Model*, CURRENT ANTHROPOLOGY, 21(6), 1980.

[2] Vladimir Kabo, *The Origins of the Food-producing Economy*, CURRENT ANTHROPOLOGY, 26(5), 1985.

[3]〔加〕布赖恩·海登:《驯化的模式》,《农业考古》1994年第1期。

[4] Carl O. Sauer, *Agricultural Origins and Dispersal*, Cambridge：The Massachusetts Institute of Technology Press, 1952.

[5] 张光直:《中国东南海岸的"富裕的食物采集文化"》,载张光直:《中国考古学论文集》,台北联经出版事业股份有限公司1995年版。

上述诸家学说都试图探讨一种农业起源的世界性通则，但每种解释均有例外。例如，人口压力说不适宜中美洲，竞争宴享说得不到东南亚考古资料的证实，社会结构变迁说的定居前提不适用于中美洲、东南亚可能在渔猎采集时期即已开始的栽培。弗兰纳里虽然是人口压力说的鼓吹者，但是他认为这一理论仅适用于西南亚。其他3个重要地区即东南亚、中美洲、安第斯地区农业起源的机制是各不相同的。弗兰克·霍尔（Flank Hole）甚至认为只有进行每个地区的具体解释，才能考虑该地区农业出现的所有因素，否则都是不全面的。[1] 但无论哪种假说，都与生态环境相关。大体可以用汤因比的"挑战与回应"说来概括。这里的"挑战"既包括自然环境对人类生存的挑战，也包括人类对自然环境以及对改善和丰富自身生活目标的挑战。

长江下游新石器时代稻作农业的酝酿和发展大致可以分为3个阶段：第一阶段是马家浜文化以前，稻谷开始在野生资源丰富的环境里进行驯化和栽培，但是在人类食物结构中的比例很小，渔猎采集仍然是主要的经济形态。跨湖桥文化、河姆渡文化、马家浜文化遗址均出土比例较高的野生动物遗骸以及比例相对较小的家养动物遗骸。跨湖桥文化稻谷中大约有50%出现有别于野生稻的变异，但是仍然是颗粒小、结实率低的原始栽培稻。河姆渡文化稻谷处于形态变异和分化初期，表现为类籼、类粳及中间类型的原始混合体，马家浜文化稻谷的形态仍不稳定，有偏籼型、偏粳型、亦籼亦粳型、非籼非粳型等多种形态，说明当时对水稻的产量和选种并不非常在意。跨湖桥文化、河姆渡文化、马家浜文化处于耜耕农业阶段，农耕工具种类较少。江苏苏州草鞋山、昆山绰墩等马家浜文化遗址发现完整的水稻田，但稻田面积最大不超过 $16m^2$，灌溉系统为水塘和水井两类。第二阶段是崧泽文化时期，稻作遗存分布较普遍，稻谷品种逐渐优化，在人类食物结构中的比例有较大幅度提高。稻谷的颗粒开始增大，形态趋于稳定，说明加大了选种、驯化和栽培的力度。出现了犁耕农具，虽然推广面未必很宽。江苏苏州甪直澄湖崧泽文化晚期稻田遗址显示，当时的稻田已有低田和高田之分，低田的灌溉系统由池塘、水沟、蓄水坑、水口组成，高田灌溉为水井，最大的稻田面积达到 $100m^2$ 以上。此时的稻作农业生产已实行小田块管理。第三阶段是良渚文化时期，由于气候变化和社会复杂化等原因稻作农业被强化，稻作农业进入成熟发展阶段，稻谷取代野生资源成为主要的粮食来源。玉架山遗址水稻田遗迹面积至少在 $10000m^2$ 以上，茅山遗址约 $30000m^2$，估计其水稻田遗迹更大。这一时期犁耕技术得到大面积推广，出土石犁不仅数量多、种类全，有的还极其硕大。石犁是一种连续性翻土工具，可以较大地提高生产效率，也适宜于大面积耕耘；石犁也利于精耕细作，从而提高土地单位产出。另外，良渚文化时期还出现十分系统的成套农具，如破土器、耨刀、铲、带把刀、半月形刀、镰、锄、靴形刀等石制农具，耜、鹤嘴锄、杵、臼等骨制、木制或

[1] Joy McCorriston & Flank Hole, *The Ecology of Seasonal Stress and the Origins of Agriculture in the Near East*, AMERICAN ANTHROPOLOGIST, 93(1), 1991.

陶制农具。有的如被称作"耘田器""千篰"的用途尚难以确定，但可以肯定为较先进的农具。马桥文化时期稻作农业的强化机制减弱，似倒退到以渔猎采集为主的经济形态。出土野生动物遗骸增加，家养动物遗骸减少。

从目前的考古证据来看，长江下游的稻作农业起源比较符合社会结构变迁说和竞争宴享说。跨湖桥文化、河姆渡文化、马家浜文化时期的稻谷可能主要不是用来果腹和解决饥馑问题的，因为其在当时人类食谱中的比例几乎微不足道。根据海登的解释，谷物在史前时期用于酿酒要比果腹更重要，酒类在富裕社会中的宗教仪式和劳力调遣中发挥着重要作用。但到崧泽文化末期和良渚文化时期，人口压力增大，社会结构进一步复杂化，社会等级分化加剧，资源的积累、消耗和分配以及大规模劳力的调遣成为社会运行的重要基础。从玉器的大量生产和消耗以及大型土墩祭坛等工程的营造可窥视到当时社会运行系统的规模。这种大型的复杂社会对基本生活资料和剩余产品的需求都远远超过自给自足的部落社会，而酒类也可能成为社会祭祀活动不可或缺的消费品，于是强化粮食生产自然成为经济发展的动力。

良渚文化稻作农业区形成的原因可以良渚遗址做典型说明。良渚遗址位处天目山与杭嘉湖平原的交接地，其自然地理集中表征出良渚文化的地缘特性。杭州的西部山区较早即有"建德人"等旧石器时代人类活动，后来渐渐演而为独特的丘陵河谷型原始地理文化。这一带在当时尽管有丰富的植被，却并无热带雨林那样丰富的果食储备，加上诸多自然灾害冲击，鸟语花香间也时时爆发生存之战。而良渚遗址的上游水系呈网格状发育，以良渚遗址一带的山谷侵蚀最长最宽。由于河流溯源侵蚀加快，出现大量河流袭夺现象，又因海平面较低而以下蚀为主，不易泛滥，所以大量先民沿着各条溪流从丘陵河谷迁往下游的河流冲积扇。他们不仅拿起武器争夺森林世界，也在广袤的平川上开辟新的生存空间，建立起属于人类自己的粮仓，使攫取性经济发展为较为完善的生产性经济。进入新石器时代以后，随着稻作农业的发展，丘陵河谷型文化弱化，马家浜文化、崧泽文化或跨湖桥文化、河姆渡文化等水网平原型文化占据了上风，导致杭州原始地理文化从以丘陵河谷型为主体兼具水网平原型，转而为以水网平原型为主体兼具丘陵河谷型形态。良渚遗址区的水网平原为西溪湿地。西溪湿地位于浙西中丘陵河谷与浙北水网平原的交接地带，它的生命活动和变化与杭州的形成和发展有着深度相关的因果关系。杭州是在环太湖地区冈身形成、太湖海湾（杭州湾）遭遇封堵后，由浙西中钱塘江和东苕溪上游水系冲积、湖积、沼积而形成的。杭州的西南丘陵两侧分别有地质构造湖盆和回陷区。其中东南侧的地质构造湖盆演化为西湖，西北侧的三墩回陷区则发展为西溪湿地。西溪湿地是浙西中丘陵河谷向浙北水网平原或者说环太湖流域的过渡区，兼得丘陵河谷和水网平原两种地缘优势，既可大面积开发水稻种植区，又可以丘陵河谷作为抵抗自然灾害的强大屏障。良渚文化先民开始聚居在丘陵中，但垦殖丘陵周边的坡地。接着，以崛起于湿地平原中的许多孤丘为跳板，从其周围逐渐下到平原，然后再从平原中比较高燥的地段渐次向外围发展。起初洪水和咸潮仍构成严重威胁，但他们以孤丘为后盾，艰难的时候可向孤丘退却。

　　良渚文化先民利用和改造了良渚遗址区的自然生态环境，形成当时中国最优越的文化发展地缘，而使古杭州或良渚古城成为美丽洲聚落的经济、宗教和政治中心，即良渚古国的首都。良渚文化先民居高临下，在这个地区围堤筑塘、兴修水利、改造湿地、种植水稻，接着向平原高燥地段迁移聚落，最终建为良渚古城。前述的众多孤丘其实也有相当多是人工堆筑而成的，当然一般都利用了自然地势。其中莫角山遗址的堆筑量在世界新石器时代众多遗址中罕见。良渚古城以莫角山为中心，北凭天目山余脉大遮山，南临天目山余脉大雄山，东西南北基本对称向四周扩散，建筑群与生态林、水田有序布局。由莫角山台城宫殿群遗址庞大的建筑基址可以推断出建筑群的宏伟。今日虽然不得窥测当时的建筑风采，但从坚实的夯土、粗大的柱洞、规整的积石以及并列的细沟，可以想见建筑物的精致与辉煌。其光照取向明显含有特定的测算意识，以至于通"天"、通"星象"，可说明当时已萌发了风水观或景观学意义上的城市规划和设计思想。次中心是文家山、后杨村这样的一般贵族居住地或墓地，以及庙前、姚家墩、卞家山等聚落村。边缘是瑶山、汇观山等祭坛墓地和零散聚落村。北部和西部为东苕溪，南部为东苕溪支流庙桥—良渚港。西北部大遮山与东苕溪之间的塘山土垣和南部良渚港附近的类似土垣，形成城市防护系统。

二、从渔猎采集到联系性经济

　　良渚文化分布区地理环境优越、气候宜人。每年的亚热带季风带来丰沛的降雨，处于中国东南沿海的西溪湿地又有自然资源最为丰富的生境，土地载能非常高，这为定居的渔猎采集社会提供了可供多种选择而不易枯竭的资源库，使良渚文化先民能成功应对食物资源的季节性波动。良渚文化先民的生业为渔猎采集与水稻栽培、家畜饲养相结合。宾福德将狩猎采集群的行为分为两类：一类称为"集食者"（Collector），他们的居址相对固定，外出觅食并储藏食物，主要采取将资源移向人群的策略；另一类"寻食者"（Forager）无固定居址，随觅食地点移动，不储藏食物，策略是将人群移向资源，其聚落为迁徙型聚落。[1] 根据宾福德的概念，可将良渚文化先民定义为"集食—栽培者"（Collector-cultivator）。良渚文化遗址出土许多锥形器，它们大多为狩猎工具。另外还出土了大量网坠以及舟楫遗物。家猪饲养较为普遍，如良渚遗址多处集中出土家猪遗骨。新石器时代华南沿海三角洲地区，如珠江三角洲和韩江三角洲及福建沿海和河口

[1] Lewis Roberts Binford, *Willow Smoke and Dogs' Tails: Hunter Gatherer Settlement Systems and Archaeological Site Formation*, AMERICAN ANTIQUITY, 45(1), 1980.

等,位于潮间带位置,大部分平原地区均被海水淹没,珠江三角洲平原为约20m深的浅海环境。各流域河流向海域注入丰富的营养物质,使海生生物格外繁盛,先民在大陆沿岸和众多岛屿上发展水产捕捞业和采集业,而对农耕尚有一定抑制性。环太湖地区既有一定的动植物丰盛度,又有较大的湿地和陆地资源,便于渔猎采集和种植水稻,所以较华南乃至东南亚地区更有条件发展稻作农业。

2007年陈中原、王张华等在英国《自然》杂志上发表的《沿海沼泽地的刀耕火种和水涝治理成就:中国东部最早的水稻文明》一文指出,中国东部的水稻耕作起始于沿海湿地。几乎所有良渚文化遗址都有水稻遗存发现,包括稻植物体遗物、稻叶硅体细胞遗存即蛋白石类颗粒、稻花粉化石等。这可以证明环太湖流域至少在良渚文化时期已经以稻作农业为主体经济,稻米是当时的主食。菲利普·费尔南德斯-阿莫斯图(Felipe Fernandez-Armesto)《食物的历史:透析食物进化的历史》一书指出,历史上的大部分时期一直到近代科学改良小麦品种之前,水稻一直是世界上最高效的农作物。1hm² 常规品种的水稻平均能够养活 5.63 人,这比小麦和玉米都要高效。[1] W. 艾伦(W. Allen)的统计结果表明,东南亚大河三角洲一熟稻的载能约为 500 人/km²,两熟稻可达 1000 人/km²。而旱地作物的农业经济载能较低。按照艾伦的估计,用石锄手耕的旱地农业经济 1hm² 的产量在 550kg 左右,其载能大约为 12 人/km²。[2] 良渚文化时期环太湖流域当是长江流域乃至全中国经济发展水平最高的地区。

渔猎采集业、畜牧业与农业相结合是一种原始的联系性经济,它通过人为控制使二者整合为互补的综合生业。由于人力资本集中、剩余价值增加、对外交流频繁,手工业、商业等逐渐分立为独立的经济部门。稻作农业是远比旱作农业复杂得多的技术体系,从农田建设到农时的掌握运用,都需要准确计算统筹。长此以往,这种源自农业生产的需要逐渐衍生出一套分工细致的制度性运作模式,进而内化为人们的思维习惯和特点。新思维的运用,大量剩余产品的出现,导致手工业及社会意识的进一步分化,并完全独立出来。手工业从原料开采、产品设计开始的整个工艺流程,直到行业的组织分工等各方面,都有规模农业生产模式的影响。这些新的经济部门又与渔猎采集业、畜牧业、农业构成新的联系性经济。这样的联系性经济比原始的联系性经济综合效益更高。如手工业不仅丰富了物质消费产品,而且也改良了农业等生产工具,从而提高生产效率。又如商业推动专业化规模生产,通过更加精细的社会分工提高生产效率。

从良渚文化石器、玉器、陶器、漆器、纺织品的普及、种类和数量的大幅度增加的情况来看,当时的相关产业不仅规模大,而且应有专业化分工,似还应有专门的设计人员,形成了一个庞大的手工业阶层和产业群体。

除前述石犁而外,良渚文化还有破土器、耨刀、锛、铲、带把刀、半

[1]〔美〕菲利普·费尔南德斯—阿莫斯图:《食物的历史:透析食物进化的历史》,何舒平译,中信出版社2005年版,第117页。

[2] William Allen, *Ecology, Technique and Settlement Pattern*, in Peter J. Ucko (ed.), *Man, Settlement and Urbanism*, London: Duckworth Press, 1972, p.211.

月形刀、镰、斧、钺、锄、靴形刀等石制农具,耙、鹤嘴锄、杵、臼等骨制、木制或陶制农具。这些农具大多通体磨光,制作规整,刃部锋利,多配有相应的木柄,为复合型工具。它们共同构成有明细分工的农具体系。收获野生稻同穗但成熟期不同的籽实一般用摇穗法,而收割籽实成熟期较一致的栽培稻先以半月形石刀收穗,后来又发明了石镰连秆收割。连秆收割不仅提高了劳动效率,可以一次性收获谷物,而且连带收割的秸秆还可派其他用途,如用于建筑、铺垫、编织等。江苏吴江龙南遗址房址中就发现过用稻草、芦苇等铺垫的睡炕遗迹。[1] 浙江杭州的吴家埠、南湖、庙前,平湖的庄桥,海宁的徐步桥、三官墩,桐乡的姚家山,江苏苏州的张陵山、越城,上海松江的广富林,金山的亭林,奉贤的江海等良渚文化遗址都出土石镰。姚家山遗址还出土5把玉镰。河姆渡文化、马家浜文化、崧泽文化遗址均发现较多地臼、木臼、石臼,良渚文化遗址中却未发现,而只发现少量陶臼,如钱山漾遗址出土的大口尖底器。另外可能具有这类用途的器皿尚未被我们所认识。类似现在的耘田工具而被称为"耘田器",类似现在的千篰而被称为"千篰"的石制农具,游修龄等认为并非耘田器或千篰,可能是一种具有其他用途的先进工具。"千篰"可能是一种类似于耙的开沟整田工具,特别适合于处理湿烂泥浆如稠粥般的水田土壤。[2]

良渚文化玉器是一种达到人类艺术创造极限的伟大的艺术作品,远远超越于现今工艺美术概念上的工匠创造;但良渚文化玉器也是一种非常普遍的手工业产品,几乎环太湖流域各地墓葬均有发现,其中良渚遗址即有数千件之多。从作坊遗存或一些半成品来看,它们当有十分精细的分工作业体系。良渚文化先民独采内刚而外柔、体小而稀有、美色内敛为特质的玉石为艺术表现材料,以夺天工之巧加以非常适度的修饰,创造了举世无双的玉雕艺术。今天许多人对其无可企及的精雕细琢大加惊叹,而其实它的设计思想更为博大精深。从造型样式、比例关系、纹样及其安排、视觉效果诸方面看,均是空前绝后的创设和发明;而且也是对多种工艺设计的总结,显示出多向度的复合思维能力、高度的艺术综合力。发明为创造,综合也为创造,所以说良渚文化玉器是双重意义上的创造。

1928年,吴金鼎在山东章丘龙山遗址发现龙山文化黑陶,使得学术界在很长一段时间里将黑陶当作龙山文化的标志物。许多专家原先曾将良渚文化陶器视作龙山文化陶系的一个局部,又以此推断良渚文化是龙山文化的一支,如梁思永将龙山文化分为3区,良渚文化被划分为杭州湾区。但事实上良渚文化早于龙山文化,而且以成就更高的黑陶为特征。良渚文化与龙山文化黑陶有可能是各自发展起来的,在相近相似的条件下出现相同的文化因素是自然的事。如果相互存在影响关系,应是良渚文化影响了龙山文化。

陶器是人类最早按照自己的意志利用天然物通过化学加工创造出来的一种崭新物质,是新石器时代的重要标志,凝聚着当时人类的最高智慧。

[1] 高蒙河:《良渚文化的家庭形态及其相关问题》,载吉林大学考古系编:《青果集:吉林大学考古系建系十周年纪念文集》,知识出版社1998年版。

[2] 程世华:《良渚文化时期的"千篰"及其用途试析》,《农业考古》2001年第1期。

它提高了早期人类定居的稳定性,提升了人类生产生活的水平。在金属器使用之前的新石器时代,陶器是人类最主要的日常生活生产用具,有一部分还成为礼器,是社会复杂化的物化标志之一。制陶是一种专门技术,是最早的主要的手工业部门之一。陶器分为红陶、彩陶、灰陶、黑陶和白陶等彩制,它们的形成与烧造原料、温度、工艺和审美设计有关。按烧造原料可分为夹炭陶、夹砂陶、细泥质陶等。陶器的烧造温度在 600—1000℃。红陶是最早的陶器之一,在新石器时代各个文化中最为普遍。因烧造时采用氧化焰气使陶胎中的铁转化为三价铁,器表便呈红色。根据陶胎粗细及含砂与否,又可分为泥质红陶和夹砂红陶。夹砂红陶较耐火,主要作炊具用。仰韶文化、裴李岗文化、马家浜文化等都以红陶为主。彩陶系采用赤铁矿粉和氧化锰做颜料,使用类似毛笔的描绘工具在陶坯表面描画,经 900—1050℃火烧后在橙红色的底色上呈现出黑、红、白颜色的图案。彩陶在许多不同的文化类型中都有发现,但也和红陶一样都以仰韶文化为代表。如用还原焰焙烧,陶胎的铁氧化物还原为二价铁,使陶胎现出灰色,即烧造为灰陶。其烧成温度一般在 840—900℃,最高可达 1100℃。龙山文化、屈家岭文化后期等都以灰陶为主。黑陶代表了中国后期陶器工艺的最高峰。烧造黑陶所选陶土特别细腻,含沙量低且黏性大,而且富含多种矿物元素。黑陶表面所呈现纯净的黑色,是由独特的无釉无彩碳化窑变形成的。其制作工艺比较复杂,现代仿制生产即设计为 12 道工序,烧制时间需 25 天左右。制胚方法有捏塑法、贴敷法和泥条盘筑法等,后来又发明了轮制法。烧造温度为 1000℃左右,最后采用独特的"封窑熏烟渗碳"方法,即在器物烧成的最后一个阶段,从窑顶徐徐加水,使木炭熄灭,产生浓烟,通过烟熏渗碳机制而形成黑色陶器。这样烧出来的陶器浑然天成,具有黑如漆、明如镜、硬如瓷、声如磬四大特色,并有鸣玉之声、墨玉之美、青铜之光。其气质稳重、高贵、大方、典雅而神秘。有的工艺精细至极。山东临沂大范庄遗址出土 30 件镂孔高柄黑陶杯,因胎壁薄如蛋壳(不足 0.5mm),故被称为"蛋壳陶"。其中一件高 20cm 的黑陶杯,重量仅 50g 左右。1955 年良渚遗址内的苟山遗址附近水塘中发现与龙山文化蛋壳陶相上下的黑皮陶壶等器具,器壁最薄的仅 1.5mm。庙前遗址出土各种黑陶器及陶片上千件之多,其中便有大量薄型黑皮磨光陶。薄型黑皮磨光陶是良渚文化陶器的代表,也达到了制陶工艺的高峰,质、形、格调均不同凡响。

良渚文化黑陶是制陶工艺进步和窑炉结构改进的综合结果。良渚文化陶器以黑皮磨光陶、泥质灰陶和红褐色的夹砂陶等为主。早期以泥质灰陶和夹细砂的灰黑陶居多,晚期则以黑皮磨光陶最为盛行,其品种、造型和装饰都十分丰富。这种陶器的胎质多呈深灰或浅灰色,除个别掺入细砂粒外,一般都很纯净细腻。所用陶土可能经淘洗,成品器壁薄而规整。表面大多披一层黑色陶衣,似以淘洗之最细腻的泥浆施敷于陶胎表面,在陶胎将干未干时用鹅卵石等工具进行多道打磨,直到磨出光泽。柳志青、沈忠悦、柳翔《釉陶与制盐起源于跨湖桥文化》一文提出,跨湖桥文化发明了世界上最古老的海水制盐术,并发明了用食盐、黄铁矿和草木灰制作釉泥,从而成就了跨湖桥文化黑陶黑而亮的特质。[1] 未知良渚文化黑陶是否应用了这种技术。良渚文化陶器制坯除手制和慢轮机制外,还发展了快轮机制。手制的既以泥块捏塑,也以泥条盘筑。小型器皿、塑像或非对称部位,仍沿用手制法。轮制法先有慢轮,其最强的功能是对手制陶胎加以整修。马家浜文化晚期即有与河姆渡文化一样的慢轮工艺,良渚文化之快轮工艺在其基础上将陶塑推到了新的高峰。从后代之陶车看,快轮制陶工艺当有相当的机械制造技术为基础。经快轮制作的陶器,器壁厚薄均匀,器形规整。余杭区南湖遗址还发现小如指甲的石锛,揣其用途,属制陶工具,主要用于表面抛光和纹刻。从烧造水平看,陶窑设计工艺也当是非常高超的。惜未发现相关遗址。据推测,陶窑可能直接建于平地或浅坑上,不同于黄河流域之横穴窑或竖穴窑。烧造温度较高,因而氧化完全,所结胎质坚硬。将烧成之际,用掺入植物茎秆的泥土封顶,还原充分的成灰陶,烟熏渗碳的成黑陶。

陶器而外,良渚文化还发展了近于陶器功能的漆器。漆器在河姆渡文化中已见,良渚文化更有新的创设,并广泛使用,不仅成为显贵的生活用品,也在礼仪中扮演重要角色。瑶山墓葬中有不少漆木器具,可惜大多已朽坏难辨,只有7号墓和9号墓各有一件可勉强复原。9号墓之朱漆嵌玉高柄杯是目前所见中国最早的嵌玉漆器,为壁厚2—3mm、敞口圆筒形、下附细而略带弧形的喇叭形圈足形制,出土时胎体已朽,但通体内外壁的朱红漆膜光泽、色彩仍为原状。浙江省博物馆有一仿制品。反山遗址也起取一件。当时不仅能在木器上髹漆,而且能在陶质礼器上制漆,良渚遗址和江苏吴江团结村、梅堰袁家埭就出土有完整的漆绘陶器。卞家山遗址发现觚形器、盘、豆、筒形器、陀螺、屐、锤、勺等大量漆器,数量、种类之多,保存之完好,为史前遗址罕见。其中觚形漆器类于商周时期的青铜觚,为重礼器。另有一只红彩黑底的漆盖,画有鸟纹,近于商周纹饰。

学术界曾凭山西夏县西阴村遗址发现的半个蚕茧、河南荥阳青台村遗址瓮棺葬儿童裹尸布丝织品样痕迹和其他一些遗址陶器底部的印纹遗迹等,认为中国的蚕织业5000年前起源于黄河流域。1977年河姆渡遗址出土的一件牙雕小盅刻有4条蠕动的蚕。而崧泽、罗家角、圩墩以及河姆渡等遗址的孢粉显示桑属花粉比重较大。但丝绸起源最直接、确凿的物证却是钱山漾遗址出土的良渚文化丝织物。1958年,钱山漾遗址出土残绸片、丝带和丝线及麻布片等珍贵文物,证实长江下游环太湖流域有最早的丝织业发源。钱山漾遗址出土绸片、细丝带、丝线、麻绳、麻布片等纺织品以及与养蚕相关的竹编篓、篮、笤、簸箕、席等用具。经中国社会科学院考古研究所测定,年代距今5300—4700年。其中的绸片、丝带、丝线,经

[1] 柳志青、沈忠悦、柳翔:《釉陶与制盐起源于跨湖桥文化》,《萧山日报》2009年8月11日。

切片鉴定，性状为一般呈钝角三角形截面蚕丝特征，平均截面 $259\mu m^2$，与现代 $150—250\mu m^2$ 蚕丝截面相近。绢片未完全碳化，呈黄褐色，平纹组织，织物密度为每平方厘米 47×47 根左右，表面细致、平整、光洁。明显可见，经纬上多根单茧丝并合，经纬均无捻，丝线平均直径 $167\mu m$，由 20 根单茧丝并成，单茧丝平均直径 $15.6\mu m$。丝带已完全碳化，辫状结构，平纹组织，4 根 Z 捻向股丝捻合成 1 根丝线，3 根丝线辫结为人字纹带，总宽 4.44—5.35mm。另有 S 捻向乱丝一团。[1]

钱山漾遗址、良渚遗址以及湖州邱城遗址等还发现石、陶纺轮、石骨质针等纺织工具。仅钱山漾遗址就出土陶纺轮 57 件。良渚遗址内的卞家山遗址出土一件刻有"手搓线"图纹的陶纺轮。江苏梅堰袁家埭遗址出土腹部刻有蚕纹的陶壶，张陵山遗址出土玉蚕蛾。反山遗址 23 号墓是一座具女性特征的大墓，出土织机部件端饰 6 件，可分成 3 对，两头各 3 件，一一对应配套，似为织机卷布轴、开口刀、经轴镶插端饰，证明当时可能已有原始腰机。人们已能用丝、麻和葛等不同原料进行绩麻织丝、横经打纬，织成蔽体御寒的衣裳。据推测，良渚文化先民操作织机的方法是：织者将整好经线的织机用腰背把卷布轴系于腹前，再用双脚蹬起，使经线分组，形成开口，用细木棍（或梭子）绕经引纬，放平开口刀，轻轻打纬后抽出，然后开始下一纬的织造。织造一定长度后经轴翻转一周，放出若干经线，卷布轴则卷入一周长的织物。当时可能已可织幅宽在 35cm 以下的织物，处于领先地位。[2]

另外，钱山漾遗址和草鞋山遗址出土麻布、麻绳和麻线。钱山漾遗址出土物经鉴定为苎麻纤维。[3] 苎麻是中国的原产植物，并为中国所特有，有"中国草"之称。苎麻是品质优良的麻纤维之一，其强度在麻类纤维中最高，而且单纤维长、吸湿散热性能强于其他纤维，又耐碱、耐弱酸、抗菌抗虫。制取苎麻纤维的方法很多，最初是直接劈、析，后来用沤、煮等办法脱胶使其变得纤细柔软白皙。其整个工艺较为复杂。

人类向湿地平原大规模迁移推动了农业经济的发展，却也会带来其他生产生活资源的不足，比如制作石器的石料、制作木器的木料短缺等。对于分布于数万平方千米范围的良渚文化而言，局部地区又缺少制作陶器的陶土，更缺少制作玉器的玉料。丝麻等原材料尽管可以在大部分地区种植，但由于专业技术发展的不平衡，某些地区或许也是短缺的。即便在同一地区，不同部落或胞族乃至家庭、个人发展农业或手工业的专业技术水平也会有较大差距，相对存在着不同的短缺性。这种生产生活资源的短缺性形成了资源流通或商品交换的动力机制。手工业技术和分工的精深化不仅极大提高了生产效率，形成了专业化生产部门，更使得局部占有单一资源和几乎缺失其他所有资源的格局形成，这就使得商业贸易成为必然的生产生活选择。

[1] 徐辉等：《对钱山漾出土丝织品的验证》，《丝绸史研究资料》1982 年第 1 期；浙江省文物管理委员会：《吴兴钱山漾遗址第一、二次发掘报告》，《考古学报》1960 年第 2 期。

[2] 赵丰：《良渚织机的复原》，《东南文化》1992 年第 2 期。

[3] 浙江省文物管理委员会：《吴兴钱山漾遗址第一、二次发掘报告》，《考古学报》1960 年第 2 期。

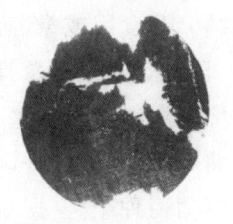

残绢片

麻绳

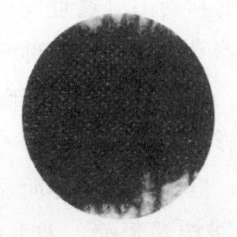

残麻布片
钱山漾遗址出土的纺织品

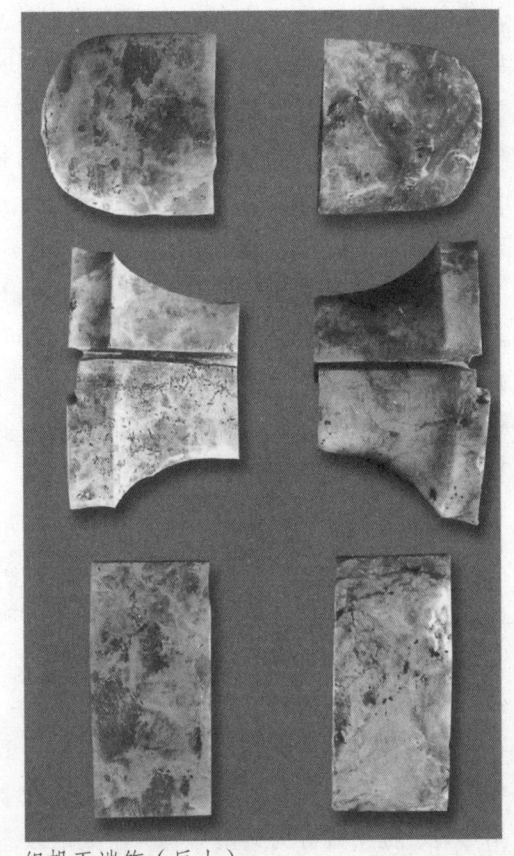

织机玉端饰（反山）

良渚文化原始织机使用方法示意 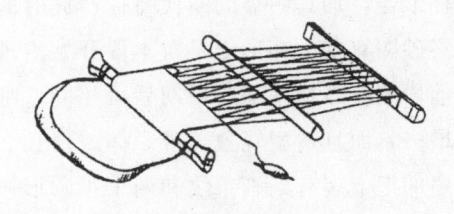　根据织机部件玉端饰复原的织机
良渚文化纺织品和织机复原图

在距今5000年这个时段，良渚文化是当时中国手工业发展水平最高、物产最为丰富的文化体。已发现的良渚文化玉器即可分为礼器、装饰品、生活用具和生产工具、不明用途杂器等四大类60多种，其生产一般须有采矿、设计、开眼、打磨、钻孔、雕刻和抛光等多道工序。良渚文化生产工具可分为农业、木作、渔猎、纺织、制陶、制玉、髹漆、竹编和酿酒等专业工具，采用石、骨、角、木、竹、陶和玉等不同材料。比较明确的农具近20种，其他各式工具数十种。这些工具有比较统一精准的制式，似非一般个人或家庭自制。除稻米而外，良渚文化先民还食用菱角、橡子、莲子、芡实之类淀粉食物，以及红蓼、栝楼、桃、梅、南酸枣、梨、李、

甜瓜等蔬菜水果,可能食用蚕豆、花生等豆科类食物。又食用或豢养鹿、野猪、家猪、水牛、鸡、狗等动物。从发现的陶甑、陶鬶、箅架等蒸具来判断,当时可以通过蒸煮干饭来酿酒。龙南遗址灰坑中淘洗出红蓼遗存,除有用作蔬菜或辛香料的可能外,也有可能用作草曲原料。[1]浙江平湖庄桥、余杭卞家山、诸暨尖山湾等良渚文化遗址发现野葡萄种子。[2]据对山东日照两城镇龙山遗址23个陶器标本的多项化学分析表明,含有一种包含稻米、蜂蜜和水果(最有可能是葡萄和山楂)以及大麦、植物树脂(或药草)等成分的混合型发酵饮料。[3]由此可以推断,良渚文化应当有比较成熟的酝酿技术。另一个佐证是良渚文化陶器、木器中有大量酒具。其中过滤器、鬶、盉、匜、杯、壶、觚等,大多应是为酒专设。早期前段的主要器型有过滤器、宽把带流罐形壶和杯等。常见的有朱红色的彩绘装饰,形制带有崧泽文化晚期因素。形制奇特的过滤器原本配套于日常饮水器具,后来成了典型的酒具之内设冥器。吴家埠、庙前和蜀山等遗址发现过滤器、过滤钵和器盖3件配套器。宽把带流罐形壶器身呈罐形,口部安设有上扬的鸭嘴状流,腹部黏附扁平的半环形宽把,造型近于今日之咖啡壶。杯是此时最为习见又形式多样的器式,以施加彩绘和弦纹装饰、安设花瓣式足为主要特征。早期后段的主要器型如前段,但施彩绘的杯明显减少,动物造型的壶有所增加,以钵形过滤器、宽把带流罐形壶、鳖形壶、猪形壶、提梁盉等为典型器具。中期前段流行的器具主要有宽把带流罐形壶、杯、盉和鬶等,出土器物大多难以复原。中期后段以制作精致的黑皮陶为主,习见前端带舌檐帽形器盖及花纹的,另有新出现的器身为筒形的杯形壶,均具明显的断代特征。此时的鬶多以泥质黑皮陶制成,与早期的夹砂陶有别。杯形壶是自本段开始出现的颇具特色的典型器形之一。晚期前段流行器物基本与中期后段相同,唯杯形壶多见带有器盖的,不仅数量增多,而且造型轻盈美观。体式修长、口上置舌檐帽式器盖的杯形壶,宽扁的把上多有刻画条纹和两个小圆形镂孔,构成中期后段至晚期前段型把手的典型特征。晚期后段流行器物基本与前段相同,唯造型和装饰明显趋向简朴,宽把带流罐形壶和杯的品种及数量也大为减少。这些酒具造型形成了相当完整而独特的工艺体系,并且还有特征明显的地域风格,证明当时酒的种类、饮酒习俗、饮酒礼仪已非常丰富。这些酒具对后世影响很大。如此丰富多样的商品体系不可能仅仅满足部族、胞族或家族内部的需求,而一定有一个发育十分完善的交换体系相配套。

《史记》卷三〇《平准书第八》有"山川园池市井租税之入"这样的话。张守节正义:"古人未有市,若朝聚井汲,便将货物于井边货卖,故言市井也。"[4]这个市井的解释非同一般。井里凝结的似乎远远不只水。由井发展集市,恐不为虚传。井是人类创造的最早的供水系统,它不仅满足人畜饮用和农业生产,而且变革了人类的生活方式。河姆渡遗址第二文化层即有水井发现。其底部打破第三、四文化层,应属早期良渚文化性质,

[1] 苏州博物馆、吴江县文物管理委员会:《吴江梅堰龙南新石器时代村落遗址第一、二次发掘简报》,《文物》1990年第7期。

[2] 郑云飞、游修龄:《新石器时代遗址出土葡萄种子引起的思考》,《农业考古》2006年第1期。

[3] 麦戈文等:《山东日照市两城镇龙山文化酒遗存的化学分析:兼谈酒在史前时期的文化意义》,《考古》2005年第3期。

[4] 司马迁:《史记》,裴骃集解,司马贞索引,张守节正义,中华书局1982年版。

为中国迄今发现的最早的古井。该水井利用水坑加深挖成，井口呈方形，边长约2.0m，深1.35m。但这一水井还相当简陋，只是水坑的加深，近于人工水塘。到了良渚文化中、晚期，水井技术突飞猛进，并且广泛使用，在环太湖流域分布很广，良渚遗址和浙江嘉兴雀幕桥、嘉善大舜新港、湖州花城、江苏苏州澄湖、常州雪堰、常熟东塘墅、昆山太史淀、吴江大三瑾、梅堰、九里湖、无锡南方泉等遗址都有发现。仅澄湖地区就有数百口之多。良渚文化水井的大量发现，佐证了《初学记》卷七引《世本》"黄帝见百物，始穿井"[1]、《周易·井卦·象辞》释文引《周书》"黄帝穿井"和《史记》卷一《五帝本纪第一》"瞽叟又使舜穿井"、舜臣"伯益作井"等文献记载应有来历。[2] 良渚文化水井之穿凿技术已相当精湛，不仅井的形制非常适合积水、蓄水、保水，而且工艺考究。除简易的土坑井外，还出现了在世界水井史上有重要地位的木构井架式井和木筒井圈式井。1989年和1999年庙前遗址先后发掘出两口大而深的古方井。1999年发掘的一口，其粗大的榫卯结构之精致令人惊叹。木筒井圈式井数量相当多，以良渚、嘉善新港和昆山太史淀等遗址发现的最为典型。这类木井井体普遍采用直圆筒形，井口周长最小而井口有效面积和井筒体积最大，为最科学的几何形体。井口直径大部分在1m左右，非常适度。井壁一般用两块凹弧形大木合围而成。系将一大木对剖为两半，挖空后拼合，并用长榫固定。据有些凹面有烧烤和锛挖的痕迹分析，当是先将挖面用火烧烤，然后再用石锛刮去炭化面。这需要经过多次层层烤、锛才能制成。嘉善新港的在每边距底部79cm处各凿一边长7cm的斜方榫眼，再用长木榫穿过方孔连接。有的也用绳索捆绑。太史淀遗址的井圈剖为四五块，湖州花城遗址的以木板和短木框架构成井壁，青浦寺前村遗址的似又以竹和芦苇编出井圈。这些围井方法有效地防止了井壁的倒塌。有的井还用木板铺底，有的则在井底铺上10cm左右厚的蚬壳，用以过滤水源。筒体一般较深，有的打穿原生土部分就达2m以上，可以充分利用地下水资源。伴随水井的发展，当时也发明了许多陶制汲水工具。其中许多遗物完好地保存于井底淤泥之中，据此可以推断出这些汲水工具完整的系吊方法。如此精致的水井似不是后来较为普及的家庭用具，而当为村落、胞族乃至部落的公共资源，因此有可能成为张守节所说的最早的贸易场所。

在家庭、胞族内部交换的基础上再发展出专业化手工业家庭或氏族，而商品交换又进一步推动和强化了手工业的专业化分工。为了提高生产效率，商业贸易又独立分化为专业化生产部门，而在广袤的湿地平原上定居则从根本上依赖于商业贸易配置生产生活资源的支持。因此可以断定，至少当征服肥沃的湿地平原、完成创造方国乃至早期国家的架构以后，良渚文化必定有了十分发达的商业贸易。由此，商业随着湿地平原经济的发展而发展，最后形成商品经济。距今6300—5500年孕育苏美尔文明的奥贝德文化（Ubaid Period），逐渐形成以神庙为中心的城镇。神庙经济中既有

[1] 徐坚:《初学记》，中华书局1980年版。
[2] 张明华:《中国新石器时代水井的考古发现》，《上海博物馆集刊》(5)，上海古籍出版社1990年版。

土地、畜群和手工业作坊,也有商业贸易经营,而且比重不小。奥贝德文化的商业联系北达哈拉夫文化区,西接叙利亚、巴勒斯坦,东面与西亚、中亚广大内陆相联系。据研究者推测,这时发明的文字可能与商业记账、贸易通信有关。在良渚文化遗存中,这种商业贸易和文化渗透的例证也很多。上海福泉山遗址出土1件彩陶背水壶,造型、纹饰都很美观,与山东大汶口遗址出土的彩陶背水壶相同。大汶口遗址也出现良渚文化的典型器物贯耳壶。良渚文化黑陶上刻有许多符号,是否即文字尚难断定,但许多统一符号类似于今日之商标,抑或为一种商业凭信。良渚文化各遗址均有大量石钺出土,这些石钺都未开刃。有人认为,它们可能充当一般等价物之货币,后来以斧斤为货币,其渊源可上溯到良渚文化。

三、人力金字塔及其限度

农业的产生和演化使作物具有地域性的生态集中,这种生态性集中对人类的反作用或协同作用则是定居的产生和强化。大卫·哈里斯(David Harris)在分析了一些变动因素后指出,由于人类为应付不稳定性才促使了定居生活的产生。[1]他认为不但广谱性取食方式的改变迫使人们减少流动性,流动性的减少也进一步为人口增长和人口压力的增加创造了条件。农业革命之前,流动性决定了渔猎采集群体的数量和生育率都不高。妇女在迁徙时一般只能抱一个孩子,因而每三四年才能生一个孩子。而一旦转入定居生活,人类的生育率增大。除流动不便因素消除外,定居群体还可用细嫩的食物、驯化植物以及饲养动物的乳汁喂养婴儿。妇女因哺乳期缩短排卵功能恢复也较快。定居生活的女性身体本身容易积蓄脂肪,同样会促进排卵。另外,儿童对经济的贡献越大,出生率也越高。儿童可以做家务或协助大人干活,这也可以导致人口增长。[2]人类学家通过对现代渔猎采集者的研究发现,渔猎采集部落每个妇女一生平均生育4—5个孩子,而许多早期的农业部落要生6—9个。

良渚文化时期已经有了十分稳定的定居生活,形成了众多聚落。高蒙河《长江下游考古地理》一书选取2002年以前已发现的长江下游新石器时代遗址,按400年尺度对其分布做了定量分析。研究表明,长江下游地区人类聚居点马家浜文化—崧泽文化时期为逐步增长期,其间只有崧泽文化早期略有下降;继崧泽文化晚期后持续增长,距今4800年以后开始进入高峰期,距今4500年达到最高峰值。高峰期持续了大约1100年,一直到距今3700年马桥文化早期。良渚文化遗址大部分分布于环太湖流域,占总数的67.2%;宁镇以西至九江长江两岸地区次之,占16.7%;宁镇地区和里下河地区分别仅占10.3%和5.8%。[3]朔知《良渚文化的初步分析》一文将良渚文化的分布范围大体确定为:东到上海,南至钱塘江,西以茅山、天目山为界,北达宁镇地区边缘的长江以南,围绕太湖大致呈三

[1] Harris David, *The Origins of Agriculture: Alternate Pathways Toward Agriculture*, in Charles A. Reed (ed.), *Origins of Agriculture*, The Hague: Mouton Press, 1977, pp. 173-249.

[2] 王震中:《中国文明起源的比较研究》,陕西人民出版社1994年版,第52页。

[3] 高蒙河:《长江下游考古地理》,复旦大学出版社2005年版。

角状。但他认为邻近的宁镇地区、宁绍平原地区等不能归入良渚文化分布范围。[1]事实上，可以将良渚文化的聚落分布划分为两个梯次：一是上述环太湖流域三角状核心区，二是三角状核心区以外发现良渚文化因素的衍生区。就遗址聚散方面来看，崧泽文化晚期基本上环绕太湖散点状分布，并有向太湖东部聚集的趋势。良渚文化早期出现两个明显的变化：一是大量汇集于太湖东部形成弧形分布遗址群，二是杭州北部开始形成更为密集的遗址群。中期除太湖东部遗址群分布较稳定以外，有向南移动的趋势，杭州北部的遗址群遗址数量已经大体接近其他地点的总和。晚期遗址总量减少不多，但大规模聚集到太湖南部，沿今钱塘江和杭州湾北岸呈带状分布，太湖东部则急骤减少。到马桥文化时期，杭州北部的遗址数又急骤减少。[2]遗址垂直分布状况则显示其重复利用程度。可用垂直分布指数表示，具体分为连续重合型遗址指数、间歇重合型遗址指数和单一型遗址指数3种。据对发掘面积超过$100m^2$的42个良渚文化遗址的使用时间的统计，单一型遗址3个，有某2期遗存的14个，有某3期的12个，有某4期的13个，平均在3期以上。只有某1、2期遗存的遗址大多为等级较高的墓地。环太湖地区单一型遗址指数偏高，反映新的人类聚居点数量较多、对旧遗址重复利用率偏低、人群的离散性或移动性较大。宁镇地区3项指数相对比较平衡，单一型遗址指数略高，连续重合型遗址指数不低。里下河地区的情况与太湖地区有些相反，连续重合型遗址指数偏低，人群长期居于一地的情况比较罕见，移动性比较大。总体而言，良渚文化聚落具有相当的稳定性。郭明建《聚落形态与玉器生产：审视良渚文化社会的两个视角》一文对良渚文化主要分布区的遗址和人口密度进行了定量推测。该文将良渚文化主要分布区大体划分为湖杭地区、嘉兴—苏沪南部地区、苏沪北部地区和常锡地区4个小区，总面积约$17500km^2$。至目前已发现良渚文化遗址412处，平均约$42km^2$就有1处，相当于每个现代乡镇有1—2处。而在良渚遗址约$42km^2$范围内就发现了135处遗址点，平均约$0.31km^2$即有1处。嘉兴中部和西南部平均约$8km^2$就有1处。常锡地区密度相对较低，平均约$65km^2$有1处。而据一般的考古经验，未来发现遗址的数量可能会有2—20倍的增加，即原来密度较大的嘉兴西部等地区会增加2倍，原来遗址密度较小的常锡地区会增加20倍，则每$4km^2$就可能有1处。目前这一区域的大型聚落群较清晰的共发现9个，即湖杭地区基本贯穿良渚文化始终的良渚聚落群和良渚文化晚期的横山聚落群，嘉兴地区基本贯穿良渚文化始终的荷叶地—大园里聚落群、普安桥—姚家山聚落群和良渚文化晚期的龙潭港聚落群，苏沪地区良渚文化早期的张陵山聚落群和少卿山聚落群，良渚文化晚期的草鞋山聚落群和福泉山聚落群。此外，其他有一、二级墓地的地区虽然总体情况还不明确，推测也有相应的大聚落群，如常锡地区的高城墩—寺墩聚落群、青墩聚落群、邱承墩聚落群、嘉菱荡聚落群，苏沪南部地区的王焰聚落群、亭林聚落群，嘉兴东部

[1] 朔知：《良渚文化的初步分析》，《考古学报》2000年第4期。

[2] 高蒙河：《良渚文化区的人文景观》，载浙江省社会科学院国际良渚文化研究中心编：《良渚文化探秘》，人民出版社2006年版。

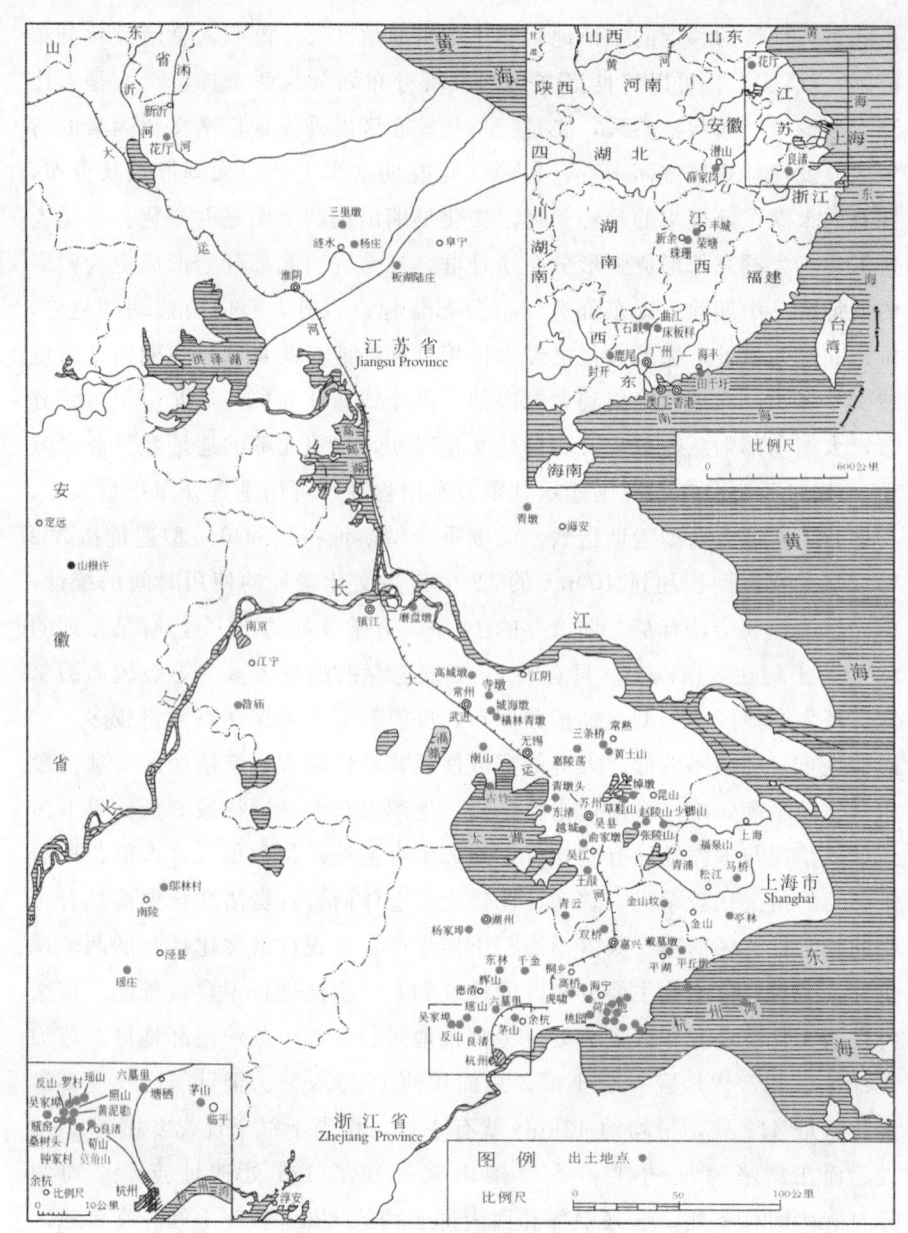

良渚文化分布图（据浙江省文物考古研究所等《良渚文化玉器》、徐湖平《东方文明之光：良渚文化发现60周年纪念文集》附图修订）

地区的戴墓墩聚落群、曹庄聚落群、双桥聚落群，湖杭地区的新安桥聚落群、东林聚落群和杨家埠聚落群，共计13个。根据上述聚落群的平均规模、分布空间推测，在张家港东部和常熟东北部、无锡市区周围、苏州西部、海盐中南部和海宁东南部、南浔南部等还有10个大聚落群。因而，良渚文化主要分布区内至少应约有35个大聚落群。[1]

良渚文化各聚落都有大量人口集聚，人力资本空前增长，社会消费能力也同样极大增长。对良渚文化时期的人口数量很难做准确估计。目前已发现遗址中的墓葬数量极不均匀，最多的庄桥坟遗址236座，而许多遗址仅发现一两座。许多聚落的墓葬没有全部发现，相当多死者或没有墓葬。

[1] 郭明建：《聚落形态与玉器生产：审视良渚文化社会的两个视角》，山东大学博士学位论文，2012年。

所以据墓葬情况统计的人口当不完全。如果以新地里遗址等中等数量水平推算，以每代人约 40 人计，则良渚文化主要分布区的总人口至少有 18 万。[1] 冯义雄根据人口密度推算，良渚文化分布区人口规模约为 41 万。其中良渚遗址在良渚文化早期约 650 人，中期约 3400 人，晚期约 2100 人。[2] 人口规模的扩大提供了大量农业和非农专业人力资本，使社会经济向专业化、集约化方向发展，而规模化人口也同时刺激着经济的发展，这种作用使得社会生产水平空前提高。

良渚文化时期之所以人口和生产规模能较大程度扩大，也与气候变化有显著的耦合关系。良渚文化时期气候转暖，不仅适宜发展稻作农业，而且因海平面由高海面的下降期过渡到低海面扩大了陆域可开发面积。但人口增长也使先民不断在广域和深度上开发生态资源，并在当时的科学技术水平下逐步走向极限。良渚遗址等巨型遗址区则土地承载量处于超负荷状态。良渚文化早期，由于海平面较高，地势较低处仍处于湖沼状态，良渚遗址内人居点不仅数量少，面积也较小，人口分布也就少，各人居聚落的等级差异也较小。当时的稻作农业体系处于起步阶段，不能满足日常生活需要，因此先民只能通过大范围的采集和狩猎才能维持生计。良渚文化中期，各人居点面积迅速扩大，等级分化现象突出。按面积大小划分，早期处于第一等级的遗址在中期仅处于第三等级的水平。由于稻作农业的迅速发展，使此时的人口规模扩大到原来的 5 倍多，社会组织水平大大提高，并进入文明社会。良渚文化晚期，受高海面回升和地下水位顶托影响，加之社会消费超越于社会生产之上，使人口规模减少。

土地承载量或人口承载容量至少有两层含义：其一是指土地达到托马斯·罗伯特·马尔萨斯（Thomas Robert Malthus）所说的均衡时期的人口数量，其二是指在这个人口水平之上的技术限制和生态环境限制。在较短的历史时期内或在技术水平相对停滞条件下的人口数量，称为技术承载容量；不至于影响到生态环境恶化的人口数量，称为人口的生态环境承载容量。在农业驯化前，由于人类取食的物种比较多，所以承载系统相对比较稳定。驯化则使取食物种集中，其产量易受环境影响而波动，承载系统的稳定性也比较低。农业系统的产生和演化无疑使作物具有地域性的生态集中，而这种生态集中对人类文化的反作用或协同作用则是定居的产生和强化。人类为了应对不稳定采取了定居策略，而流动性的减少使人口增长和人口压力增加。应对人口压力的方法是向外移民或提高生产技术。在原始农业中，提高生产技术主要是向土地投入更多的劳动力，而不是所有地区的生态环境都允许这样的发展。如区域内没有河流或土壤耕作条件就无法进行生产。长江下游地区平原较多，河流密布，土壤的土层厚、有机质和土壤养分较其他地区为多，可以大规模开荒种植水稻。这里的水稻栽培可能在很早就进入到汉代人所描述的那种"火耕水耨"式的短期休耕农业阶段。"火耕水耨"式稻作法以水抑制杂草，种稻者可以用不着像北方的

[1] 郭明建：《聚落形态与玉器生产：审视良渚文化社会的两个视角》，山东大学博士学位论文，2012 年。
[2] 冯义雄：《基于生存环境演变的良渚文化信息图谱》，浙江师范大学硕士学位论文，2011 年。

锄耕者那样投入较多的锄草劳动，进行高效率的集约化生产。在新石器农业开始不久的时代里，中国首先形成两个人口较集中、农业集约化发展较快的区域：其一是黄土高原，其二是长江下游平原，它们除了都具备较好的土壤肥力条件外，还都具备较有利于集约化发展的条件，这就是黄土高原黄土的易耕性和长江下游平原区利用灌溉杀草的可行性。长江下游地区稻作农业在人口压力下进入新的集约化阶段的典型是良渚文化。长江和钱塘江干流平原地带以前地处低洼，易受洪水影响，这时期由于不受洪水影响而可开发度提高。以前干流平原的稻作遗存只占62%，而良渚文化时期占到80%；以前地势较高的长江河谷平原和三角洲平原由于不受汛期影响而占较大比重，达到38%，而此时只占到20%。在农业向低地开发的同时，耕作工具中出现了耕犁，其他工具也在这一时期基本具备。但是，根据马尔萨斯的人口理论必然要得出土地生产率极限的结论。虽然有的学者根据工业或后工业革命的成就企图归纳新的发展逻辑，但至少就原始农业而言无法解释。

埃斯特·博塞拉普（Ester Boserup）试图挑战马尔萨斯模型，她认为人口增长应该是自变量而非马尔萨斯模型的因变量。这样一改，人口增长就成为推动技术进步的起因了。她在1965年出版的《农业成长的条件》一书中指出，在几千年的农业耕作史上，人口增长诱导出一系列耕作制度变化，从森林休耕制到灌木休耕制，接着到短期休耕制，然后再到年耕制，最后发展到连作制或复种制。在1981年以后的著作中，她又对各种耕作制下的人口密度范围做出相应的确定，并用NPESRT曲线来描述。其中的Pol.o是一般最起码的刀耕火种民的部落规模，大约100人。N点所反映的便是初期的刀耕火种民的生产状况，这时期的食物产量是高于生存需要的。当人口进一步增长，到达生产曲线的P点时，食物产量与人口所需要的最起码的食物数量相等，超过这个数值饥荒就会发生，这时如不选择另一种技术便不足以维持基本生存所需。在实际的历史过程中，人们选择了较为短期的休耕农业技术以适应，产量从P点升到S点，食物生产才又高于维持生存水平。当人口再进一步增长时，到达生产曲线的R点，短期休耕的农业技术水平又无法维持生存需要。这时只好选择连作技术，使生产量达到T点，然后在这个基础上进一步发展。NPESRT曲线在实际的历史过程中是一条logistic曲线。

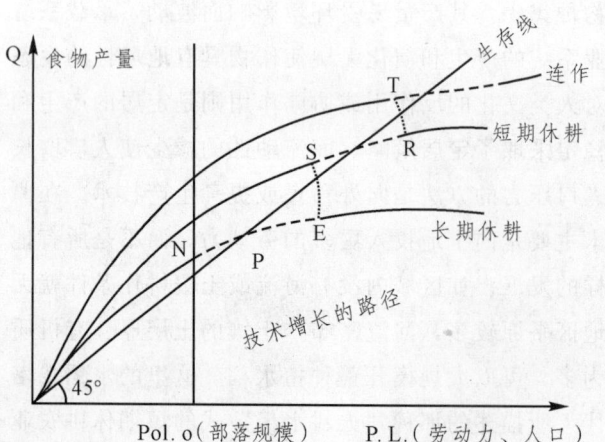

根据博塞拉普的研究，由于有大片的

埃斯特·博塞拉普（Ester Boserup）的NPESRT曲线

森林可被连续开垦，森林休耕制下的土地只被使用一两年，之后休耕25年左右。灌木休耕制的休耕期缩短为6—10年，短期休耕制只有1—2年。年耕制不再属于休耕制。5种耕作制中劳动密集型的是复种制，同一块土地每年至少要种两茬，甚至三茬。若土地总供给不变，休耕期越长，亩均和年均的劳动投入量（劳动投入/亩年）就越少。休耕期越短，亩均和年均的劳动投入量就越多。同理，平均每个农夫使用的土地越多，亩均和年均的劳动投入量就越少。劳动强度的加大还必然会导致生产工具的改进，如从森林休耕制的刀耕火种发展到锄耕以及锄耕工具系列的出现，再发展到犁耕和犁工具系列的出现。人口越稠密的国家或民族，越是处于农业耕种史上的高级阶段；人口越稀少的国家或民族，越是处于这一发展过程的低级阶段。由此可以看到，马尔萨斯模型强调人口增长的消费效应，博塞拉普则强调人口增长的生产效应。但实际上博塞拉普模型的解释力来自马尔萨斯那既广又深的理论构架，因为它只不过把马尔萨斯模型的逻辑关系颠倒，即将粮食生产相对缓慢增长制约人口过快增长改成人口增长推动农业发展。人既是消费者也是生产者，所以博塞拉普的挑战有她的道理。不过，她推翻不了马尔萨斯模型。最明显的事实是技术发展到今天，世界上大多数国家还没跳出人口陷阱，也没有实现人均收入的持续稳步增长。博塞拉普有其在理论上不能解决的问题。首先，人口增长不是博塞拉普所强调的技术进步的最终原因。否则，人口增长必然带来技术进步，不会出现人口陷阱。人口越多的国家，如中国和印度，技术和生产力水平应越高，而这显然与事实不符。其次，技术进步只在某一特定阶段如从森林休耕制转变到灌木休耕制时才发生。它是由人口的进一步增长遇到一个强大的障碍所导致的。这个障碍就是森林休耕制下的土地产出率极限。

远古时期人少地多，因此劳动力的机会成本高而土地的机会成本低。在这种资源关系下，要实现福利最大化，资源的配置和使用方式应该是使稀缺劳动力的使用价值最大化，即广种薄收。当人口增长使人均土地越来越少，迫使劳动投入越来越接近产出率极限的土地时，资源关系就发生转折性变化。劳动力的机会成本变低而土地的机会成本变高。这时森林可能已开垦完，土地也不能再休耕25年了。更严重的是，边际劳动报酬和平均劳动产出都降到生存需求水平线以下，食物短缺，饥饿和死亡开始出现。在这种情况下，转换到一个劳动密集度更高、土地产出率极限水平更高的耕作方式成为一种必然要求，资源配置和使用的方式也就转向越来越稀缺的土地的使用价值。其实，正是由于马尔萨斯模型漏掉了土地生产率极限法则这一具体有形的原因，博塞拉普才有机会攻击它。从长时段来看，历史上尽管有博塞拉普模型强调的技术进步，但它推翻不了马尔萨斯模型强调的人口按几何级数增长、粮食生产以算术级数增长、人口增长比食物增长更快这一结论。技术进步既不可能穿越也无法取消土地生产率极限，它最多只能把土地生产率极限逐步往上移，并且最终不能突破极限。[1]

[1] 裴小林：《论土地生产率极限法则：一个改进的马尔萨斯理论和不同发展阶段的反向逻辑》，载黄宗智主编：《中国乡村研究》第6辑，福建教育出版社2008年版。

对于良渚文化社会来说，劳动力分配不仅局限于食物生产，而且还广泛投入大型居住区或早期城市的开发，以及玉器、陶器、木器、丝绸等精神产品或高等级生活品的生产，使非食物生产的劳动力空前增长。这种投入提高了社会发展综合水平，同时也制约着劳动力的生产即人口的增长，并增加了社会不稳定性。良渚文化遗址分为坡地型、冈地型、台墩型、湖泊型和复合型等类型。坡地型一般分布于河流两岸或湖海岸畔的平缓地面、山坡或山脚下，几乎遍布长江下游各个地区。冈地型多分布在河流或湖沼沿岸的冈地上，以宁镇地区和宁镇以西地区遗址最多。台墩型突出于地表一定高度，周围或近旁有农田、河流、湖泊等，比山坡遗址更有利于居住和生活，如便于农耕、取水、捕鱼以及防御野兽等，并且不易受水涝。这类遗址在长江下游各个地区比较常见。湖泊型遗址大都淹没在湖泊中，也可以称作陷落型遗址。这类遗址较少见，典型的如太湖东部的江苏吴县澄湖古井群遗址、吴江九里湖遗址、昆山太史淀遗址等。上述遗址类型一般在一个具体的遗址交叠存在，呈复合型样态。良渚文化时期聚落遗址的规模与马家浜文化、崧泽文化时期相比，出现了两个标志性的变化：一方面 $100000m^2$ 以上的数量大大增加，另一方面 $10000m^2$ 以下的数量也在增加。前者已向早期城市过渡，后者则说明新聚落发展迅速。这些聚落的构建需要投入惊人的劳动力。据经计算机处理的航空拍摄图像和最新遥感探测与环境考古判断，良渚遗址的中心莫角山片遗址总面积约达 $10km^2$，全部由人工堆积而成，主要地段高出地面 9—14m，是全世界同期最大的人工营建工程，可能为大型台城宫殿群建筑遗址，有人认为是"王宫"遗址。良渚遗址西北周缘的塘山土垣城市防护工程遗址从瓶窑镇塘家桥始，经毛元岭、西中村、河中村和良渚街道石岭村、上溪村，至罗村止，微弧线东西走向，全长约 6.5km，地面宽度 20—50m，高 3—7m。塘山土垣依地势而筑，一些地段利用了高地或山体，局部地段为双坝体，如长庆湖南面部分。塘山土垣城市防护工程是全世界同期最大的城市防护工程。其功用有防洪堤和城墙两说。由航空拍摄图片分析，建造时间应在塔姆山洪流冲袭莫角山一带以后。从不同地段双坝间隔不一的情况来看，可能多次决口又多次补筑。长庆湖西南角以及里湖头有两处方形高台，可能是守护台。塘山土垣也有可能不被用于防洪，而是某种军事防御系统。良渚遗址南沿良渚港附近也有一段类似于塘山土垣的遗迹，航空拍摄图片上的色调和宽度与长庆湖一带相仿，构筑年代也可能相同。

第四章 农业根性与城乡连续统

一、城乡一元与大农业社会

1936年柴尔德出版了《人类创造了自己》一书，把人类文明起源的主要轨迹总结归纳为距今1万年至5000年间先后发生的3次大革命：新石器时代革命—城市革命—人类知识上的革命。王东《文明起源的三大阶段新论》一文根据路易斯·亨利·摩尔根（Lewis Henry Morga）的"野蛮时代三段论"，特别是恩格斯文明起源论中的"三次大分工理论"，并汲取20世纪考古学的最新成果，试图做出"文明起源过程三阶段"的理论创新。该文指出，人类文明起源时期的5000年间大体可以划分为3个历史阶段：文明起源三大物质前提奠基期、文明起源三大要素生成期、文明总体标志国家形成期。第一阶段即三大物质奠基期发生了农业起源革命、新石器革命、陶器革命。文明起源时代的历史起点和最初原点，是新石器时代起点上的第一次大分工。首先是农业起源，然后是从农业起源派生出来的畜牧业起源、家畜起源，它们从原始的采集、渔猎经济中分化出来。人类定居、剩余劳动增加、其他文明质前提的确立、文明要素的萌生，全部建立在农业起源这个基点上。如果说整个文明大厦全都建立在剩余劳动这个物质基础之上的话，那么最初的剩余劳动，文明的第一块奠基石，必然首先产生在农业起源之中。新石器革命和陶器革命是农业起源革命的历史伴生物。第二阶段即三大文明要素生成期"铜器—城市—文字"多元发生。铜器是经济基础上首要的文明要素，城市是社会交往上首要的文明要素，文字是精神文化上首要的文明要素。其他方面还有层次稍低的诸多文明要素。第三阶段即文明总体标志国家形成期。[1]

有关文明起源与形成的基本标志，以下4种学术观点被强调得最多：第一，文字论。较有代表性的首推摩尔根1877年出版的《古代社会》一

[1] 王东：《文明起源的三大阶段新论》，《吉林大学社会科学学报》2003年第2期。

书，另外还有大体同时的爱德华·伯内特·泰勒（Edward Burnett Tylor）的《原始文化》《人类学：人类与文明研究导论》等论著。第二，城市革命论。主要代表者是柴尔德，他在1950年发表了论文《城市革命》，论证了城市形成是文明诞生的决定性标志，为从考古现象来判断文明与国家的起源提供了经典性判断标准。第三，社会秩序论。菲利普·李·拉尔夫（Philip Lee Ralph）等编著的《世界文明史》指出，城市是文明的表征，而社会秩序是文明的内在本质规定："探讨城市的起源实际上与探讨文明的起源是一样的。文明可定义为人类组织的这样一个阶段，其行政机构、社会机构和经济机构已发展到足以处理（不论如何不完善）一个复杂社会中与秩序、安全和效能有关的问题。"[1]维尔·杜伦（Will Durant）在《东方的文明》一书开头就从社会秩序角度对文明做出定义："文明是社会秩序，它促进文化创造。文明包含四大要素：经济支持、政治组织、道德传统以及知识和艺术的追求。"[2]第四，国家论。这个观点是由马克思进行理论奠基、恩格斯1884年在《家庭、私有制和国家的起源》一书中明确提出的。马克思、恩格斯以3次社会大分工为文明起源主线，而将最后的总体标志确定为国家的形成。上述4条中有3条与城市有关。复杂而有秩序的社会首先产生于城市，国家的形成以区域中心聚落即中心城市为前提。西方不少早期国家实为城市国家。尽管对城市进行定义十分困难，但它是文明形成的十分关键的环节。

柴尔德《城市革命》一文提出的城市革命的10项标准是：（1）集中的人口；（2）除了农民外，城市人口还包括专职工匠、搬运工、商人、官吏和祭司；（3）税收和剩余产品的集中；（4）真正的纪念性公共建筑出现；（5）统治阶级出现；（6）文字系统出现；（7）精确和预测性科学如代数、几何、天文学及历法的进一步发展；（8）新的艺术风格出现；（9）远程贸易十分普遍；（10）脱离血缘关系的、职能互补的社会结构出现。[3]柴尔德指出，在旧石器和新石器时代或蒙昧、野蛮时代，社会没有劳动分工，这种单一和辛勤的劳作方式不需要国家组织来维持。社会结构建立在埃米尔·杜克海姆（Émile Durkheim）所谓"机械"的生存原则之上。随着社会劳动的专门化和剩余产品的积累，社会结构逐步摆脱血缘关系的凝聚纽带，开始以功能或职业互补而重组。西方城市的发源机制和功能与中国有所不同，它们具备柴尔德上述标准的基本特征。幼发拉底河、底格里斯河、尼罗河和印度河流域出现第一批城市。可能是目前发现的最早的文明形态苏美尔文明是一种较典型的城市文明或城邦文明。苏美尔文明国家由数个独立的城市国家组成。早在距今6300—5500年，苏美尔人就在两河流域建立了不少城市或具有共同血缘和地域的城市国家。它们之间一般以运河和界石相分割。比较大的城市有埃利都、基什、拉格什、乌鲁克、乌尔和尼普尔等。这些城市因水权、贸易道路和游牧民族的进贡等事务进行了近千年不断的互相争战。苏美尔文明的农业非常发达，发明了以运河

---

[1]〔美〕菲利普·李·拉尔夫、罗伯特·E.勒纳、斯坦迪什·米查姆、爱德华·麦克纳尔·伯恩斯：《世界文明史》，罗经国、陈筠等译，商务印书馆1998年版，第38页。

[2]〔美〕维尔·杜伦：《东方的文明》，李一平等译，青海人民出版社1998年版，第3页。

[3]〔美〕维尔·戈登·柴尔德：《城市革命》，载维尔·戈登·柴尔德：《考古学导论》，陈洪波译，上海三联书店2008年版，第96—99页。

为基础的灌溉农业，但其城市手工业和商业已明显成为城市经济的主体。据《苏美尔王表》记载，远古最早的5个城市中的巴德提比腊即是一个"铜匠之城"。后来东部的拉格什在古苏美尔时期是有名的强邦，它努力发展农业和手工业，并扩大与外界的贸易。从小亚细亚和埃及换取金、银，从札格罗斯换取铜，从埃塞俄比亚换取石榴石，从阿富汗东北部换取青金石，从提勒蒙（波斯湾）换取木材，并从阿乌奴斯山换取雪松材，从埃及和其他地区换取建筑石料，从苏萨雇来工匠，构建了十分广大的贸易网。其贸易联系北达哈拉夫文化区，西接叙利亚、巴勒斯坦，东面与西亚、中亚的广大内陆相联系。每个苏美尔城市国家的中心是该城市守护神的庙。每个城市国家由一个主持该城市的宗教仪式的祭司或国王统治。由此形成神庙经济。神庙经济中的手工业和商业比重不小，与农业经济有着质的不同。据研究者推测，这时发明的文字可能与商业记账、贸易通信有关。因此，西方城市经济和城市社会自发源时即有一种与农业经济和农村社会相对应的因素不断强化独立出来。

良渚文化时期存在早期城市和国家的观点得到越来越多的考古资料的证实，学术界的认同也在增加。苏秉琦曾提出"古文化、古城、古国"概念，作为其文化区系类型理论的延伸。"古文化"即原始文化，"古城"指城乡最初分化意义上的城和镇，"古国"指高于部落之上的、稳定的、独立的政治实体。经过这3个逻辑的、历史的文明起源阶段，统辖多个古国而独霸一方的"方国"出现，国家形态进入到第二阶段，最终才向统一帝国发展。苏秉琦认为，与社会分工、社会关系分化相应的、区别于一般村落的遗址、墓地，在原始社会后期、距今四五千年间或5000年前的若干个地点已找到线索，其中最重要的地点之一就是良渚遗址。[1]在《良渚文化的历史地位：纪念良渚遗址发现60周年》一文中，他明确提出良渚文化已具方国规模。[2]这里所说的方国如商、周时期的区域性国家，其区域分布与西方早期城邦国家类似。严文明在《良渚随笔》一文中指出，1977年参加长江下游新石器时代文化学术讨论会后，与苏秉琦等人来到莫角山前，苏秉琦与其琢磨良渚文化之国家性质。严文明说良渚遗址是良渚文化的中心，或者说假如良渚文化分布区是一个国家，良渚遗址应当是其首都。苏秉琦说，良渚遗址是古杭州的所在地，这里地势比现今的主城区高，天目山余脉为天然屏障，苕溪是对外的重要通道。当时这里鱼肥稻香，是江南典型的鱼米之乡。杭州应该从这里起步，后来才逐渐向钱塘江口靠近，到西湖边扎住。杭州的地望是动态变更和发展的，良渚遗址是其发源地，现今的主城区和西湖是后来形成的。[3]汪遵国则明确指出，中国有七大古都之说，杭州排名最后，安阳因殷墟排名第一，而如果确认良渚文化已有国家形态，那么杭州应是中国最早的古都。[4]

良渚古城发源于西溪湿地，而历史上的西溪湿地实应称苕溪湿地，因为西溪湿地实际上是苕溪冲积平原。东苕溪又名龙溪、仇溪、余不溪，

[1] 苏秉琦：《论太湖流域古文化古城古国》，载徐湖平主编：《东方文明之光：良渚文化发现60周年纪念文集》，海南国际新闻出版中心1996年版；谢维扬：《中国早期国家》，浙江人民出版社1995年版。

[2] 苏秉琦：《良渚文化的历史地位：纪念良渚遗址发现60周年》，载余杭市政协文史资料委员会编：《文明的曙光：良渚文化》，浙江人民出版社1996年版。

[3] 严文明：《良渚随笔》，《文物》1996年第3期。

[4] 汪遵国：《中国文明探源与良渚文化》，《良渚学通讯》2002年第1期。

唐、宋时称余不溪，南宋《咸淳临安志》才称苕溪。其上源由南、中、北3个支流组成。南苕溪为其正源，源出东天目山北部平顶山南麓，南流折东与中、北苕溪汇合后，流至余杭区瓶窑镇。瓶窑以下至全村，左有安溪汇入。至德清县城，左有湘溪、余英溪汇入。德清至湖州，左有埭溪汇入。主河道原经德清，在湖州与西苕溪汇合后入太湖。东苕溪在湖州白雀塘桥以上河长151.4km，流域面积2265km²，其中杭州境内长103.7km，流域面积1604.1km²。东苕溪现行的路径，是古苕溪经过两次改道形成的。古苕溪原顺势东流，注入钱塘江。后受钱塘江高潮的顶托作用而分流，最终演化为太湖水系。东苕溪上游是天目山暴雨中心，下游排水不畅，是浙江洪灾最严重的河流之一。如果良渚文化时期呈如此地理结构，洪涝灾害将给它带来灭顶之灾。良渚文化时期包括良渚遗址在内的杭州西北地区应当是南、中、北苕溪冲击而成的河谷湿地。现今呈现的南、中、北苕溪汇合而成东苕溪在瓶窑镇、良渚街道穿过良渚遗址沿天目山余脉大遮山北行的"之"字形大转弯格局，应该是后来形成的。《水经注》卷四○《浙江水、斤江水、江以南至日南郡二十水、禹贡山水泽地所在》有"浙江径县左，合余干大溪"的记载，表明在北魏时期东苕溪（余干大溪）仍流入钱塘江。从南苕溪上游余杭区余杭镇南湖遗址、北苕溪上游小古城遗址、北苕溪与中苕溪入干流处的北湖草荡良渚文化遗存以及下游紧邻良渚遗址的仁和镇发现的多处良渚文化遗址可以看出，沿东苕溪的天目山余脉整个河谷地区至少几百平方千米范围内都是良渚文化聚落集聚区。其中良渚遗址密度最高。

陈桥驿认为良渚遗址区的形成是卷转虫海退的结果。卷转虫海侵始于距今1.5万年，距今7000—6000年达到高峰。全盛时期，良渚遗址区沦为一片浅海。出露于海面之上的主要是大遮山群岛、大雄山群岛和若干孤岛，良渚文化先民的祖先即马家浜文化和崧泽文化先民生活在这些岛屿之中。岛上林木茂密、溪泉充沛，水陆动物资源丰富。咸潮不及的山麓坡地可资开垦种植，海侵以前已经娴熟的农业技术借此得以延续。过了卷转虫海侵全盛期以后就出现海退，在大约距今5000年时海面基本上达到现代海面的高程。当时，良渚遗址一带丘陵、孤丘和河湖沼泽并存。其北翼是火山岩组成的大遮山丘陵，主峰大遮山海拔483m。西与莫干山南翼诸丘陵相接，东迤有梯子山、中和山、百亩山、上和山、东明山等。丘陵中有不少海拔超过300m的山峰，如中和山、王家山、青龙岗、东明山等。200m上下的山峰则绵延不断。大遮山丘陵以南是山体和高度都较小的大雄山丘陵，主峰大雄山海拔178m。此外还有朱家山、大观山、崇福山等山峰。卷转虫海退以后，良渚文化先民的活动地域逐渐扩大。东苕溪（南苕溪、中苕溪、北苕溪）终年冲积，既提高了地面高程，又发挥了洗咸作用，湿地平原上的植物和淡水生物开始增加，可居住性不断提高。

良渚文化先民开始仍聚居在丘陵中，但垦殖丘陵周边逐渐扩大的坡地和山麓地。接着，以崛起于湿地平原中的许多孤丘为跳板，从其周围逐渐下达到平原，然后再从平原中比较高燥的地段渐次向外围发展。起初洪水和咸潮仍构成严重威胁，但他们以孤丘为后盾，艰难的时候可向孤丘退却。在大遮山、大雄山两列丘陵之间的沼泽平原上分布着许多孤丘，其中有的超过300m（如马山）、有的超过200m（如獐山）、有的超过100m（如羊山），它们在海侵时期都是孤岛。还有更多在100m以下的，海侵时不见踪迹，海退以后大量崛起于湿地平原之间。《余杭县志》载："（孤丘）零星分布于苕溪南面的平原上，较大的有43座，其中瓶窑镇、长命乡、獐山镇一带有火山岩孤丘27座。"[1] 这个统计当系目前现状，而不少小孤丘在进入历史时期后被人为夷平，仅在莫角山一带最近四五十年中消失的孤丘就有数处。这种特殊的地理基础成为良渚遗址崛起为良渚文化的优良地缘。早在远古时代，人类就在崛起于黄土层中的孤立丘阜营建聚落。这是因为对饮水的利用、薪炭的取得、避风御寒以及制敌自卫等方面，丘阜都能为聚落带来好处。《汉书·地理志》记载黄淮海平原以"丘"为名的县邑如顿丘、封丘等就超过20处。《水经注》卷一三《漯水》记及北京的前身："昔周武王封尧后于蓟，今城内西北隅有蓟丘，因丘以名邑也，犹鲁之曲阜、齐之营丘矣。"这座蓟丘已于20世纪70年代在宣武门外发掘出来。日本弥生代文代吉野里遗址也在一座孤丘之上。崛起于大遮山、大雄山两列丘陵之间的这片湿地平原上的无数孤丘，在良渚文化创立过程中所起的作用是值得研究的。[2]

[1]《余杭县志》编纂委员会：《余杭县志》，浙江人民出版社1990年版。

据考古发现推测，良渚古城的分布面积在150km² 以上，现在的集中分布区也在50km² 以上，较苏美尔城市为大，如乌尔城约为90km²。但苏美尔城市接近于现代城市的建成区较大，因而容纳的人口也较多，如乌尔城有6000多人，约为良渚古城的两倍。良渚古城建构于孤丘、湿地之上，城市与村庄、农田、鱼塘等混构于一体，内部穿插大量农田、鱼塘，大部分人口从事农业或渔业生产，经济基础仍以农业为主，城市与农村没有完全分离，呈现为城乡一元结构，与苏美尔城市向手工业、商业社会转变在质性上有所不同。其他良渚文化城镇的农业特征更强。因而，尽管良渚文化时期形成了许多城市或城邦国家，但其社会仍然呈现为大农业社会性状。这种现象在中国具有普遍性，中国其他地区早期文明的发源同样表现出这种特点。

[2] 陈桥驿：《论古代良渚人与良渚的自然环境》，《杭州师范学院学报》（社会科学版）1995年第2期。

良渚遗址从平面分布上可划分为莫角山片、荀山片、汇观山片、瑶山片、姚家墩片、石前圩片、塘山土垣片七大片。从性质、功能来区分可分6类：台城宫殿群遗址、祭坛墓葬复合遗址、墓葬遗址、村落遗址、城市防护工程遗址、原始生态和农耕区遗址。除位于中心的莫角山台城宫殿群遗址和周边的塘山土垣城市防护工程遗址、瑶山等祭坛墓葬复合遗址以外，大量分布的是村落遗址、原始生态和农耕区遗址。荀山片村落遗址位于良渚街道中西部，分布于荀山周围的高地或水田中，计有庙前、茅庵等村落遗址和塔下、姚坟、棋盘坟、金鸡山等单体遗址。位于荀山村的庙前遗址是典型的村落遗址，1988—1989年、1990年两次发掘，发掘面积约3500m²。发现地面起建式、干兰式建筑基址、水井、窖藏、灰坑等多种遗迹，出土器物1500余件。[1]姚家墩村落遗址位于良渚街道北部之东苕溪北岸，北靠天目山余脉大遮山，由几乎连成一片的姚家墩、王家庄、葛家村、罗村、金村以及文化性质尚难确定的斜步滩、窑廊7处台地共同构成的以姚家墩为中心的村落群。这一村落群构筑于方形水系网的中央，北部为天目山余脉，东部为东晋港，西部为西塘港，南部是东苕溪。1988年、1990年、2002年3次发掘，发现红烧土、砂粒、大石块、陶片等铺垫的建筑基址。[2]下家山遗址位于瓶窑镇东南缘下家山村，这里素有"玉田里"之称。遗址东西长约1km，南北发掘宽约100m，已发掘面积2600m²。下家山遗址1935年即为何天行发现，2002年再次试掘，2003—2005年进行3次系统发掘。主体由河埠、村落、墓葬3部分组成。遗址北部为自良渚文化早期至晚期大型墓葬区，已发掘墓葬66座。其中有的墓葬葬具的木质纤维尚存，个别的人骨架也保存较好。另发现房基多个。中部为良渚文化中晚期的两条大型灰沟，南部为良渚文化晚期河埠头。出土陶器残片数以万计，经编号的玉器、石器、陶器、木器、骨器、竹器1300余件。其中包括陶屋顶、石屋模型、瓠形漆器、方形陶箅和木桩与芦苇栅构成的河埠等孤品，以及少见的木屐、木陀螺、船桨、砖墙纹黑陶片等极珍贵的器物。遗址还出土大量有机质遗物，果实类有核桃、李、梅、枣、菱等，水生类有螺蛳、蚌、鱼骨等，动物类有猪、鹿、牛等。下家山遗址十分完整地保存了良渚文化时期的村落形态，极为典型和真实地展现了良渚文化先民的日常生活和社会面貌。其中许多细节是考古界从未获得或了解的。这些村落在当时依托中心城区存在，同时也为其提供基本生活资料。它们是城市社区，但生产生活方式却是农业或农村式的。

二、聚落分层与聚合

聚落考古是以聚落遗址为单位进行田野考古操作和研究的一种方法。称谓不一，定义也不尽一致。有的叫聚落形态研究，有的称空间位置分析等。有的将其视作环境考古学方法。聚落考古学的奠基者戈登·R.威利（Gordon R. Willey）在其代表作《秘鲁维鲁河谷史前的聚落形态》中给聚落形态所下的定义是："人类将他们自己在他们所居住的地面上处理起来的方式……这些聚落要反映自然环境、建造者所实用的技术水平以及这个文化所保持的各种社会交接与控制的制度。"[3]有的视作社会考古学研究方法，如布鲁斯·G.炊格尔（Bruce G. Trigger）说是"用考古材料对社会关系的研究"[4]。张光直则说："聚落考古是在社会关系的框架之内来做考古资料的研究。"[5]聚落考古学的渊源可以追溯到柴尔德。柴尔德曾提

[1] 浙江省文物考古研究所：《浙江良渚庙前遗址第五、六次发掘简报》，《文物》2001年第12期。

[2] 刘斌：《余杭卢村遗址的发掘及其聚落考察》，载浙江省文物考古研究所编：《浙江省文物考古研究所学刊》（1997年），长征出版社1997年版。

[3] Gordon R. Willey, Prehistoric Settlement Patterns in the Viru Valley Peru, BUREAU OF AMERICAN ETHNOLOGY BULLETIN, 155, Smithsonian Institution, Washington, D.C., 1953, p. 1.

[4] Bruce G. Trigger, Settlement Archaeology—its Goals and Promise, AMERICAN ANTIQUITY, 32(2), 1967.

[5] 张光直：《考古学专题六讲》，文物出版社1986年版，第86页。

出要改变仅仅研究文化分期、年代、起源、发展与相互关系的所谓文化史的研究方法，努力去研究人、社会。只是他当时的田野考古实践不很多。聚落考古一般包含3个方面的内容，即单个聚落形态和内部结构的研究、聚落分布和聚落之间关系的研究、聚落形态历史演变的研究。其中聚落间的社会关系是需要着重研究的课题。[1]

[1] 严文明：《聚落考古与史前社会研究》，《文物》1997年第6期。

在新石器时代，各聚落之间不但在经济上是自给自足、相对独立因而也是基本平等的，在社会关系上也是如此。超聚落的社会结构主要是亲属聚落群，它们可能组成为胞族、部落甚至部落联盟。到了文明起源阶段，社会关系发生了显著变化。聚落内部出现日渐显著的贫富分化和社会地位分化，聚落之间则中心聚落与一般聚落分化。认识中心聚落或次中心聚落不难，但要分析每个中心或次中心聚落的特点、所控制的范围以及它们之间的关系则不容易。它们涉及生态、技术、经济、政治、文化、宗教等许多方面。聚落级差不仅是一种规模意义上的差异，更是一种经济、技术等意义上的差异，是生态关系、社会功能关系等的综合表现。由于现存遗址多为漫长时期人类活动痕迹的重叠与交错，特定时期聚落面积的精确测量难度极大或者根本无法完成，故而在聚落集群的研究中针对各聚落遗址文化内涵的比较考察才具有实际价值。聚落从凝聚式统一体到向心式联合体再到主从式结构、从平等聚落到初级中心聚落再到城市性聚落的轨迹，为文明起源研究提供了基础。人类早期社会聚落级差的出现或聚落分化的发生，标志着特定地域聚落间的联系形式在向一个更高的阶段演进。在聚落间规模梯次细化过程的背后，伴随着社会组织结构的复杂化。位于级差化的聚落群顶端的中心聚落，是早期城市的母体，聚落的级差化与城市的萌芽是两个紧密衔接的历史过程。

聚落既为生聚之所，居住遗迹如房屋及其周边的日常生活设施遗存无疑是空间结构的主体，然而这并不意味着居住遗迹储存了聚落在存续过程中遗留下来的全部信息。实际上，能够反映聚落特质的重要信息常常来自于居住遗迹外围诸如环壕一类防御设施遗存或墓地等埋葬设施。在以往的良渚文化考古中，集合为片区的居住遗迹很少被发现，这一资料上的缺陷妨碍了聚落个体研究的深入进行。但是，聚落级差研究仍可依靠数量众多的高台墓地和祭祀遗迹等人工构筑物展开。因为聚落并非以居住设施为唯一要素的集合体，作为埋葬设施的墓地和作为宗教设施的祭祀场所也是聚落的有机组成部分。良渚文化高台墓地和祭祀遗迹等人工构筑物对于良渚文化各时期的聚落级差研究至少有两方面的意义，即指示聚落的空间位置、反映聚落的规模大小。尽管良渚文化以高台墓地和祭祀遗迹为主的构筑物并非日常生活设施，但是它们在特定聚落的易达半径之内，与聚落的大致位置相互对应。由于高台墓地及祭祀台坛是一种构筑物，需要一定量的劳动力投入方能完成，因此高台墓地和大型祭祀遗迹能够反映其所属聚落的劳动力调集能力，可据此推断聚落的人口规模。提莫斯·厄尔

（Timothy Earle）《财产权与酋邦的进化》一文指出，礼制性设施和坟丘等大型营造物遗迹的分布模式是复原史前时代地域社会景观的线索。[1] 具体而言，根据大型营造物分布的研究，可以把握公共劳动的动员规模和流动方向。同时，有关大规模祭祀遗迹分布的考察，可以成为判明宗教、权力中心所在地的根据。

环太湖地区良渚文化遗址是以集群的形式存在的。集群中有中心遗址和各种类型的一般遗址，它们以某种形式在一定层次上互相联系，并以一定的结构和布局组成相对独立的整体。

虽然目前环太湖地区发现的崧泽文化晚期遗址尚不足以对当时的聚落分布状况进行准确把握，但是根据仙坛庙崧泽文化晚期高台墓地与同时期建于平地的普通墓地在埋葬设施和丧葬形式上的差异可以推定，聚落级差在崧泽文化晚期就已经出现。到了良渚文化早期，这种由大规模人工构筑物反映出的聚落级差更加明显，而且区域有所扩大。目前可以确认包含有良渚文化早期人工堆土遗迹的遗址包括太湖东侧苏州—上海地区的赵陵山、福泉山、张陵山，太湖东南嘉兴—海宁地区的普安桥、周家浜、王坟、达泽庙和仙坛庙，太湖东北常州—常熟地区的罗墩，其中赵陵山、张陵山和罗墩等遗址值得注意。据推测，赵陵山人工土台东西长60m多、南北宽约50m、高约4m。张陵山和罗墩都发现了随葬大量玉器的墓葬，显示出墓地的规格。赵陵山与张陵山相距仅5km，极可能处于同一聚落的活动领域之内。两遗址所属的聚落与周边一般遗址所代表的聚落处于两个差距甚大的梯次。伴随着聚落级差的存在与扩大，聚落间仪礼体系的趋同倾向也更加明显。这可以从玉器的形制、纹饰及配组中得到反映。在良渚文化玉器系统中具有标志性意义的兽面纹同时见于张陵山、罗墩、达泽庙等彼此相距甚遥的遗址。仪礼体系的趋同意味着聚落间联系的加强。良渚文化中晚期是环太湖地区聚落级差最显著的时期。这时期太湖南侧杭州市余杭区的人工构筑物数量最多，而且密布于良渚遗址及其东北约20km的临平遗址群范围内。良渚遗址人工构筑物主要包括莫角山巨型夯土台基，瑶山、反山、汇观山等高规格祭坛墓地，姚家墩土台群等复合型人工土台遗址。临平遗址群主要包括横山、玉架山等显贵墓地，玉架山环壕群。嘉兴—海宁地区有大坟、新地里、佘墩庙、达泽庙、姚家山等高台墓地。苏州—上海地区有良渚文化早期延续下来的福泉山、赵陵山、少卿山等遗址。常州—常熟地区有高城墩高台墓地。

以莫角山巨型台基为中心的良渚遗址的人工构筑物集群，礼制设施、高规格墓葬数量和尺度远远超越了其他良渚文化遗址。莫角山及其周边构筑物集群对应的巨大社会实体或社会实体组合，位于良渚文化中晚期环太湖全域聚落规模序列的顶点。临平遗址群和福泉山、赵陵山、少卿山等大型高土台遗址则构成第二个梯次，而小规模土台遗址或平地遗址所代表的聚落属于第三个梯次。良渚文化中期以降环太湖各地聚落在礼制意义上的

[1] Timothy Earle, *Property Rights and the Evolution of Chiefdoms*, in Timothy K. Earle（ed.）, *Chiefdoms: Power, Economy and Ideology*, Cambridge: Cambridge University Press, 1991, pp. 71-99.

统合已经达到一个前所未有的水平。各遗址出土玉器的数量差基本上对应着各遗址人工构筑物的尺度差，说明聚落级差的背后隐含了一个序列化的礼制系统，而位于这一系统轴心的正是良渚遗址。良渚文化晚期环太湖地区的聚落分布格局有所变化。良渚遗址的发展相对趋缓，临平遗址群续有发展，嘉兴—海宁地区除了中期延续下来的有新地里、余墩庙、姚家山等遗址，还增加了庄桥坟、龙潭港等新起筑的高台墓地。苏州—上海地区有福泉山高土台遗址和草鞋山高土台遗址，常州—常熟地区有寺墩大型高土台遗址。无锡市锡山区鸿山镇附近也发现了高台墓地和双祭台遗址。从土台规模、墓葬规格、出土玉琮数量来看，寺墩在良渚文化晚期规格较高。[1]

大型聚落特别是城市的出现反映了环太湖地区集中的公共权力和行政控制力的形成。良渚文化的社会组织与部落均质联合（如部落联盟）不同，其统合面极广，并具有明显的不均质性。社会规模、社会分化程度远远超过简单氏族、部落社会，存在着金字塔式的等级结构，出现了国家层面的掌握社会最高权力的集团和个人。吴汝祚曾说："良渚遗址的整个礼制建筑，由于规模庞大，估计至少需300万个或更多一点人工，就要调动大量的人力，这决非氏族社会的能力所能达到，需要高于它的社会组织层次，即早期国家的产生。"[2]

在广域聚落分层统合的同时，各地的小聚落也在不断整合集聚。位于杭州东北部的临平遗址群近年来不断有新发现，其众多遗址构成一个跨越于良渚文化早、中、晚期聚落聚合演化的典型序列。杭州东北部有3座较大的孤丘皋亭山、超山和临平山，海拔分别为361m、265m和217m，临平遗址群坐落于它们之间的平原台地上，其中横山93.1m、茅山48.8m、北横山（小横山）47m。临平遗址群的分布范围约30km²。从1993年开始，临平遗址群先后发掘了横山（1993年）、三亩里（2003—2004年）、后头山（2004年）、里马墩（2004年）、玉塘（2005年）、灯笼山（2008年）、茅山（2008—2011年）、玉架山（2008—2014年）8个遗址。其中里马墩、玉塘、灯笼山与玉架山构成环壕聚落群。此外，经调查还确认了张羊年、北横山、大坟前、秕山、临平山东坡、南山、南扒山、毛竹山等8个遗址。由于遗址间穿插农田和现代建筑，其连接地带的文化状况已无法全部复原，所以它们原来是否构成一个大的城市区域不得而知，但聚合关系是显然存在的。

横山遗址是一处墓地，位于横山主丘东南部山谷边的缓坡坡脚，海拔9m。发现2座显贵墓葬。M1出土随葬品107件（组），其中石钺23件、玉钺1件、残玉琮1件、玉璧2件和锥形器、玉管数十件。此墓已有较多器物散失。M2位于M1东侧，出土随葬品284件（组）。玉器包括琮4件、璧2件，另有三叉形器、柱形器、锥形器、杖端饰、纺轮等。尤其多

[1] 刘恒武、王力军：《良渚文化的聚落级差及城市萌芽》，《东南文化》2007年第3期。

[2] 吴汝祚：《良渚文化：中华文明的曙光》，载余杭市政协文史资料委员会编：《文明的曙光：良渚文化》，浙江人民出版社1996年版。

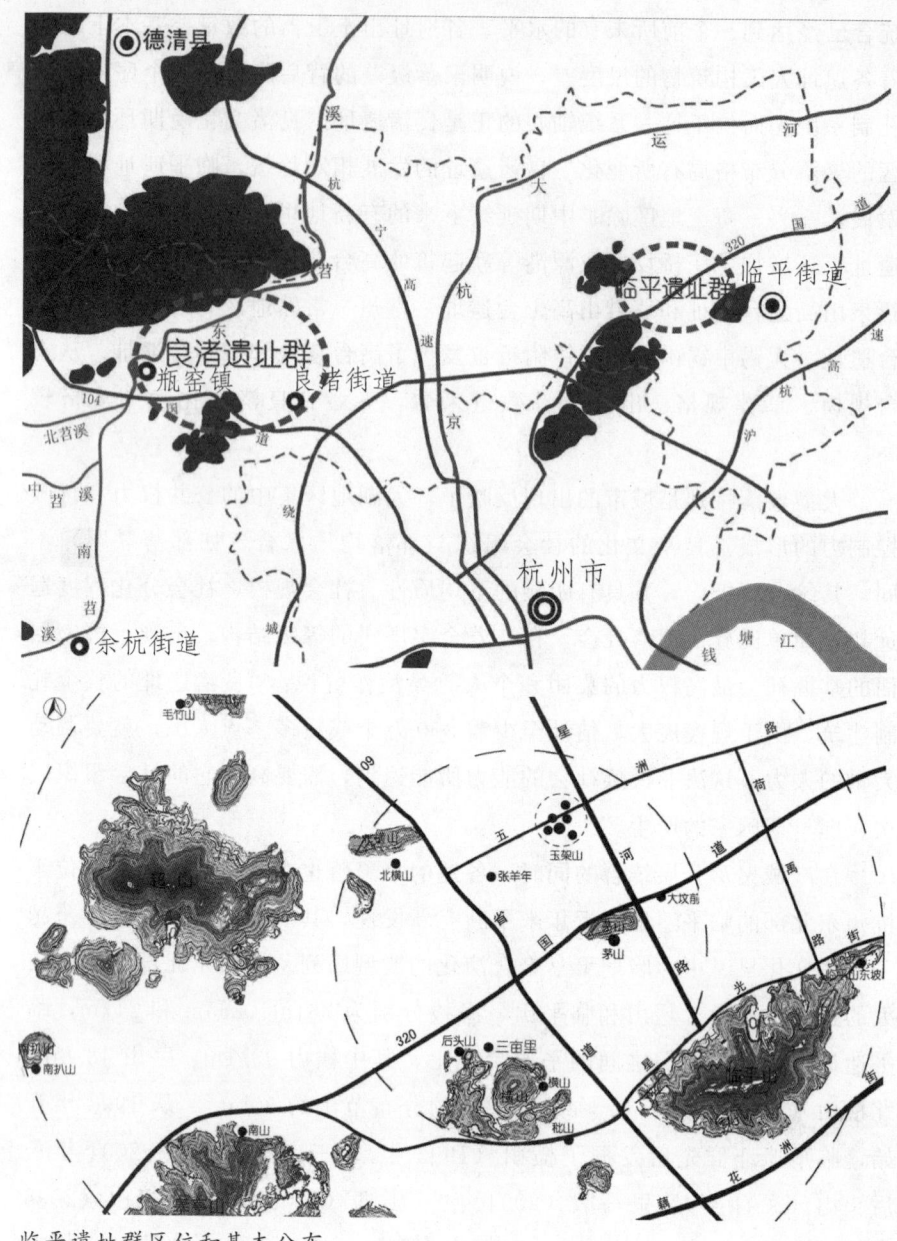

临平遗址群区位和基本分布

的是石钺，共132件，是迄今良渚文化墓葬中出土数量最多的。两座墓葬的年代在良渚文化中期偏晚阶段。三亩里遗址位于横山北侧的农田中，分布面积约10000m²。已发掘面积1500m²，发现并清理了良渚文化时期的建筑单元5处、灰坑43个、沟6条、水井1口及墓葬5座，出土各类器物110余件。遗址的人工营建特征非常明显。早期为东、西两个独立的土台，间距约20m。之后不断扩展，到晚期合二为一，形成一个东西跨度超过110m的长条形大土台。发现的各类遗迹主要分布于两个早期土台及其边缘地带。早期东土台上发现116个柱坑，构成4个建筑单元，每个单元均作东西向长方形，由两三排柱坑围合而成。5座墓葬中有3座发现于早期东土台，2座发现于早期西土台。墓葬规格不高，随葬品仅有鼎、豆、罐、杯等陶器，年代大约在良渚文化中期。东土台之上覆盖一层黑土层，内含较多良渚文化晚期的遗物，陶器器类有鼎、豆、圈足盘、盆、罐、碗、单把杯、夹砂缸等。其中夹砂陶中多见夹蚌，鼎足流行侧扁足。石器中有大型石犁。后头山遗址也是一处墓地，位于横山西北部的低山谷地内，分布面积约1600m²，发现良渚文化墓葬21座、灰坑4个、红烧土坑状堆积1处。墓地依托东侧的自然山坡，经过人工堆建后形成一个相对平缓的墓区，南北长约50m、东西宽15—25m。21座墓葬分4个阶段，年代跨度从良渚文化早期一直到良渚文化晚期前段。出土各类器物500余件，其中陶器有鼎、豆、圈足盘、罐、杯、盆等，石器有钺、锛、凿、砺石等，玉器有梳背、璜、镯、锥形器、坠、圆牌、指环、玦、管珠串饰、珠、管等。玉器中有1件侧面刻有龙首形浅浮雕的珠形器，石器中有2套拼对后基本完整的组合石犁。墓地边缘有一个面积约60m²的灰坑。玉架山遗址是一个由6个环壕单元组成的环壕聚落群。环壕Ⅰ、环壕Ⅱ、环壕Ⅴ、环壕Ⅵ曾被作为独立的单个遗址，即玉架山环壕遗址、里马墩环壕遗址、玉塘环壕遗址和灯笼山环壕遗址。它们密集分布于茅山北面约1.3km的区域内。里马墩和玉塘两个遗址同时发掘，里马墩发现29座墓葬，玉塘发现墓葬28座，其中有随葬玉璧、玉璜、玉镯、玉三叉形器的显贵墓葬。玉架山环壕遗址发掘时在里马墩东南部又清理出15座墓葬。灯笼山环壕遗址揭露面积近1100m²，发现墓葬18座。其中M9随葬人面纹玉琮，M11出土1把朱漆木柄石钺。灯笼山东部的玉架山环壕遗址揭露面积约10000m²。首次发现良渚文化环壕遗迹，清理墓葬267座，其中随葬琮、璧、三叉形器等高等级玉器的显贵墓葬约20座。另外还有2个命名为环壕Ⅲ、环壕Ⅳ的遗址。所有环壕皆呈方形或长方形，壕沟宽3—15m、残深0.6—1.5m。环壕彼此邻近，个别环壕之间还有水路连通。它们之间既相对独立又有内在联系，可以视为一个大的有机整体。从随葬品来看，玉架山环壕的使用年代从良渚文化早期一直延续到晚期。其中部是一片面积约1000m²的长条形砂土面，上有3组基本成排的柱坑，可能是公共祭祀建筑遗迹。砂土面南北均埋设了大量墓葬，其中显贵墓区在砂土面北侧中部。环壕东南部也有一块砂土面，略呈方形，面积约8m²。其周围也埋设了一批墓葬。环壕西北部另有一处建筑基址，周围同样埋有一批墓葬。玉架山遗址是迄今发现良渚文化墓葬最多的遗址，共计397座，出土各类遗物4000余件（组）。各墓的随葬品数量多寡不一，少的仅一两件甚至空无一物，多的达110件（组）。陶器器类有鼎、豆、罐、尊、缸、盆、盘、簋、双鼻壶、纺轮等，其中鼎、豆、罐（或尊）是基本组合；玉器主要有琮、璧、钺、三叉形器、璜、梳背、镯、锥形器、珠、管等，另有环、鱼、带钩、端饰、纺轮、坠饰等；石器以石钺居多，偶见石镞和石网坠。除此之外，墓葬内还出土了少量漆木器、野猪獠牙和鲨鱼牙齿等。茅山遗址揭露面积20000m²以上，发现墓葬213座、灰坑293个、房址8座、道路 12 条（含红烧土田埂）、水井 12 个、灰沟 12 条（含灌溉水渠），出土玉、石、陶、木等各类遗物 2000 多件。茅山遗址是一处依托茅山向南伸展的大型聚落遗址，由东西横跨 700m 以上，总面积约 100000m²。北部地势较高的茅山南麓坡脚为居住生活区（含墓葬区），南部地势低洼的坡下为稻田区。居住生活区内的文化层堆积由早到晚依次为马家浜文化晚期、崧泽文化晚期、良渚文化中期、良渚文化晚期和广富林文化时期 5 个阶段，其中良渚文化遗存最为丰富，马家浜文化遗存次之。稻田区的农耕遗迹由早到晚依次为良渚文化中期小面积条块状稻田、良渚文化晚期大面积规整稻田、广富林文化时期农耕层，它们各自与居住生活区同时期的堆积相对应，构成了不同阶段的聚落景观。揭露区中间有一条西北—东南走向的良渚文化中期形成的纵向河道 G7，它将北部的居住生活区和南部的农田贯穿了起来。G7 两岸则分布着很多形态、大小、深浅各异的田块，共清理 26 块。田块的平面形状有长条形、长方形、不规则圆形等多种，面积从 1—2m² 到 30—40m² 不等。田块之间有的有小沟相连，部分田块有排灌水口与 G7 相通。田块之间还发现了两组叠压关系，表明部分田块经过了更替或改造。遗址西区同样发现属于良渚文化中期的条块状田块和一条东西向河沟。能确认的田块有 11 块，部分田块之间也见有叠压关系。由此可以推断，茅山遗址南部东西约 700m 范围内在良渚文化中期已形成大范围稻作农耕区。稻田以纵向或横向的河沟为依托，大大小小的田块相互交织形如蛛网。良渚文化晚期的稻田从布局到形态都有了明显变化。在布局上，地势较高的居住生活区和地势低洼的稻田区之间出现了一条东西向蜿蜒的河沟 G2。这条河沟具有防洪排水、提供生活用水、灌溉南部稻田等多重功能，同时也是生活区和农耕区的人为分界线。G2 往南还有两条东西向蜿蜒的小水沟，分别为 G3 和 G6。这两条水沟相距 64—70m。其间发现 5 条南北向的红烧土田埂，田埂宽度 0.6—1.2m，田埂间距多在 17—19m 之间，最宽达 31m。这样，东部发掘区横向的灌溉水渠和纵向的田埂共围成了 4 个完整的稻田田块。田块的平面形状大体呈南北向的长条形，田块面积通常在 1000m² 左右，最大者近 2000m²。遗址西区不同位置的探沟和小范围揭露区也发现了可与东区对应的东西向河道 G2、东西向灌溉水渠 G3 以及红烧土铺面的南北向田埂 4 条。说明良渚文化晚期大面积规整农田从东区一直延伸到西区。结合考古勘探和土壤植硅体含量、植物种子等分析结果可知，良渚文化晚期水稻田的分布范围横亘茅山南麓的洼地，东西长 700m 以上，南北宽 45—110m，约 55000m²。遗址东区 G7 东岸还发现了一只良渚文化中期的独木舟。这只独木舟尖头方尾，全长 735cm、宽 45cm、深 23cm。船身由整段马尾松原木加工而成，局部稍有残损。这是目前国内已知保存最完整、船体最长的文明起源阶段的独木舟。良渚文化时期茅山遗址的聚落规模达到顶峰，清理的 200 多座墓葬中有 30 多座等级较高的墓葬埋设在聚落中央地势最高的墓地上，其余的大多数墓葬则埋设在坡底的居住区边缘。随葬玉器的种类有璧、三叉形器、梳背、璜、镯、锥形器、串饰、坠、管、珠等。部分墓葬随葬石钺数量较多，最多的M133有27件，其次的M79有24件。陶器器类有鼎、豆、罐、尊、盆、澄滤器、圈足盘、双鼻壶、宽把杯、纺轮等。除此之外，茅

玉架山遗址

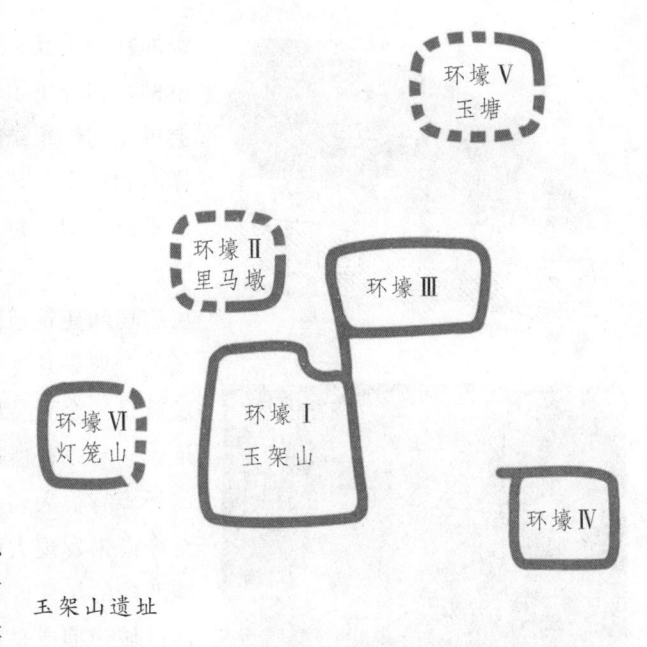

山遗址还发现了马家浜文化时期的半地穴房址、广富林文化时期成行的牛脚印等遗迹。除了以上发掘过的遗址，另外还有一些出过陶片、石器甚至玉器的未发掘遗址。中心区有大坟前、张羊年、北横山和秕山，边缘有临平山东坡、南山、南扒山和毛竹山等。

临平遗址群既有大型的、综合性的聚落遗址，也有小型的村落遗址，还有独立的墓地。茅山是综合性的大型聚落，玉架山为特殊的环壕聚落，三亩里是普通村落，横山是显贵者墓地，后头山是平民墓地。这种类型、规模的多样性，反映了该遗址群聚落结构的多层次和丰富性。

茅山遗址的文化底蕴断断续续积淀了约2000年，从马家浜文化晚期开始，历经崧泽文化晚期、良渚文化中期、良渚文化晚期，一直到广富林文化时期，可以说是临平遗址群的发源地和主体。在良渚文化时期，玉架山、茅山、后头山和三亩里几乎都跨越了良渚文化大半的存续时间。可以说，临平遗址群是一个有源有流、发展脉络相对清晰的遗址群。临平遗址群的遗址数量虽然保存不多，已清理的墓葬数量却超过了600座，这是迄今所知良渚文化分布圈内发现墓葬最多的遗址区，从中也可见这里非同寻常的人口和聚落规模。茅山遗址成就了史前聚落考古中难得一见的兼具居住区、墓葬区和农田区的聚落景观，首次将4000多年前的水稻田遗迹直观地展现出来，不仅是长江下游地区中国文明起源阶段稻作农业资料的新类型，也是目前国内已知这一时期保存最好、结构最完整的水稻田遗迹。茅山遗址不同时期稻田遗迹的发现，还揭示了太湖地区早期稻作农业发展的演进脉络。茅山遗址50000m² 以上的规整农田在当时无疑是大规模集约化生产的范例，这样的农业生产规模和生产力水平恰与庞大的人口规模相适应。玉架山遗址首次发现由6个数千至20000m² 以上的环壕组成的环壕聚落。其中的每个环壕代表一个基本社会单元，6个环壕则组合成更高一

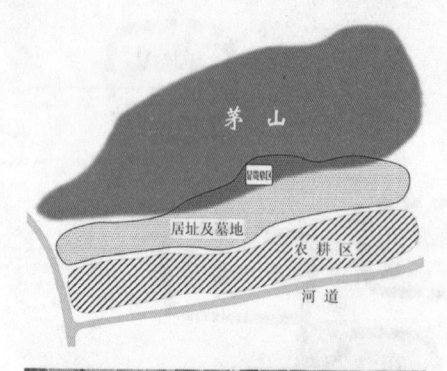

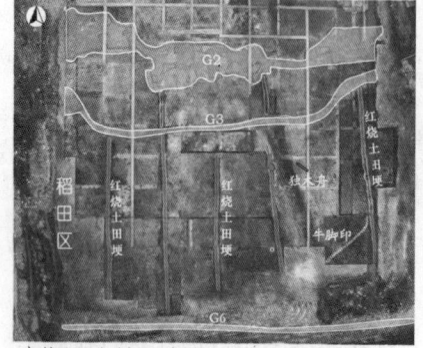

功能区及稻田遗迹

水稻田

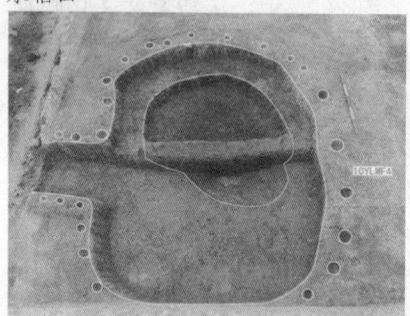

半地穴式房基

水稻田牛脚印　　独木舟
茅山遗址

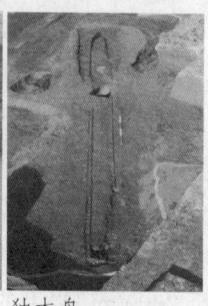

级的社会单元。尽管它是目前唯一的案例，却提供了了解良渚文化基本社会单元的组织结构、人口数量的独特样本和视窗。环壕内建筑遗迹与墓葬极不成比例，每个环壕可能只是一个家族或宗族墓地，环壕内少量的砂土层广场和建筑遗迹或许只是公共祭祀场所。如果是这样，玉架山遗址诸环壕就是一个独特而有序的大型氏族墓地，它与以往所见以居住或防护为主的环壕有很大差别。由于玉架山遗址至今尚未发现大面积居住址，与墓地相匹配的居住区是否在环壕内未发掘的区域，抑或是另有专门的环壕居住区，还有待进一步的考古工作揭示。根据随葬品的数量和配置，玉架山遗址清理的墓葬至少可以分为3个等级：随葬琮、璧、钺、三叉形器等高档次玉质礼器的墓，随葬锥形器、坠饰及珠管等普通玉器的墓，仅有少量陶器的墓。这样的层级在茅山遗址的墓地中同样存在。这表明这一地区的社会分化与其他中心聚落区大体同步并形成了稳定的社会结构。实际上，贵族墓葬也可分几个等级。就整个临平遗址群而言，横山遗址M2代表了最高等级的显贵墓葬。其中的随葬品不仅数量巨大，而且还有雕琢人面或兽面纹的玉琮、柱形器、三叉形器、锥形器等高规格礼器，等级水平接近于反山、瑶山墓葬。玉架山遗址M149和M200则代表了第二层级的显贵墓葬。根据现有的考古资料，除了良渚遗址群，目前还没有别的遗址群能超过临平遗址群的聚落规模。临平遗址群与良渚遗址相距不远，时间跨度大部分重合，两者之间应有较密切的关系。对临平遗址群的持续揭示，

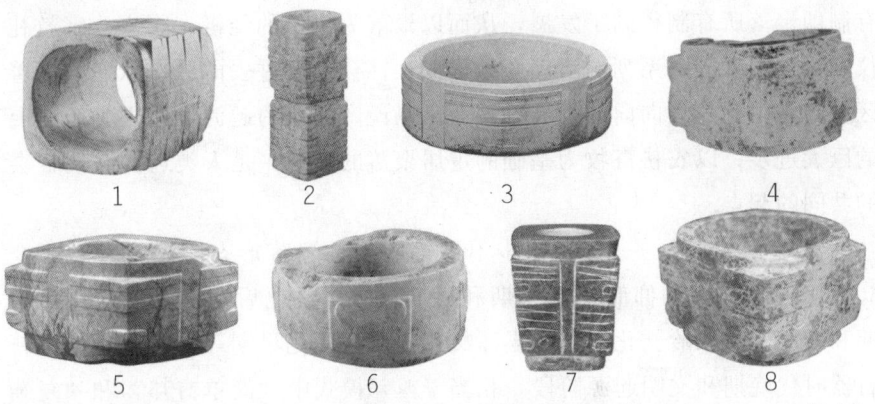

临平遗址群出土玉琮（1—3. 横山，4. 灯笼山，5. 茅山，6—8. 玉架山）

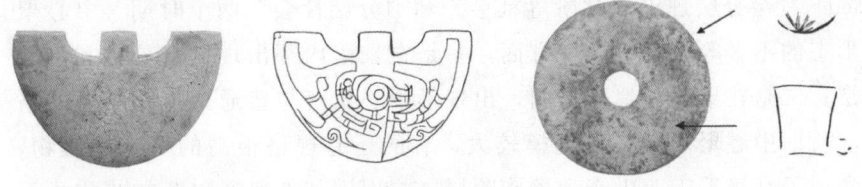

玉架山遗址出土刻纹三叉形玉器和刻符玉璧

将使良渚文化时期的社会复杂化程度、社会结构和生产力水平反映得更加清晰，从而为中国文明起源的研究提供更加充分的实证资料。[1]

王震中《文明与国家起源的"聚落三形态演进"说和"邦国—王国—帝国"说》等文指出，从考古学角度着眼，在各种考古遗迹中，聚落遗址所能提供的有关社会形态的信息量是最大最复杂的。特别是那些保存较好、内涵丰富、发掘较科学较完整的聚落遗址，不但可以从聚落的选址、聚落内外动植物的遗留等方面看到人与自然的关系，而且可以从聚落内部的布局、结构、房屋及其储藏设施的组合、生产和生活用品等方面，看到聚落的社会组织结构、生产、分配、消费、对外交往以及权力关系等方面的情况。还可以从聚落的分布、聚落群中聚落与聚落之间的关系看到更大范围内的社会组织结构。考古发现表明，不同时期的聚落有不同的形态特征，这种聚落形态的演进，直接体现了社会生产、社会结构、社会形态的推移与发展。因而，将聚落考古学与社会形态学相结合，通过对聚落形态演进阶段的划分可以建立社会形态的演进模式或发展阶段。基于上述考虑，王震中将古代文明和国家的起源过程划分为三大阶段：由大体平等的农耕聚落形态发展为含有初步不平等和社会分化的中心聚落形态，再发展为都邑国家形态。对此，有学者称之为"中国文明起源途径的聚落'三形态演进'说"。[2]

作为第一阶段——大体平等的农耕聚落期，它包含了农业的起源和农业出现之后农耕聚落的发展时期。农业的起源以及以农耕和家畜饲养为基础的定居聚落的出现，标志着一个崭新的历史阶段的开始。这一方面表现为农耕聚落的定居生活促进了人口的增长；另一方面表现为土地的集体所

[1] 赵晔：《浙江余杭临平遗址群的聚落考察》，《东南文化》2012年第3期。

[2] 杨升南、马季凡：《1997年的先秦史研究》，《中国史研究动态》1998年第5期。

有制即聚落所有制得到了发展，从而以聚落为单位的经济、军事、宗教礼仪和对外关系等一系列的活动开始形成，社会一反过去的分散状态，沿着区域与集中化的方向向前发展。因而可以说，农业的起源，是人类历史上的巨大进步；以农耕畜牧为基础的定居聚落的出现，是人类通向文明社会的共同的起点。

作为第二阶段——含有初步不平等的中心聚落形态阶段，是指距今6000—5000年间的仰韶文化中期和后期、红山文化后期、大汶口文化中期和后期、屈家岭文化前期、崧泽文化和良渚文化早期等，它属于中国新石器时代晚期和文明起源阶段。相当于酋邦模式中"简单酋邦"和"复杂酋邦"两个时期，也相当于莫顿·哈伯特·弗里德（Morton Herbert Fried）社会分层理论中"阶等社会"和"分层社会"两个时期。中心聚落形态的不平等表现为两个方面，一是在聚落内部出现贫富分化和贵族阶层；二是在聚落与聚落之间，出现了中心聚落与普通聚落相结合的格局。所谓中心聚落，往往规模较大，有的还有规格很高的特殊建筑物，它集中了高级手工业生产和贵族阶层，与周围其他普通聚落初步构成不平等关系。所以，不平等的中心聚落形态，是史前平等的氏族部落社会与文明时代阶级社会之间的过渡阶段，是中国古代国家起源过程中一个重要的环节。

作为第三阶段——都邑邦国阶段，主要指考古学上龙山时代所形成的早期国家阶段。这一时期出现大批城邑，有的明显属于国家的都城。中国南方早在距今6000年前的大溪文化湖南澧县城头山遗址就修建有城邑，北方河南郑州西山遗址也发现过距今5000多年前的仰韶文化晚期城址。然而，这些城邑都不属于文明时代的国家都城。作为国家都城，城内应该有宫殿宗庙等高等级、高规格的建筑物，还应当伴有阶级和阶层的分化以及手工业的专业化分工等。而这在距今五六千年前的城邑中都是看不到的。只有到了距今5000—4000年前的龙山时代，大批城邑才在阶级和阶层分化的背景下出现。所以，城邑从其产生到发展为国家之都城，有其演变发展的过程。判断它的性质究竟是中心聚落还是早期国家的都城，需要附加一些其他条件进行分析，不能仅仅依据是否修建了城墙，是否出现了城。这里所说的附加条件，一是当时阶级产生和社会分层的情形，二是城邑的规模、城内建筑物的结构和性质，例如出现宫殿宗庙等特殊建制。这是因为，只有与阶层和阶级的产生结合在一起的城邑，才属于阶级社会里的城邑；而只有进入阶级社会，在等级分明、支配与被支配基本确立的情况下，城邑的规模和城内以宫殿宗庙为首的建制，才能显示出其权力系统是带有强制性质的。而凌驾于全社会之上的强制性权力和社会的阶级分化是国家形成的两个重要标志。[1]

---

[1] 王震中：《文明与国家起源的"聚落三形态演进"说和"邦国—王国—帝国"说》，《中国社会科学院研究生院学报》2012年第5期。

三、农业文明人

全世界有 4 个主要的农业发源地。一个在中东，是大麦和小麦的发源地，也是绵羊和山羊的发源地。它发展到一定阶段便产生了两河流域文明，如苏美尔文明、巴比伦文明。传到尼罗河流域，造就了古埃及文明；传播到印度河流域，造就了古印度文明。第二个在美洲，是玉米、马铃薯、花生等的发源地。在印第安人的传说中，玉米、南瓜、豆类被称作"农业三姐妹"。第三个在非洲，是高粱的发源地。最后一个在中国，是大米和小米的发源地。小米指粟、黍，主要在黄河流域起源和发展，后来成为中国北方的主要农作物之一。中国北方现在主要的农作物是中东传过来的小麦，美洲传过来的玉米、马铃薯、花生以及非洲传过来的高粱。华南地区种植较多的块茎类农作物如芋头、山药和莲藕等，它们的发源情况不明。中国农业发源以 3 条线并行发展为模式，即以种植粟和黍两种小米为特点的北方旱作农业的发源，以种植稻谷为特点的南方稻作农业的发源，以种植块茎类农作物为特点的华南地区原始农业的发源，而由前述分析可知，其中最能代表中国特征的是稻作农业。

目前学术界对中国稻作农业的起源有阿萨姆—云南说、云贵高原说、华南说、黄河下游说、长江中游说、长江下游说和多元说等观点。浙江、湖南、湖北、陕西、河南、江西、江苏、广东、广西、山东等地出土水稻遗物的遗址 130 多处，而属于长江流域的有 110 多处。这可以证明稻作的起源地有可能是"饭稻羹鱼"的"楚越之地"。目前发现最早的水稻标本为湖南道县玉蟾岩洞穴遗址出土的 ^{14}C 测定距今 1.5—1.4 万年的水稻壳，据称属有人工干预痕迹的野生稻。江西万年仙人洞和吊桶环遗址也在距今 14000—9000 年的地层中发现了野生和栽培的水稻硅体。湖南彭头山、八十挡、河南贾湖、陕西李家村等遗址发现距今 9000—7000 年的具有明显栽培特征的水稻标本。其中贾湖遗址不仅水稻标本数量大，而且出土了从收割到脱粒的全套农具。而在环太湖地区，浙江境内的浦江上山遗址、龙游荷花地遗址出土距今 11000—9000 年的栽培稻，杭州跨湖桥遗址出土距今 8000 年的栽培稻，余姚河姆渡遗址和桐乡罗家角遗址出土距今 7000 年的栽培稻，江苏境内的张家港东山村遗址、苏州草鞋山遗址分别出土距今 8000 年和 6000 年的栽培稻。稻作农业在良渚文化时期得到普遍推广，成为主要生业，它是中国农业成熟的第一个标志。

在文明起源阶段，世界各地都奉行以农为本的经济策略，但农业生产结构却有所不同。所谓农业生产结构，指的是农业生产中各个生产部门或生产项目之间的结合形式和比例关系。其核心是农牧关系。上述 4 个农业发源地的生产结构可以分为两类，即有畜农业和无畜农业。中东的麦作农业是有畜农业，半农半牧。尽管农业受倚重，但不是唯一重心，农业因此而具有变异的开放结构。中国等其他几种农业为无畜农业，单向度倚重农业，中外一些学者称之为"跛足农业"。尽管幅员广大的中国各地不乏畜牧业，但就汉族地区而言基本上呈现无畜农业格局。边疆地区则基本为单向度的畜牧业，差不多呈现为"跛足牧业"状态。文明起源阶段这种农业生产结构的差异，在一定程度上决定了中西方文明或中西方社会的发展道路。

无畜农业的基本特点是精耕细作。精耕细作不但是中国传统农业的特征，而且在某种程度上是整个中国文化的基因。日本学者称中国传统农业为"中耕农业"，而与西欧的"休闲农业"相对称。精耕细作包括提高农业生物自身生产能力的技术措施（如育种、种子处理保藏、对农业生物之间互养或互抑关系的利用等）和改善农业生物环境条件的技术措施（如土壤耕作、施肥、灌溉等）两个基本方面，但原始农业阶段主要表现为集约利用土地。中国传统农业基本上属劳动集约类型，精耕细作与多劳集约关系密切，至少在原始农业阶段二者基本是等同的。从良渚文化水稻田和农具可以判断，其耕作体系正是精耕细作模式。精耕细作传统的形成与人多地少有关。远古时代这种矛盾未必很尖锐，但也绝非全无。良渚文化时期海平面相对较高，中国东南沿海出陆面积较小，出陆部分又大多为水沼型湿地，可耕土地还是相当有限的。另外，当时以水灾为主的自然灾害频发，精耕细作在改造恶劣的自然环境中又被强化。具体而言，精耕细作技术是在改造低洼盐碱地的实践中创造出来的。自新石器时代起，农业向低平地区扩展。这在相当程度上扩大了耕地面积、缓解了干旱，却也面临着如何排水洗碱、把低洼地改造成良田的突出问题。先民用建立沟洫体系的办法来解决这个问题。中耕农业是以实行条播为前提的，而条播和中耕都是在垄作的形式下发展起来的。正是沟洫体系下所普遍形成的畎亩农田，为垄作、条播和中耕提供了基础。垄作、条播与中耕技术的结合，加上适当的密植，就可以形成行列整齐、通风透光作物群体结构，使作物的生长由无序变为有序。这是中国精耕细作农业技术的最初表现形态。这套技术虽然在《吕氏春秋》卷二六《上农》等4篇中才获得系统的总结，但它的产生却可以推延到良渚文化时期。此外，据《国语·周语上》所载，中国传统土壤学中最有特色的"土脉论"在西周末年即已出现。此前很早已经有了比较科学的"天时"观念，以二十四节气为核心的传统指时体系也已形成。春秋时期的郑子产说："政如农功，日夜思之，思其始而成其终，朝夕而行之，行无越思，如农之有畔，其过鲜矣。"[1]农功是作为农业主体的人的行为，它要求有缜密的思考和计划，其中包含了对客观规律的认识和掌握，这正是精耕细作精神的体现。

精耕细作的指导思想是"三才"理论。"三才"理论把农业生产看作"天"（农业环境中的气候因素）、"地"（农业环境中的土地因素）、"人"（农业主体）、"稼"（农业生物）相互联系的统一体。它所包含的整体观、

---

[1] 左丘明撰，杜预注，孔颖达正义：《春秋左传正义》卷三六《襄公二十五年》，阮元校刻：《十三经注疏》，中华书局1980年版。

联系观、动态观贯穿于中国传统农业生产技术的各个方面。在"三才"理论的指导下,先民不但重视农业生态系统内部各种因素之间(农业生物之间、农业环境之间、农业生物与农业环境之间)的相互关联和物质循环,而且重视处理人与自然之间的关系,把人当作自然过程的参与者,甚至于不自觉地将人的生产视作农业生产的一部分。这为人口增长提供了特殊的动力和基础。中国历史上人口的增长比西方快得多,与中国实行精耕细作有着密切关系。一方面,在主要利用人畜力耕作的条件下,精耕细作要求投入较多的劳动力,人力被放在突出的地位。另一方面,精耕细作提高了土地的生产能力,使单位面积土地可能养活更多的人口,又为人口较快增长提供了物质条件。黄宗智创造性地发挥克利福德·詹姆斯·格尔兹(Clifford James Geertz)的"内卷化"(Involution)理论来解释中国传统经济的特征。该理论源于格尔兹对印度尼西亚爪哇岛稻作经济的研究。所谓"内卷化",即在生态稳定的前提下"劳动的超密度投入"仍然边际报酬收缩的现象,即生产增加了,单位时间生产率并没有提高。中国历代农业产出的扩展足以赶上人口的急剧增长,但这主要是通过劳动的密集化和过密化。这是一种"没有发展的增长",商品化的质变潜力被各种过密化所覆盖。[1]黄宗智的观点不仅可以解释明清以来的中国经济,而且可以解释整部中国经济史。

在远古以至于古代社会,世界各地都奉行"农本经济"。吴于廑《世界历史上的农本与重商》一文指出:"在以农为本的封建社会,重农抑商,可谓概莫能外,是无间东方和西方的通则。""农本经济"本身带有狭隘的、相对闭塞的属性,要让建立在其上的各地区、各国的历史摆脱孤立发展演进的状态,逐渐演绎起相互联系的整体的"世界历史",有一段必须跨进的历程。这一历程是在16世纪前后的亚欧大陆农耕世界的西端率先发轫的,主要表现为封建的"农本经济"转向商业和航海的高涨并由此开辟出世界市场的资本主义经济,进而突破农耕世界的闭塞,逐渐将整个世界联结起来。虽然中西封建农本经济都具有自足性质,具有持久的韧性,这是因为两者大体上都是为了满足衣食需要的耕织结合,但中西农本经济从起源阶段开始就有较大差异。其中之一,就是对牲畜饲养的需要不同。有畜农业下的西方牲畜饲养在农本经济中所占的比重远远大于中国,其原始的纺织业或后来的家庭纺织业主要是毛织业,原材料不是丝麻,而食物结构也以肉类为主。另外,由于欧洲土质黏结,农耕很早就使用重犁,挽重犁一头牛不够,通常用2牛、4牛甚至8牛,所需畜力较多。如此,使养羊业和养牛业勃兴,埋下由农本向重商转变的种子。有畜农业远不如中国精耕细作的无畜农业那么有韧性,因而能在农业生产力的发展和产品的交换过程中发展起商业或商业城市。商品经济最初并非与农本经济对立,商业城市也不是封建制度的对立物,但它们的发展逐渐对农业经济和农业社会产生越来越大的侵蚀和分解作用,由"非对立的关系变为对立的关

[1] 黄宗智:《长江三角洲小农家庭与农村发展》,中华书局1992年版。

系"。最终，在15、16世纪毛织业日益发达的英国和尼德兰，完成了"对封建欧洲农本经济的最初突破"。"尼德兰和英国发生的上述变化，是沉沉农耕世界打破自足经济闭塞状态的起点，是资本主义进入世界历史的起点，在海道大通条件下开辟世界市场的起点。有了这个起点，各个民族、各个地区之间的闭塞状态将逐一遭到突破。""这个变化是与西欧封建农本经济转向重商的过程，也是旧的封建主义生产方式为新的资本主义生产方式所取代的过程相伴随的。这个变化是历史发展为世界历史的重大转折。"[1]这种突破虽然是较为晚近的事，但在文明起源阶段已经埋下了种子。

[1] 吴于廑:《世界历史上的农本与重商》，载吴于廑:《吴于廑文选》，武汉大学出版社2007年版。

在论述西欧从农本向重商的经济模式转型中，吴于廑还敏锐地觉察到，这实际上是"农耕世界开始转向工业世界的行程"。毕竟商品经济的发展和重商主义的推行是以工业的发育和成长为前提的，它反过来推动了这个进程的拓展。因此，他进一步切入到西方的农耕世界中去探究工业世界的孕育。吴于廑指出，农业是商业和工业的基础，西方的重商主义研究者常常将两者对立起来，"看不到新旧时代之间的历史连续"，无疑是错误的。因为在当时，农业是社会生产的基础，"没有农耕世界发展到一定水平的前提，重商主义为之前奏的近代工业世界，就不可能出现"。他通过对英国、尼德兰的农业生产技术改进和生产剩余量的增长，论述了商品交换尤其是毛纺织业和采矿、冶金等其他乡村工业逐渐萌生与勃发的状况，进而论述了以此为端绪的不断向近代工业发展的历程，以及最终对工业革命的促成。由此而建构的工业世界，既"是生产节奏紧密、时间感很强的世界"，同时"是技术的世界"，更是一个"不断机械化、不断追求工效的世界"，这就使它带有最大限度地追求收益、无止境地膨胀扩张、不断地驾驭和改造自然的鲜明趋向，使得它不仅最终从生产生活节奏缓慢、自给自足、不求时效、顺应甚至是崇拜自然的农业世界脱颖而出，而且势必对仍然处于这种状态的非西方的农耕世界形成巨大的冲击。[2]这样的冲击是一个"对外扩张的世界"对一个"固守闭塞的世界"的冲击，是两种文明世界的碰撞。先进的工业文明拥有历史上的游牧文明所没有的强大的经济与技术的扩张力量，农耕世界无法再走闭关自守的老路。[3]

[2] 吴于廑:《历史上农耕世界对工业世界的孕育》，载吴于廑:《吴于廑文选》，武汉大学出版社2007年版。

[3] 孟广林:《世界历史研究的"通观":吴于廑先生的学术境界》，《史学集刊》2013年第4期。

钱穆在论述中国何以成为世界史上一个最为稳定的"大型农国"时，首先强调自然地理:"旷观此世，人类所生，不仅在温带，亦有在寒带热带生长者。寒带人仅能以游牧为生，逐水草而迁徙。不能安居，斯不能乐业……人类最适生长在温带……古埃及人、古巴比伦人，虽亦以农业产生文化，但尼罗河下流之泛滥，与巴比伦双河之灌溉，其占地面积，较之中国河、济、淮、江四大流域之广袤宽宏，差别太巨。故唯中国之农业文化，乃独出迥异于世界古今其他诸民族之上，而自有其非常特殊之成就。"钱穆认为，较为适中的温带气候，为中国的农业文明提供了这种良好的存在条件。"中国以农立国，《书》称:'钦若敬授。'《易序》:'治历明时。'

敬授民时，即是敬授民事。春耕夏耘，秋收冬藏。中国地处北温带，春夏秋冬，四季明晰，并分配均匀。四季又各分孟仲季，一年十二月，气候各有分别，并与农事紧密相关。故中国古人之时间观，并与生命观相联系。时间中涵有生命，生命即寄托于时间。时间属于天，生命主要属于人。中国古人所抱天人相通天人合一之观念，即本农事来。"钱穆还十分强调人文地理："人中即寓有天，贵能以人事合天时，故曰：'人文化成。'此化字即包有天有时间，人文即包生命，于自然中演出人文，即于人文中完成自然，故中国古人于同一事中即包有天时、地利、人和三观念……就农业民族之观念，气候固极重要，但必兼土壤。气候土壤固极重要，但又必兼人事。苟不务耕耘，则天时地利同于落空。而耕耘则贵群合作……稻麦之生长成熟，更见与天时地利人事一体相和。其事则必经历有时间之变，而变中必有常，可以资人信赖。故曰：'但问耕耘，莫问收获。'人事既尽，而天心亦即已在人事中。不尽人力，则天意亦不可恃。故《中庸》曰：人可以赞天地之化育，与天地参。苟非有地，则天亦落空，故中国人必兼言天地。但苟非有人，人不能和，则五谷不生长，既无人文之化成，则兽蹄鸟迹，草木茂盛，只为洪荒之世。故中国人言天地，又必兼言人，而合之曰三才。此种观念，其实乃是一农业人之观念而已。""最后及于天文地理两门，中国重农，授民以时，厝心历法……又在中国，地理学之发展，更远胜过天文学。天较远，地较近，故在双方进展先后又不同。又西方多注意自然地理，而中国则更注重人文地理。远自禹贡及《汉书·地理志》以下，中国人研究地理，皆重人文一面，而成绩斐然。"[1]

  钱穆认为中国农业文明所取得的成就远在世界其他民族之上，它造就了中国人独特的"农业人生"。"中国社会当春秋战国之际，商业随农业而继起。此下的社会经济并不是纯农的，而其文化传统则实建基于农业人生上，儒家立论最可见。"[2]钱穆曾将人类文化分为3种类型，即游牧文化、农耕文化、商业文化。这3种类型的文化又是因3种自然环境所决定的3种生活方式而最终成型的，因而中国的农业人生之于农耕文明及其在中国历史上的独特作用，不仅限于传统道德、风俗等的形成，更为直接的是生活方式特别是思维方式的建构。所以他称农村永远为中国文化的发酵地。"中国文化，建基于农业。既富自然性，亦富生命性。"他特以四季节气举例言之："姑再从一年十二月春夏秋冬四季各项节日言之，亦大可见其含义之平实而深邃。春者蠢也。一切生命，皆由是蠢动。而农务工作，亦始于春。中国人言，一日之计在于晨，一年之计在于春。春耕夏耘，秋收冬藏。周而复始，只此一事。有常有变，而又有信。人之在天地大自然中，乃得融成为一体。"所以建基于农业的中国文化之自然性与生命性，还相当突出地显现在"言春必及耕，不忘劳作，劳作亦自然。而人之所以能赞天地之化育，与天地参者，则亦在此矣"[3]。正是在自然的劳作中，生命性与自然性融合为一。钱穆还洞见了农业人生与艺术人生的融通："农业人

[1] 钱穆：《晚学盲言》，广西师范大学出版社2004年版，第33—34、33、33、481页。

[2] 钱穆：《双溪独语》，学生书局1981年版，第220页。

[3] 钱穆：《晚学盲言》，广西师范大学出版社2004年版，第36、37页。

生,其实内涵有一种极高深的艺术人生。其主要关键,即在能把时间拖长。所谓德性的人生,则是一种最长时间、最高艺术的人生。中国画家,最好画山水。山中草木,水上波澜,时刻新,时刻变,但山水还是此山水。中国社会绵延了四五千年,何尝不时变日新?但仍还是此中国社会。此所谓天不变,道亦不变。"[1] "故农业人生,本极辛劳勤苦。但中国人能加之以艺术化,使其可久可大,可以乐此而不疲。又自艺术转入文学。如读范成大之《四时田园杂兴》,赵孟頫之《题〈耕织图〉》,欧阳修之《渔家傲》词,亦各十二月分咏。随时随事,无不可乐。人生可以入诗入画,复又可求?"在钱穆看来,人生当求快乐,这无可讥评。但农业人生的最大乐事,终究为乐天知命基础上的自安自足。农耕可以自给,无事外求,并可继之一地而反复不舍,安居而乐业即如其所谓之"安、足、静、定"是最主要的人文特征。"原始人类,以渔猎为生,辛苦营求,非为可乐。待其有获,返其穴居休息,始为可乐。或在穴洞上偶有刻画,或月夜出穴洞门,老幼歌舞,洵属乐事。待其由渔猎进入畜牧,乃为人生快乐迈进了一大步。既常群居聚处,橐驼牛羊,又属可爱。有感情,可安逸,较之渔猎时代显已大异。然逐水草而迁徙,居穹庐中,斯亦可憾。转入耕稼,乃又为人生快乐迈进了一步。一分耕耘,一分收获,手段目的融为一体。且畜牧为生,日宰所爱以图饱腹,心有不忍。稼穑则收割已成熟之稻谷,非有杀生之憾。百亩之田,五口之家,既得安居,又可传之百世,生长老死,不离此土,可乐益甚。所谓安居乐业,唯耕稼始有之。"[2]此乐还可长久承继:子子孙孙,世袭其业,世传其乐。此为中国文明之真精神所在。"就内在人生言,都市不如农村,其心比较易于静定专一……故唯农村人生活,乃为得其中道;体力劳动,无害其心神之宁定,身心动静,兼顾并到……无欲故静,因无欲则其心向内,可有一静止之坐标。一切皆从此出发……如此般的人生,乃当于艺术的人生。人生能有艺术,便可安顿停止,而自得一种乐趣。唯有农村人生,乃可轻易转入此种艺术的人生。因其是艺术的,便可是道义的,而且有当于人生之正。都市工商业人生,则只是一种功利的,必待计较与竞争,把自己胜利放在别人的失败上,人生大目标不应如此。昧失了农村人生,则终亦不能了解中国人的那一套文化传统与人生理想之所在。中国社会,工商业早已发展,全国都市林立,已不是一农业社会,但中国文化淡进,则大本仍在农村人生上。"钱穆曾多次提到,农业人生虽备极辛劳,然其心自静,不像都市人不安不静。然而唯能静能止,乃得向前。一足止,乃可一足进;人生亦如此,不能有进无止,有动无静;尽日奔波,总得歇脚小憩。所以钱穆反复从其人文思想中的核心理念——人文演进观提示人们关注"止"的观念,关注如何能寻觅得一可停脚之"安乐土":"试再就人文演进言。原始洞居人,以渔猎为生。此一阶段,不得停止。若停止了,与其他禽兽何别?由渔猎转进到游牧,生事稍舒,但终年流转,逐水草迁徙,不能安土定居,此阶段亦不得

[1] 钱穆:《双溪独语》,学生书局 1981 年版,第 224 页。

[2] 钱穆:《晚学盲言》,广西师范大学出版社 2004 年版,第 35、439 页。

停留。停留在此阶段，种种人文，不易有进展。耕稼社会，以农为生，此乃人类唯一可停止之阶段。继此有工商业演进，但工商业，仍须奠基于农业人生之上。不得有了工商业，便不要有农业……何处能觅得一可停脚之安乐土，此是今天工商资本社会之大苦痛所在。"[1] 正是由于安土定居的阶段及其进展，才有了钱穆所讲的"农业社会"。这种"农业社会"有存藏在己、拓展有限的特征。

[1] 钱穆：《双溪独语》，学生书局1981年版，第230、278页。

钱穆的问题涉及了国民性问题，国民性问题是近代中国救亡与启蒙运动的重要论题之一。国民性是指一个社会的绝大多数成员由于地理环境和文化传统等因素的影响和作用而长期形成的共同的心理特质、思维习惯和行为方式。一部中国文明史，从某种意义上说就是中国农业意识形态的直接表现或间接折光。"中国人"之作为一个性格概念，含义就是"农民和农民化了的人"。每一个中国人个体，无论他处在什么地位，无论他是否留洋问学，无论是古是今，都有"农民意识"的尾巴。而且这个尾巴决定着其基本行为模式。要让中国人丢掉"农民意识"，从农业文明境界蝉蜕出来，游进现代文明的水城，要经历比通常所说的"相当长的历史时期"还要长的历史时期。可以概而言之，所谓中国的国民性就是农民性。农业文明是一个历史概念，它是个体农业经济所需要、所产生的物质秩序和精神秩序。中国数千年持续繁荣发展的农业文明，直接或间接地影响了中国文化的各个方面，决定着中国文化的基本风貌。与它相比，中国文化的其他部分都是次生的、第二位的。中国的政治体制、社会生活、思想传统、科学技术、文学艺术乃至长城、运河、秦陵、故宫等种种物质遗产不过是农业文明这棵大树上的枝、叶、花、果，发达的农业文明本身则是这棵大树的根。

除钱穆等积极肯定的以外，中国之农业国民性存在许多问题。从生产方式和交往方式方面分析，可以看到两个基本面：一是个体或家庭生产方式造就了中国人勤劳刻苦、好趋近利、消极无为、僵化麻木、拖沓涣散、迷信愚昧、保守好古、封闭排外的个体人格。农业生产相对于工业（手工业）、商业等而言生产效率极低，在传统社会里唯一的获利方式是辛勤劳作。因而勤劳成为农业社会的基本生存理念和行为规范。农业收成事关当下生命维持，一季或一年的收成均事关重大，因此重视眼前利益而忽视长远利益、采取短期行为而不重视对科学技术的投资储备也成其宿命。最初的农业生产是属纯粹的自然经济，其整个过程完全受制于天气等自然因素，对自然的所有抗争都是无效的，听天由命是先民唯一的选择。另外，与农业文明同时产生的穿着神学外衣的专制政治也被认为是不可反抗的。长此以往，人便养成了知足常乐、消极无为的性格。日复一日、年复一年、亘古不变的单一耕作方式和几乎与世隔绝的生活状态，造就了先民固执呆板的行为特征、迂腐僵化的思维模式和麻木不仁的心态。除了短时期抢种抢收之外，大部分的农活对于农民并没有严格的时间要求，这就养成了他们拖沓、懒散、不讲效率的习惯。在变幻无常的自然灾害和强大的专制政治面前，先民们学会了忍耐。在实在忍无可忍时也会抗争，但大多只是选择烧香拜佛等愚昧的消极迷信方式。对于春耕秋收、冬藏夏耘这种恒定不变的农业生产方式而言，生产经验的重要性是不言而喻的。它是经过祖辈无数次的实践所总结出来的最有效的方法，是后人生存和进一步发展所必须遵从的一种最有价值的技术遗产和精神财富。在生产方式和技术水平几乎几千年不变的古代社会，对传统经验的放弃被认为是极为危险的，而技术创新则被视作没有实际意义，如此则造就了因循守旧、狭隘保守的品格。传统农业生产是自给自足的，它的整个生产过程几乎完全封闭，家庭内部的男耕女织分工协作就足以满足日常生活的基本需要。而且，由于社会分工的长期单一化和交通条件的极端简陋，使得农民与外界交易的成本较高，频繁的、大规模的交易既不现实也没有必要。"万事不求人""老死不相往来"遂成理想的生存状态。在长期的封闭中，一方面由于对外界的无知而造就妄自称大的偏执心理，另一方面出于维护封闭的生活方式的安全需要而保持较强的防范心理，对外界存在过多的猜疑和过于敏感的戒备。这是"华夏中心主义"和排外主义思想的基础。二是血缘家族社会存在单位造就了亲缘熟人依附谋利的社会交往方式。由于缺乏工业、商业性的社会分工，难以产生契约化的陌生人交往关系，血缘家族信用关系被不断强化，并且衍生为熟人交往关系。对每一个个体成员而言，家族既是可靠的生产单位，也是唯一可依赖、寄托并从中得到庇护的社会组织。于是，维护家族的稳固、和谐和延续就成为人们日常交往中所必须遵循的行为准则。交往范围基本上局限于宗族和小范围的邻里关系。人与人之间完全是隶属性质的关系，每一个人都依附于他人而存在。晚辈从属于父母长辈，妻妾顺从于丈夫，没有一个人能做到独立、自主。"中国农民的'自我'并不是他自己这个无关紧要的人，而要把整个家庭都包括在内。家庭的幸福是他能直接体验的幸福。""个人意识也是存在的，个人明白他自己是家庭中单个的一员，但他并不认为他是一个抽象的个体，而是一种集体类型。他是某人的儿子，或是某人的父亲，或者是家庭中的其他什么人。这样他就在家庭中有一个地位。有了这个地位，他才有了一系列得到认可的、不可剥夺的权利。"[1]依附性造就了中国人奴性化的行为特征，形成崇拜意识和自卑心理。崇拜主要指敬祖和畏官，趋炎附势、阿谀谄媚成为生存艺术。自卑则是一种精神的自馁、自虐甚至自残，行为上表现为懦弱。一方面，自觉地对物质和精神上的内在需求自我抑制，对自己应有的权利无原则地让渡，不敢也不想去争取；另一方面，对自己应承担的义务尽量推诿，不敢负责任。亲缘熟人利益最大化则是社会交往的基本准则。一切内外有别，对与己家、己族相关的利益表现得相当自私、贪婪，按亲缘或熟识亲近度进行利益分配，搞"裙带关系"或"小圈子"，"一人得道，鸡犬升天"。对与己无关的人和事则极端的冷漠。[2]

[1] 卫礼贤：《中国心灵》，国际文化出版公司1998年版，第324、319页。

[2] 郭汉民、袁洪亮：《中国传统国民性的结构及其特征》，《衡阳师范学院学报》（社会科学版）2001年第1期。

中国水稻种植分布图（颜色越深，水稻种植比例越低。由于农业环境特殊，西藏、新疆和内蒙古数据未纳入）

2014年5月9日出版的《科学》杂志发表的美国弗吉尼亚大学、密歇根大学和中国北京师范大学、华南师范大学托马斯·托尔汉姆（Thomas Talhelm）、张学民等的论文《中国大规模心理差异的稻作与麦作农业解释》一文，以"大米理论"（The Rice Theory）解释中国南方水稻种植区与北方小麦种植区居民的心理差异（包括行为模式和思维方式），得出如下有趣结论：南方人倾向于集体主义（Interdependent），秉持整体思维（Holistic Thinking），为人忠诚（Loyalty），注重裙带关系（Nepotistic），而北方人更偏向个人主义（Individualistic），以分析思维（Analytic Thinking）见长，比南方人更接近西方人。水稻种植与小麦种植对应着迥然不同的耕作体系，其中以灌溉方式和劳动力投入最为突出。稻作农业需要持续的供水，稻农需要相互合作建设灌溉系统，并协调各人的用水和耕作日程，因此倾向建立基于互惠的紧密联系并避免冲突。小麦不需要精细灌溉，大多情况只靠天然降水灌溉即可，劳动强度不高则又使麦农不需要依靠他人就能自力更生。水稻种植的历史可能使文化倾向于相互依赖和封闭，而小麦种植的历史则使文化变得更加独立和开放。

课题组在中国北京、福建、广东、云南、四川和辽宁6个测试区对1162名汉族大学生展开研究。为了测试文化所体现的思想倾向，课题组提供3个词语，比如"火车""汽车"和"轨道"、"狗""兔子""胡萝卜"，请被测试者归类。善于分析思维的人会将"火车"和"汽车"、"狗"

"兔子"放在一起,因为两者属于同一类型(运输方式、动物);倾向于整体思维的人更有可能将"火车"和"轨道"、"兔子"和"胡萝卜"放在一起,因为它们存在功能关系。来自种植水稻比例更高省份的人群更可能进行关系性配对。课题组让被测试者用圆圈画出自己的社会关系网络图,借此对自我意识的强度进行隐性测量。在以往的研究中,美国人笔下的"自我"圆圈平均比"他人"的圆圈大 6mm,英国人的"自我"圆圈平均比"他人"的圆圈大 3.5mm,而日本人的"自我"比"他人"更小。中国小麦种植区的人"自我"圆圈膨胀了 1.5mm(类似欧洲人),水稻种植区的人则自我圆圈缩小了 0.03mm(类似日本人)。水稻种植区的人对朋友的忠诚度更高,因而惩罚说谎的朋友的可能性更小。家族关系也更为紧密。1996 年、2000 年、2010 年中国离婚率数据分析又表明,主要种植水稻的省份离婚率更低。小麦种植区的人更擅长创造性思维,发明专利比水稻种植地多三成。

关于东西方思维习惯的差异,过去曾分别提出过两种假说:一是现代化假说(The Modernization Hypothesis)——当社会变得更加富裕、受教育程度更高以及资本化程度越高,人会表现得更加个人主义,分析思维也更强。土著玛雅人向市场经济转型就支持该假说。二是病原体流行理论(The Pathogen Prevalence Theory)——某些国家的接触性传播疾病发生

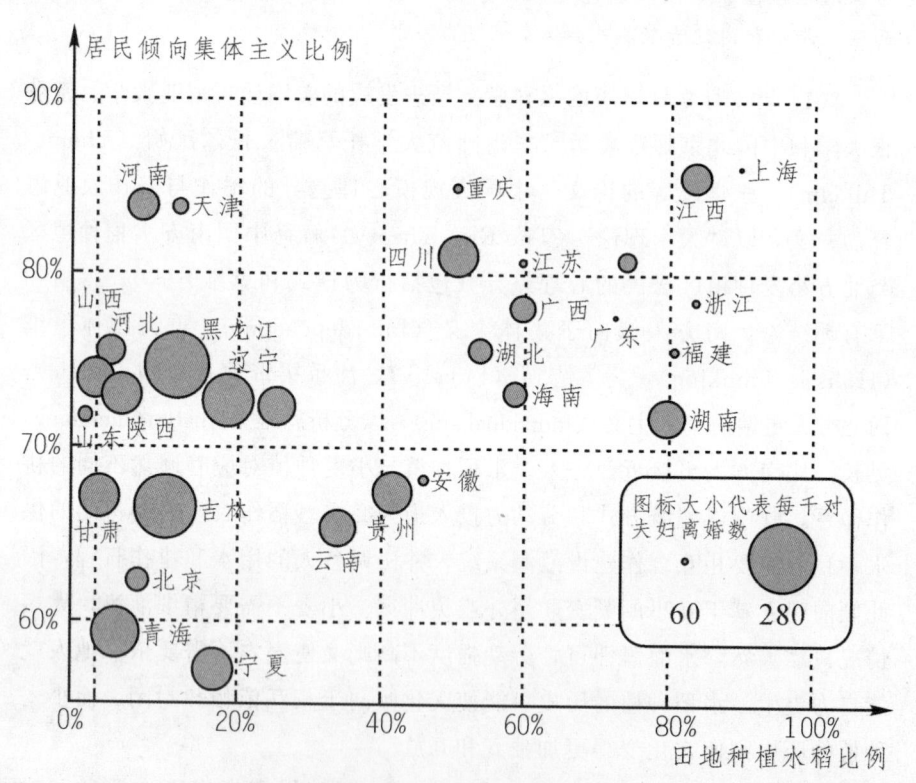

水稻种植的文化关系图(图中横轴代表田地种植水稻比例,对应落点越靠右表示种植水稻比例越高。纵轴代表倾向集体主义的比例,应落点越靠上表明集体主义倾向越强。上海、江西和重庆居前三位。图标大小代表离婚率高低。最低为 60/千对夫妇,最高为 280/千对夫妇)

率高，使得跟陌生人打交道变得很危险，所以孤岛意识和集体主义倾向更强。若干历史事件确实证明疾病传播与集体主义及低开放程度存在相关性。但这两种理论在解释文化差异上都有缺陷。如现代化假说无法解释为什么日本、韩国、中国香港的GDP高于欧盟国家，而其思维方式仍然是集体主义的。按照这一假说，经济越发达的地方离婚率应该越高，创新性越强，但这与调查的几个省的离婚率、发明专利数均不符合。病原体流行理论则根本无法预测离婚率与专利数。"大米理论"属于"生存方式理论"（The Subsistance Style Theory）的扩展，它认为农业差异是形成中国南北方人群心理差异的根本原因，有其说服力。[1]

有人指出，今天的南方人很可能在一两代以前还是北方居民，所受的还是小麦文化的影响。现代社会的一大特点就是文化的快速流变和人口的大规模迁移，因此上文从古代的生产方式中去寻找现代的南北差异由来，是缘木求鱼。而事实上人迁移后即受当地生产方式影响。良渚文化时期之稻作农业对地域人的影响应当更能支持上文的观点。从考古资料显现出来的农业生产方式以及社会政治体系，大体可以断定当时已经具备了"农业文明人"和"农业人生"的征候。良渚文化先民赖有这种农业文明而持续发展，或也因这种农业文明存在不可克服的困难而最终消亡。"大米理论"或也可以解释良渚文化发达的稻作文明之后中原文明居上发展的原因。

[1] T. Talhelm, X. Zhang, S. Oishi, C. Shimin, D. Duan, X. Lan and S. Kitayama, *Large-scale psychological differences within China explained by rice versus wheat agriculture*, SCIENCE, 344(6184), 2014.

第五章　巫术宇宙观与巫政连续统

一、自然神的变形与政治操纵

良渚文化中出现的大量抽象或半抽象的人面兽身纹、鸟纹、猪纹等是图腾崇拜的孑遗，反映了当时的社会意识、社会心理和政治结构。西格蒙德·弗洛伊德（Sigmund Freud）1913年出版的《图腾与禁忌》将人们对图腾的解释归纳为3类：一是唯名论的解释，认为图腾起源于氏族及其酋长的命名。原始人最初借用某种动物、植物或其他自然对象对其氏族和酋长命名，以作为其标志。后来由于种种原因误把这些名字当作这种动物、植物或自然对象本身，便以为他们与那种自然对象有一种神秘联系或血缘关系。从事实看，确实很多氏族均以图腾来命名，但并非一切氏族均以图腾来命名。例如，北美海达人有高大的图腾柱，但他们并不把图腾当"祖先"来看待，也不以图腾来命名，图腾柱只是作为村舍和墓茔的标志，而具有纪念的性质。中国东北的鄂伦春族和鄂温克族原来都以熊为图腾，可是他们的氏族并无"熊"之名，也与"熊"之名没有多大关系。反过来，氏族的名号也不一定就是图腾或具有图腾的意义。中国古籍曾记载有大庭氏、陶唐氏，显然以其发明建筑大庭、制造陶器而得名，而不是以这些发明为"祖先"或"图腾"。根据摩尔根收集的材料，印第安人有些氏族名称显然也不可能作为图腾，如"西班牙氏""皇家氏"之名，印第安人会相信或信仰西班牙人、西班牙皇家是他们的"祖先"吗？这种名号只有西班牙人来美洲后才可能出现。又如"多民氏"之名指人口众多，"二心庐氏"之名指房舍特征，还有"咒师氏"和"饥氏"之名等[1]，都不是也不能为图腾。即使以图腾来命名，还必须说明，为什么不从人本身、却从人之外选择一个自然对象来命名。二是社会学的解释，认为图腾体现氏族群体的一种"社会性"。这种"社会性"到底是什么？有说是氏族群体的

[1]〔美〕路易斯·亨利·摩尔根：《古代社会》，杨东莼、马雍、马巨译，商务印书馆1977年版，第97、153、156、166页。

组织、制度和结构，有说是氏族群体以某种动物、植物为主要食物，或与外界主要交换某种动物、植物。图腾崇拜的确与一定的社会组织、制度和结构相联系，所谓"图腾集团""图腾制度"和"图腾结构"正说明了这种"社会性"。可是，所谓图腾集团、制度、结构的本质又是什么呢？氏族群体的社会组织为什么要以图腾为标志呢？这些问题并未得到说明。而图腾对象如果用来作为食物或交换物，便不能不捕杀或采摘，这同图腾禁忌是无法协调的。本族禁忌食用其图腾在客观上为他族提供了食物，并在众多氏族之间进行了食物调节与分配，但绝没有拿本族图腾去交换的。这种解释根本没有涉及那些非生命而不可作为食物的图腾对象。而即使是食物调节与分配，为什么要采取图腾形式、把一图腾作为"祖先"来崇拜，这也是无法解释的。三是心理学的解释，认为图腾与原始人的某种特殊心理相联系。有的说图腾是人的灵魂在外界的寄居物或隐蔽所，所以图腾必须得到特别的保护；有的说图腾是妇女怀孕时的一种"病态幻想"，把自己的怀孕与某种自然对象联系起来。弗洛伊德自己则认为图腾是"父亲"的替身，图腾崇拜则来自原始人的"俄狄浦斯情结"。[1]从事实看，原始人将一种自然对象当作自己的"祖先"来崇拜是很奇特的社会心理和宗教心理。灵魂寄居图腾的观念的确很广泛，但并非灵魂的任何寄居物都是图腾。图腾受孕的观念的确存在，但一个氏族群体的妇女为什么都有这种"病态幻想"，并且都同一种自然对象联系起来呢？在许多原始神话中，图腾都扮演着父祖的角色，但也有同时扮演父祖、母祖角色的。至于"俄狄浦斯情结"，弗洛伊德并未从民族志中找到任何实例。在弗洛伊德之后，还有第四种观点，就是克洛德·列维-斯特劳斯（Claude Levi-Strauss）的结构主义解释，认为图腾只是标示氏族社会结构的一些符号或代码。[2]从事实看，图腾的确与氏族社会结构有密切的联系，在客观形式上的确是一种符号或代码，但原始人为什么要选择一些自然对象作为符号或代码，并把它们当作"祖先"来崇拜呢？问题同样存在。以上4种解释都有一定的事实根据，都有一定的合理成分，但同时又都会遇到不同方面的驳难，而不能充分说明问题。而从综合效应来看，图腾制是文明跃进的开始，人类文明的一些主要标志，如社会禁忌、宗教崇拜、宗法制度、农业和国家起源等都是图腾制直接或间接导致的结果。

19世纪的古典神话学主要把神话看作是野蛮人慑服于自然威力和由于经验缺乏所产生的"好奇心"而对周围世界采取的阐释方式。20世纪的人类学家更深刻地研究了各个民族的文化现实，认为神话具有深刻现实性的现象，指出神话是人类生活的一种手段和需要。神话作为与宗教礼仪和世俗生活相辅相成的特殊"意识"形态，不但表现为观念形态，具备某种文化特性和社会意识的历史特征，而且还代表了某个自成一体的政治体系。在原始社会人类实践活动的初始阶段，由于生产力水平的局限，人们只能用与现在完全不同的方式进行实践活动（包括世俗的生产活动和巫术

[1]〔奥〕西格蒙德·弗洛伊德：《图腾与禁忌》，杨庸一译，志文出版社1974年版，第159—165页。

[2]〔法〕克洛德·列维—斯特劳斯：《野性的思维》，李幼蒸译，商务印书馆1987年版，第43—152页。

活动）。与此相适应，他们也以不同的方式解释世界（包括世俗经验和神秘经验方面的，如神话）。在自身力量低下的情况下，猎物的多少、气候的变化、疫病的灾难，人类都难以把握。由于祸福难测，畏惧和恐怖困扰着人类，生活极不稳定。他们只能把自己的命运维系在大自然的偶发意志上。人们相信自然力量无所不能，相信通过祈求可以讨得它的欢心，并赐福于自己。于是，人们把解决因无力实现生活欲求而感到恐惧和焦虑的希望异化为具有超人间力量的神灵。大卫·休谟（David Hume）指出："最初的宗教思想不是产生于对自然作用的沉思，而是产生于他们对生活事务的一种关切，产生于连续不断地左右他们精神的希望和恐惧。"[1] "超人间的力量"的支配作用和人类对这种力量的依赖是自然神产生的客观基础。也就是说，人类对自然界的信仰与自然界的某种不确定的力量相关，与人类所需求的主观目的相关。在这样的信仰中，自然界的神灵被归结为满足人类具体目的的佑助者和决定者。在经验所力不能及的地方，人类常常通过巫术和祭礼以象征的方式去适应，以调节人类与自然之间的矛盾。巫术和祭礼成了人类赖以沟通自然界甚至幻想去主宰自然的真实工具。在巫术和祭祀的行为过程中，信仰观念以象征的形式返回现实，成为一种真实的意识存在。如萨满通过灵魂出游或神灵附体感到自己与神相通，获得神灵相助的信心，族人的需求也因此能从神灵那里得到满足。萨满教的巫术由此消除了由于现实中的无能为力而产生的失望感，在虚幻的自我满足中获得心理平衡。萨满教巫术和仪式行为代表了人类幻想出来的各种与自然界的潜在关系以及联系，展示了沟通和利用神灵的手段。或者说，这种巫术和仪式是以手段形式存在的。由于它们的约定俗成和象征意义，它又以目的的形式表达了神灵所发生的作用。通过这样的背景，不仅可以发现信仰对象的社会意义，而且可以在语言的、形体的、仪式程式的各种表达里发现有关信仰对象的事迹、性格和形象。萨满教普遍存在于氏族社会，氏族的各种精神需要是其最现实的宗教基础。作为图腾的动物、植物或其他自然物既作为氏族的标志和图徽（或象征），又被认为与氏族有血缘关系，是氏族的亲属或祖先。由图腾禁忌和图腾外婚所代表的图腾社会体制，在氏族范围内具有维系其生存的头等价值。图腾神话、图腾仪式、图腾圣地和与图腾相关的生育信仰等都是激发社会集体情感的动力，这种动力促使宗教—神话象征成为服务于社会生活的现实方式。图腾神话是对氏族体制的模拟，同时也维系氏族体制。此外图腾神话可以成为社会集团的自我认同和自我神圣化的工具。

由此，图腾成为一个庞大的象征体系。在鸟崇拜中，起作用的因素包含它的活动规律，即它的活动与春来秋归这一自然物候相吻合，因而人们认为它是能够引起一年四季变化的神物。萨满教祭祀多与生育信仰有关，如蒙古族、满族在万物复苏的春季举行唤鸟仪式，祈求象征氏族生命灵魂的鸟降临氏族树、氏族水池或氏族领地。许多西伯利亚民族，如基里亚克

[1] 转引自〔英〕布林·莫里斯：《宗教人类学》，周国黎译，今日中国出版社1992年版，第191页。

人、雅库特人、萨莫耶德人等,称三月为鹰月。鹰被当作多产多育之神,不孕妇女通常要向它祈祷求子。通过这种祈祷,鹰被认为实际参与了生育活动,出生的孩子都被称作"磨生的"。当春季天鹅北归凌空翱翔时,巴尔虎人和布里亚特人便要以洁白的鲜奶祭酒,表示祝福。随着原始社会等级制度的发展和阶级社会的出现,自然神话的秩序主题更加鲜明。自然界的无常由神灵自身的矛盾转向至上神与其属下渎神行为的斗争。神话所掌握的每一事物都被划入至上神的管辖范围,这些事物似乎充满整个世界,因而自然现象与神话事件被编织在不可分割的神话统一体中。它们相互连接,依附在特定的宇宙空间里。强调至上神意志权威性的神话,其社会属性不但在于反映了社会生活、伦理模式和一系列社会价值观念,还在于通过神话的反复灌输来向人们提供约束其行为准则和思想原则。可见神话的这些价值具有社会整合功能,即神话使思想法典化。它强化社会道德,确定处世准则,认可种种礼仪,并使社会体制合理化。[1]

[1] 孟慧英:《萨满教的自然神与自然神话》,《社会科学战线》1999年第4期。

从原始形式的内在神论——万物有灵论看世界,万物都充满着神灵(或灵魂),自然界各种创生力和生殖力被分解成多种多样、不同来源和不同体系的神灵种类,各自具有神秘力量。这种把宇宙的超自然力分解成若干具体形式的多元、具体的内在神论,显然与原始时代末期较广阔的社会生活、生产活动和较广泛的社会政治、军事、经济交流的状况不很适应。要超越并逐渐战胜这个障碍,就要把那种弥漫和支配宇宙的神秘效力以强烈的、浓缩的形式表现出来。在萨满教晚期以自然物质为对象的内在神论中,上述情况出现了新的转机,即形成神即自然的观念,神被泛同于自然而存在。虽然神话里自然物质被看作不同自然神本质的多种表现形式,但已经包含自然物质就是万物之神、自然物质本身(在神话里被说成自然神)就是万物最初本原的观念。就自然神是万物的产生者而言,是能生的自然;就自然界是被产生而言,是派生的自然。能生和派生都是自然本身(自然神本身)的活动,能生的自然的能动力量来自宇宙灵魂或自然之神。显然这是调和创造神和多神的对立、解决神的统一性和神的多重性的矛盾而使之并存的一种努力。在这种意义上,自然和神都被抽象化,并最后被某个人神所代表。人神则逐渐发展为文明社会的权力主宰。

象征人类学家维克多·特纳(Victor Turner)《象征之林》一书对恩登布(Ndembu)人的象征符号和仪式过程进行了系统研究。他认为仪式是由一个个象征符号构成的,而象征符号则是仪式中保留着仪式行为独特属性的最小单元,是仪式语境中的独特结构的基本单元。特纳将意义的两极性、浓缩性和符号的统一性概括为仪式象征符号的三大特点。仪式象征符号最简明也最首要的特点就是浓缩(Condensation),其特点体现在一个象征符号往往能通过简单的形式而代表多种事物和行动。符号的统一性是就支配性象征符号而言的。支配性象征符号就是一个统一体,因为它广泛分布于各种现象中,存在于多种仪式中,能将迥然不同的各个所指从某一相似性出发连接起来。仪式象征包含两个极端面，一为"理念极"，一为"感觉极"。前者通过秩序和价值引导或控制使人在群体（或社会）分类中安身立命，后者则唤醒人最底层、自然的欲望和感受。意义的两极将不同的甚至相互对立的含义聚在一起。"理念极"由一连串的所指组成，这些所指代表着恩登布社会的道德和社会秩序以及其他涉及道德层面的固有规范和价值；"感觉极"则通常与自然和生理现象、过程相联系。一个象征符号，既有浅显易知的"感觉极"意义，又有指向社会深层结构的"理念极"意义。也就是说，其一极聚集了一类与社会组织的原则、与共同组合的种类和与社会结构固有的规范、价值观念有关的代表物，另一极簇集了一类具有自然和生理特点的象征代表物，它们与一般的属于感情种类的人类体验有关。这两极都与社会历史发展中的各种变化因素相关。象征是一个动态的历史发展过程。宗教信仰和神话也一样，它们的各种功能都有一个合乎历史逻辑的发展脉络。特纳将仪式过程分为3个阶段：结构阶段—反结构阶段—（再）结构阶段。仪式有一个阈限，就是上述反结构阶段，象征符号在此阶段发挥作用。一个完整的仪式过程会带来社会结构变迁，原初的社会结构经过仪式化变迁为一种全新的结构。在结构状态下，社会日常生活的等级关系和矛盾冲突作为结构的一部分而对社会成员起制约作用。反结构阶段则使原先结构状态中的社会关系和社会制约因素得以化解，甚至原先的等级关系会倒置过来，固化结构被打乱。仪式过程中的阈限阶段就是两个结构阶段之间的过渡阶段。处于过渡时期的人具有一种结构上的否定性特征。文明社会王权的出现和社会结构的分化根由于图腾的反结构，即自然神向人神的过渡。良渚文化人面兽身纹、鸟纹体现出最早的君权神授意识。

王权又是图腾制宗法社会权力结构的升级。《礼记·大传第十六》云："别子为祖，继别为宗。继祢者为小宗。有百世不迁之宗，有五世之迁之宗。"它构成"家族树"结构，一个家族分大宗和小宗，小宗再分大宗和小宗。大宗一直继承祖先的名号，所以"宗其继别子者，百世不迁者也"。[1]小宗及其五代子孙与大宗共享先祖（从高祖始）的名号，但名号越来越远。5代之后，没有名号的小宗与大宗如同路人。所以说，"宗其继高祖者也，五世则迁者也"。如下图所示。

图腾制按照事物的类别区分群体血缘关系，事物的类别有种际关系和种属关系，也有层次和级别之分。"图腾具有原生、演生、再演生乃至多次再演生等多层次形态……这些通过多次再出现的图腾在特定的社会条件下仍能继续演生出新的图腾。古老的原生图腾经过多次演生之后，亦只徒具图腾躯壳，渐失其图腾实质，乃至被人们遗忘。"[2]郯子曾说，他的先祖少皞以鸟为纪，以下又有四凤鸟司历法、五鸠司民事、五雉司器物、九扈司农事。[3]这里的凤、鸠、雉、扈既是各氏族首领的官职，也是这些氏族的图腾。这些图腾按照鸟的种属关系将各氏族之间的血缘联系表示出来。

[1] 郑玄注,孔颖达等正义:《礼记正义》卷三四《大传第十六》,阮元校刻:《十三经注疏》,中华书局1980年版。

[2] 杨和森:《图腾层次论》,云南人民出版社1987年版,第97页。

[3] 左丘明撰,杜预注,孔颖达正义:《春秋左传正义》卷四八《昭公十七年》,北京大学出版社1999年版。

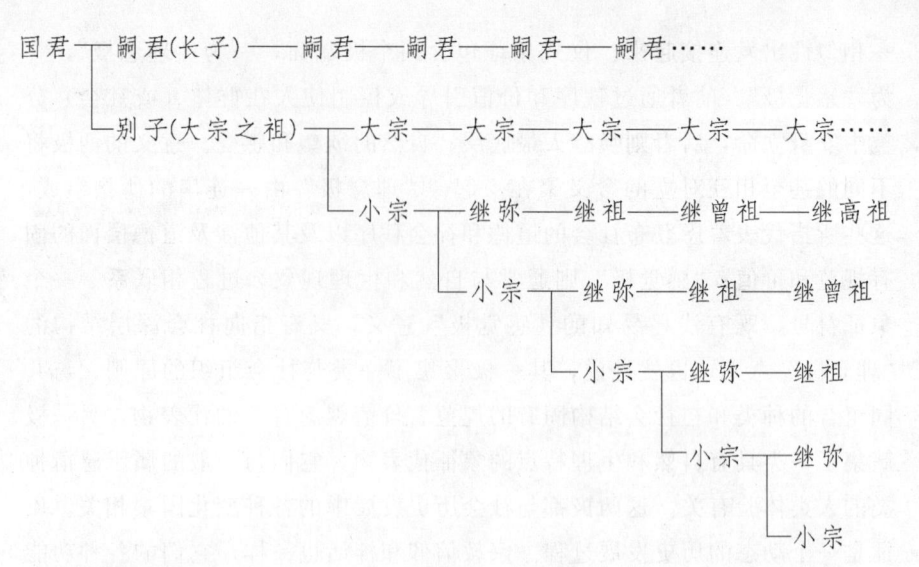

```
国君─┬─嗣君(长子)───嗣君───嗣君───嗣君───嗣君……
     └─别子(大宗之祖)───大宗───大宗───大宗───大宗───大宗……
           └─小宗───继弥───继祖───继曾祖───继高祖
               └─小宗───继弥───继祖───继曾祖
                   └─小宗───继弥───继祖
                       └─小宗───继弥
                           └─小宗
```

"家族树"结构图

图腾制的级别和层次与宗法制度的结构有着对应关系：一级图腾相当于大宗，二级图腾相当于小宗，三级图腾相当于小宗的分支。大小宗在五世之内共享名号、五世之后才能自立名号的宗法制规则，相当于在图腾制的规则：有共同祖先的人在五代之内享有共同图腾，不准通婚；五代之后，才能以新的图腾作为外婚制的标识。

图腾制与宗法制的不同在于标识方法的不同。图腾制按照事物的种属关系标识，而宗室的名号可由王室赐予。如周代实行的赐姓、胙土、命氏的分封制度。古代"赐"与"易"通，赐姓即易姓，即《国语·周语中》所说的"光裕大德，更姓改物"。韦昭注："更姓，易姓也。"[1]可知赐姓是变异姓为王室之姓的统治手段。汉代赐外族以刘姓、唐代赐外族以李姓，沿袭了这一做法。命氏是王室为新的宗室命名，它不再根据血缘关系，而根据分封的地名或官职等条件，从此，"姓"与"氏"分开，"氏所以别贵贱"，"姓所以别婚姻"。[2]赐姓和命氏改变了古姓标识血缘关系的意义，也就模糊、抹杀了古姓与图腾之间的联系。

虽然现在已经不能从姓氏得知宗法社会的起源，但从古史中关于古姓和图腾的记载，结合考古新发现，依然可以合理地推测从图腾制到宗法制的自然历程。由于按照图腾规则实行外婚制，人类从根本上摆脱了近亲繁殖的危害，人口增长加快，一个家族每隔几代就要"分家"，分出去的新家族的图腾或者与原家族的一级图腾平行，或者是隶属的二级图腾。人类社会最初是有着共同祖先的人的亲属群体，按照血缘关系区分等级和辈分。后来图腾的级别演化成大宗与小宗、嫡出与庶出的等级，图腾内的辈分用亲属称谓加以区别；人的社会地位取决于等级和辈分；辈分可以改变，而等级却依世袭血统。可以说，图腾制的层级已经具备了宗法社会的基本特征。[3]

[1] 韦昭注：《国语》，上海古籍出版社1995年版。

[2] 郑樵：《通志》卷二五《氏族略序》，中华书局1987年版。

[3] 赵敦华：《图腾制是人类文明的起点》，《云南大学学报》2003年第6期。

二、巫幻统治与巫幻文明社会

巫是一种企图以超自然的神秘观念影响世界的方法，是人类在远古法术思维基础上形成的神权信仰方式。詹姆斯·乔治·弗雷泽（James George Frazer）在《金枝：巫术与宗教之研究》一书中指出："巫术是借助想象征服自然的伪技艺。"在原始人的眼中，自然界是按照某种不变的秩序演进的，一件事情总是与另外一件事情相关。如果有 A，即有 B。这种秩序人类是无法控制和改变的。原始人最初认为这些事件之间的因果性是固定的，所以会去努力发现这当中事物演变的秘密。并且相信通过利用这些外在力量可以为自己造福。巫术的思维方式有两种，即"同类相生：同样（或相似）的原因可以产生同样（相似）的结果"和"物体一经接触，在中断实体接触后还会继续发挥作用"。在此基础上形成两种自然法则，前者是"相似律"，后者是"接触律"。根据前一原则，巫师通过模拟就可以实现他的目的。这种活动就是"顺势巫术"或"模拟巫术"。根据后一原则，巫师通过与某人接触过的物体便可以对其施加影响。这类巫术活动称作"接触巫术"。弗雷泽还认为巫术是"一种被歪曲了的自然规律体系，也是一套谬误的指导行动的原则，是一种伪科学。巫术作为一种自然法则体系，即关于决定世上各种事件发生顺序的规律的一种陈述，可称之为理论巫术。而巫术作为人们为达到其目的所必须遵守的戒律，则可以称为应用巫术"[1]。在应用巫术里，又分为"消极巫术"和"积极巫术"。积极巫术说，"这样做就会发生什么什么事"；消极巫术或禁忌则说，"别这样做，以免发生什么什么事"。泰勒认为："巫术是建立在联想之上而以人类智慧为基础的一种能力，但是在相当大的程度上，同样也是以人类的愚钝为基础的一种能力。这是我们理解魔法的关键。人早在低级智力状态中就学会了在思想中把那些他发现了彼此间的实际联系的事物联系起来。但是，以后他就曲解了这种联系，得出了错误的结论；联想当然是以实际上的同样联系为前提的。以此为指导，他就力图用这种方法来发现、预言和引出事变，而这种方法，正如我们现在所看到的这种具有纯粹幻想的性质。根据蒙昧人、野蛮人和文明人生活中广泛众多的事实，可以鲜明地按迹探求魔法术的发展：其起因是把想象的联系跟现实的联系错误地混同了起来；从它们兴起的那种低级文化到保留了它们的那种高级文化。"[2] 弗雷泽和泰勒关于巫术的性质有着相似的看法，即都认为它是出于对事物之间联系的认识而产生的一种技艺。人希望控制或者改变事物的变化趋势以有利于自己。巫文化是原始文化的主导形态，宗教文化是在它的基础上发展起来的。世界历史上发展水平最高的玉器体系及其所表征的玉文化、大型祭坛和红烧土等遗迹显示良渚文化有高度发达的巫文化。联系与之相应的社会分层体系的形成，可以判断良渚文化社会已经向巫政合一或政教合一

[1]〔英〕詹姆斯·乔治·弗雷泽：《金枝：巫术与宗教之研究》，徐育新、汪培基、张泽石译，大众文艺出版社1998年版，第19—21页。

[2]〔英〕爱德华·伯内特·泰勒：《原始文化》，连树声译，广西师范大学出版社2004年版，第121页。

良渚文化玉琮及神徽（反山）

的文明社会转型。在良渚文化时期，石器时代进入其极致时期即有的学者所说的玉器时代，社会生产力高度发展，社会分工更精细，出现巫觋专业统治集团。苏秉琦曾说："在5000年前的红山文化、大汶口文化、良渚文化那个阶段上，玉器成为最初的王权象征物，神权由王权垄断。"[1]

创造良渚文化的是一个巫觋集团。他们所开创的玉器时代是石器时代的高级阶段，是中国文明有别于其他文明独特的发源方式。玉器作为王者、巫者沟通天地的神器、沟通神鬼的法器，是权力的象征。它是宗教性的，又是政治性的。从物质生产角度看，玉器时代社会生产力大发展，社会分工更深入，出现专业集团。从精神生产角度看，玉器文化是中国思想和政治文化发祥的历史起点。先民之所以创造玉器文化，是因为玉石有温润和煦之美。在他们看来，美玉乃富含"精气"的神物，可"以玉示神"。后来又赋予玉石以道德属性，以玉比德。在中华大地上，北至黑龙江流域，南至珠江流域，东至山东、江苏、浙江地区，西至新疆、四川等广大地区均有玉器出土。在新石器时代晚期，辽西的红山文化与东南的良渚文化分布区出现两大制玉中心，拉开了中国文明起源的序幕。良渚文化构建了完整的玉礼文化体系，发挥了对社会发展具有决定性作用的巨大的文化功能。这种玉礼文化体系为夏、商、周各代继承沿袭，并影响整个中国历史发展。

在中国古代，所谓巫，即以舞"敬神""事神""降神"者。《说文》云："巫，祝也，女能事无形，以舞降神者也。像人两袖舞形，与工同意。""工，巧饰也，像人有规矩也，与巫同意。"张光直解释道："卜辞金文的巫字可能象征两个矩，而用矩作巫的象征是因为矩是画方画圆的基本工具，可见巫的职务是通天（圆）地（方）的。"[2]巫舞可悦神。"在巫舞

[1] 苏秉琦：《华人·龙的传人·中国人》，辽宁大学出版社1994年版，第24页。

[2] 张光直：《商代的巫与巫术》，载张光直：《中国青铜时代》（二集），生活·读书·新知三联书店1990年版，第41页。

中,神明降临,视之不见,听之无声,却功效自呈。"[1]巫祝开始是非专业化的,后来因部落群体公共利益的祝祷需要而逐渐专业化。《国语·楚语下》记载了一段楚昭王与观射父的对话:"昭王问于观射父:'《周书》所谓重、黎实使天地不通者,何也?若无然,民将能登天乎?'对曰:'非此之谓也。古者民神不杂。民之精爽不携贰者,而又能齐肃衷正,其智能上下比义,其圣能光远宣朗,其明能光照之,其聪能听彻之。如是则明神降之,在男曰觋,在女曰巫。是使制神之处位次主,而为之牲器时服,而后使先圣之后之有光烈,而能知山川之号、高祖之主、宗庙之事、昭穆之世、齐敬之勤、礼节之宜、威仪之则、容貌之崇、忠信之质、禋洁之服,而敬恭明神者,以为之祝。使名姓之后,能知四时之生、牺牲之物、玉帛之类、彩服之宜、彝器之量、次主之度、屏摄之位、坛场之所,上下之神祇,氏姓之所出,而心率旧典者为之宗。于是乎有天、地、神、民、类物之官,是谓五官,各司其序,不相乱也。民是以能有忠信,神是以能有明德。民神异业,敬而不渎。故神降之嘉生,民以物享,祸灾不至,求用不匮。'"[2]这段对话所说的虽然是战国时楚人对巫的理解,"祝"和"宗"也是西周开始出现的神职人员,但他们的职责从原始巫的职责中分化而来,表现了原始巫"全能"的特征:承担沟通神与人的重任,精明、专一、虔诚,具备"智""圣""明""聪"等品格,并掌握着生活与生产实践中的相关知识。可以说,巫在部落中文化水平最高,并且富有智慧,甚至还具有某些异于常人的能力。如传说中的夔具有"击石拊石,百兽率舞"[3]之能,《山海经》中许多"居山"之巫如巫咸、巫即、巫盼、巫彭等皆能上天下地,"操不死之药"。[4]巫既履行部落"公职",又代人向神传递意愿,向人传授神意,代神发号施令,介乎人、神之间,威望极高,身份地位非同一般。乃至于被完全神化,巫神合一。古代传说中的女娲、共工、鲧、黄帝等就具有这些特征。在原始环境中,先民无法离群索居,对自己所属部落及其制度只能俯首帖耳。这就意味着,图腾崇拜、巫术仪式作为部落或早期国家政治的核心,更像是不可抗命的天条。由此形成"神—巫—人"社会结构。在这个结构中,巫无疑是中心。

《国语·楚语下》有"男曰觋,女曰巫"之说。从中国文字的构词法来看,应该是先有"巫",后才有"觋"。构词法又提示最早的巫应该是女巫。这与人类学和考古学所探明的人类早期社会经历了从母系氏族向父系氏族转变相契合。母系社会时代,生产力水平低下,人类战胜自然获取食物主要依靠自身的力量。部落人口的多寡决定部落的兴旺,生育的重要性不言自明。先民把生育看作是上苍赋予女性特殊的功能,因而对女性异常崇拜,女性被神化而成为女巫,进而主导了社会。随着社会生产力的发展和生育观念的进步,男性在神奇的生育活动中的作用被认识,妇女生育的神秘性慢慢消失,导致生育崇拜的性别转移,即由母系生育崇拜转向父系生育崇拜。生育崇拜的性别转移使得父权意识苏醒,男巫即觋不可避免地

[1] 李泽厚:《中国古代思想史论》,天津社会科学院出版社2008年版,第303页。

[2] 韦昭注:《国语》,上海古籍出版社1995年版。

[3] 孔安国传,孔颖达正义,黄怀信整理:《尚书正义》卷二《虞书·舜典》,阮元校刻:《十三经注疏》,中华书局1980年版。
[4] 袁珂校注:《山海经校注》卷六《海内西经》,上海古籍出版社1980年版。

衍生出来，推动社会向父系社会转进。瑶山祭坛有12座巫觋墓葬，它们南北两列分布，南6墓墓主为男觋，北6墓墓主为女巫。南6墓的随葬品丰富且贵重，北6墓除M11外随葬品均不多。玉琮、玉钺只见于南列诸墓，玉璜及玉纺轮仅见于北列墓葬。[1]从中可以领略良渚文化社会的性别关系。男觋身份尊贵，而女巫则相对卑微。南6墓之玉琮象征血统世系，表明男性为宗的社会制度；玉钺象征军事指挥权，表明男觋的统帅地位和保家卫族的社会功能。北6墓之玉璜是女巫的串饰组件，玉纺轮则象征纺织，说明女巫主管纺织生产及其相关的祭祀活动。玉钺和玉纺轮的分置还说明当时有一种基于性别差异的社会分工模式。

弗雷泽指出："当部落的福利被认为是有赖于这些巫术仪式的履行时，巫师就上升到一种更有影响和声望的地位，而且可能很容易地取得一个首领或国王的身份和权势。"[2]中国古代文献记载显示，禹、夏启和商汤都兼有巫的身份。《说文解字》云："王，天下所归往也。"董仲舒解释道："古之造文者，三画而连其中谓之王。三者，天、地、人也。而参通之者，王也。"[3]所谓参通天、地、人三者之人正是上古社会的巫。但是"王"与"巫"两者身份既合一又有差异，"王"必定为"巫"，"巫"却未必是"王"。王与一群巫组成一个统治集团，王"为群巫之长"[4]。"王"作为群巫之长，代神行事，但巫也代神行事，"王"与"巫"职能的模糊和巫的泛滥势必会引起纷争。当巫权泛滥威胁王权时，王权就要抑制巫权。巫祝在向巫教演化的过程中，由纯粹"事神"的图腾崇拜转向"事人"的祖先崇拜。祖先崇拜实际上是将人"神格化"，被"神格化"的祖先大多为先王。祖先崇拜强化王的巫教"教主"身份，王作为级别最高的巫垄断了神权。一般的巫则成为分工不同的神职巫如祝、卜、史等。商代的巫分化成了不同等级，其中大巫的地位很崇高，如伊尹、巫咸、巫贤等，能"格于皇天"[5]。从史书的有关记载和史家的有关分析来看，商代巫教体系中的巫可以按身份的高低大致划分为这样一个等级序列：王（群巫之长，如汤）、大巫（如巫咸）、王家祭祀的巫（如史）、民间的巫。在王家祭祀的巫中，因职能重要性和权能大小不同，可以分出更细致的等级序列。由此可以看到，氏族部落时期的"全能巫"已不复存在，取而代之的是巫教体系内等级化的巫系列。在这个系列中，除了民间的巫，其他的巫由于与王事政事联系在一起，离人类学意义上的巫也就越来越远了。《尚书》《史记》载商代大小事情都"占卜问筮"，说明巫风很盛，巫教似国教。在一个巫文化昌盛的社会，巫无疑就像一面透视社会的镜子，他们的等级化映衬着整个社会制度结构的等级化。商亡后，周公通过制礼作乐，将商代的巫教体系发展成为更具有礼仪化、理性化和体制化的礼乐祭祀体系。周礼十分强调等级，如祭祀的规格分为不同的等级，不同规格的祭祀均由与其等级一致的人主持。在这个等级中，周王作为天下之大宗，主持太庙的祭祀。其他不同等级的祭祀需要神职人员各司其职，为王权服务，巫也就被

[1] 浙江省文物考古研究所：《瑶山》，文物出版社2003年版。

[2] 〔英〕詹姆斯·乔治·弗雷泽：《金枝：巫术与宗教之研究》，徐育新、汪培基、张泽石译，大众文艺出版社1998年版，第44页。

[3] 董仲舒：《春秋繁露》卷一一《王道通三》，凌曙注，中华书局1975年版。

[4] 陈梦家：《商代的神话与巫术》，《燕京学报》第20期，1936年。

[5] 孔安国传，孔颖达正义，黄怀信整理：《尚书正义》卷一六《君奭》，阮元校刻：《十三经注疏》，中华书局1980年版。

官员化，成为级别不一的各类官员。周从事祭祀的神职官员分工细密，主要包括以下几类：(1) 宗。其中大宗伯是最高级别的神职人员，"掌建邦之天神、人鬼、地示之礼，以佐王建保邦国"，小宗伯"掌建国之神位，右社稷，左宗庙"。(2) 卜筮。其中大卜掌"三兆""三易""三梦"之法，以占"国家之吉凶，以诏救政"，筮人"掌三易"，"以辨吉凶"。(3) 祝。专掌典礼。其中大祝"掌六祝之辞，以事鬼神示，祈福祥，求永贞"，"掌国事。国有大故、天灾，弥祀社稷，祷祠"；小祝"掌小祭祀"，"凡国之大事，先筮而后卜"。(4) 史。主要掌典仪、掌册告、掌记事。其中大史"掌建邦之六典，以逆邦国之治"，小史"掌邦国之志，奠系世，辨昭穆"。(5) 师。主要掌管律、乐器、舞器。如大师"掌六律、六同以合阴阳之声"，典同"掌六律、六同之和，以辨天地、四方、阴阳之声，以为乐器"，司干"掌舞器"。(6) 巫。主掌与禳灾祛病有关之事。如作为巫之统领的司巫，"若国大旱，则帅巫而舞雩；国有大灾，则帅巫而造巫恒"。男巫"春招弭，以除疾病"，女巫"凡邦之大灾，歌哭而请"。[1] 从《周礼》关于神职人员的主要分类和职能来看，宗、卜（筮）、祝、史之职都与"邦""国"有关，师与"乐"联系在一起，他们与传统观念中的巫（即人类学意义上的巫）相去甚远，其职能与"全能巫"相比也大为缩水，仅限于禳灾祛病求雨之类。由此可以看到，"巫神一体""巫王一体"的巫在周代的礼乐体系中被彻底分解。周代的礼乐体系构成一种政教体系，它通过祭祀行为将礼所代表的等级观念固化，以维系王权的稳定和延续；而到春秋"礼崩乐坏"时，孔子对礼制进行了改造，并将作为其核心的等级观念提升为儒家文化中人们自觉的道德追求，巫的元素基本被抹掉，巫的观念从此也就淡去。

在上古社会的自然神权时代，巫作为氏族部落的特殊人物，掌握神权，介于人、神之间，拥有与神类似的地位。对应于一般部众，巫位于部落的最高层。张光直根据《国语》中"绝地天通"的故事，认为萨满巫教在中国国家起源中占有基础性地位："它为我们认识巫觋文化在古代中国政治中的核心地位提供了关键的启示……古代，任何人都可借助巫的帮助与天相通，自天地交通断绝之后，只有控制着沟通手段的人，才握有统治的知识，即权力。于是，巫便成了每个宫廷中必不可少的成员。事实上，研究古代中国的学者都认为：帝王自己就是众巫的首领。三代王朝创立者的所有行为都带有巫术和超自然的色彩。"张光直还为萨满巫教理论提供了另外两个论据："如夏禹有所谓'禹步'，是后代巫师特有的步态……甲骨卜辞表明：商王的确是巫的首领。"[2] 中国封建时代的等级秩序和制度皆可归于"礼"。"礼"为王服务，王原本是巫，由巫进化而来，从这种意义上也可以说"礼"是从"巫"进化来的。"礼"作为制度形态，实际上就是祭祀仪式所标示的等级；作为观念，则起源于上古社会中带有等级意味的群体性行为，即巫教的祭祀仪式。"祭"作为仪式是有讲究的，所谓"祭

[1] 郑玄注，贾公彦疏：《周礼注疏·春官宗伯第三》，阮元校刻：《十三经注疏》，中华书局1980年版。

[2] 张光直：《美术、神话与祭祀》，辽宁教育出版社2002年版，第29页。

有十伦"[1]说的就是这个意思。在"祭"中,人要按秩序行事。上下有别,先后有别。这实际上就是对人间等级秩序的一种规范。因而,等级秩序实际上来源于"祭"。有了"祭"的仪式,才有作为等级秩序的"礼";而"祭"又是源于"巫"的,特别是巫教的祭祀。因此,说"礼"源于"巫",或者说中国古代社会的等级制度源于"巫",似乎是可以成立的。如果按人类学的观点,人类社会(不管什么种群)或多或少都经历过"巫"时代,那么,推而广之,似乎也可以说,人类社会的等级制度源于"巫"。[2]

巫也是文化承载的主体。"巫"与"史"不仅是同源共生关系,而且"巫史"是特有所指的固定称谓。沈刚伯说:"盖远古之时,除了巫,便别无知识分子,能写字的史当然是巫了。"[3]陈梦家曾说:"由巫而史,而为王者的行政官吏。"[4]戴君仁也指出:"巫和史本是一类人,可能最早只是一种人。巫之能书者,则别谓之史。"[5]上古史官由巫中产生,从记神事到记人事,其间有一个巫史一体、神人不分的过渡阶段。巫史分离并非一蹴而就,中间经历了一个较长时间的巫史共存阶段。两者在职能上也没有多少区别,如沟通神鬼人、观象制历、主持祭祀、占卜记事等。至西周时,史取代巫而成为宗教神职系统的主要职官,这一时期史官的载录职责得到了更大的发展,但祭祀、卜筮等仍然是其职责之一。史出于巫的文化传统对于史官叙事的影响是很大的。鲁迅说:"巫以记神事,更进,则史以记人事也。"[6]"当人类逐渐出现阶级分化和社会分工以后,产生了最早的文化人——巫祝,当时尚无可作复杂记事用的文字,神话全凭口诵的方式传播,而巫祝们便担负着这一任务。他们把神话与原始宗教糅合在一起……而原始宗教活动,又使神话得到传播和再创造。祭师阶层可说是神话最早的专门传诵者和加工改造者。"[7]由于远古没有文字,巫师们主要通过口诵形式传播神话。为了吸引听众,他必然要借助自己的想象力对故事不断地进行加工、改造,甚至虚构,使之朝着曲折、生动、引人入胜的方向不断地演进。其后,文字的出现使神话固化,神话传播者不能再像口传时代那样可以进行不自觉的艺术加工,再加上春秋时期理性意识的增强,受孔子"不欲怪力乱神"思想的影响,神话逐渐走向历史化。神话的历史化使本就不成体系的中国神话更加零散化、破碎化,但从历史角度来讲,不仅那些充满神奇幻想的神话为史书注入了文学因子,而且神话艺术性的思维方式也影响着史书的叙事思维、叙事内容和叙事模式。"在最先独立出来的政治意识和史学意识的作用下,神话被历史化了,而史官文化消解了神话的怪诞的色彩,却保留了神话的'艺术'思维方式,视古已有之的、神话式的记录远古历史的手段为天经地义的正宗写史的方法。"[8]史出于巫的文化传统使史传中有很多天命、鬼神、灾祥、卜筮、梦兆等神秘事件,它们所指向的是一个无法证实的可能世界,为虚构提供了土壤和空间。史出于巫也使史在后代具有同样重要的政治地位。据现有文献归纳,先秦文献记载的无文字时代史官有9人。王国维认为:"史为掌书之官,自古为要职。

[1] 郑玄注,孔颖达疏:《礼记正义》卷四九《祭统第二十五》,阮元校刻:《十三经注疏》,中华书局1980年版。
[2] 杨剑利:《中国古代的"巫"与"巫"的分化:兼析人类社会等级制度的形成》,《学术月刊》2010年第5期。
[3] 沈刚伯:《说"史"》,载杜维运、黄进兴编:《中国史学史论文选集》,华世出版社1976年版。
[4] 陈梦家:《商代的神话与巫术》,《燕京学报》第20期,1936年。
[5] 戴君仁:《释史》,载戴君仁:《梅园论学集》,台北开明书店1970年版。
[6] 鲁迅:《汉文学史纲要》,人民文学出版社2006年版,第3页。
[7] 冯天瑜:《上古神话纵横谈》,上海文艺出版社1983年版,第27页。
[8] 孙逊:《中国古代小说与宗教》,复旦大学出版社2000年版,第6页。

殷商以前，其官之尊卑虽不可知，然大小官名及职事职名多由史出，则史之位尊地要可知矣。"[1]陈梦家《殷虚卜辞综述》记述的殷商时期各史官类官职有25种之多。刘师培认为："史也者，掌一代之学者也；一代之学，即一国政教之本。"[2]

章学诚《文史通义》从思想文化的高度提出"六经皆史"的观点。[3]李泽厚认为，巫能通神人的特质日益理性化，成为上古君王、天子某种体制化、道德化的行为和品格，这是上古思想史的最大秘密。巫的特质在中国的大传统中以理性化的形式保存、延续下来，成为了解中国思想和文化的钥匙。[4]马克斯·韦伯（Max Weber）在《新教伦理与资本主义精神》一书中用"理性化"来涵盖他对人类社会变迁过程与特征的理解：人类历史的演进和社会变迁的过程就是理性化的过程与结果，在这一过程中人类的行为由非理性走向理性。在韦伯看来，"理性化"不是一个自行延续的过程，它的突破性、飞跃性发生，都是在社会改革的宗教意识转变中发生的。"巫"的祭祀化是其理性化的首要表现。纯粹表现为法术的巫术在王权规范下，逐渐成为配合王政统治的祭祀需要，成为一种政治文化。周公通过制礼作乐，将上古祭祀祖先、沟通神明的巫文化发展为更具仪式化、体制化的礼制，将对天地鬼神的崇拜转移到对家庭、社会、国家关系的建构，具有很强的理性化特点。从十分发达的礼制器具来判断，良渚文化社会已经开始了这种作为。巫史具有丰富的历史知识、较强的理性认知能力，熟悉历史兴衰过程以及其中的经验教训，又具有记事监督职能，在延续了神权的畏、敬、忠、诚等信仰和情感的基础上，能够尽量监督和完善王权之正当与合法性。巫史的礼乐化过程，使得由"巫"而"史"而"德""礼"，即由"巫"而"圣"；由"巫君合一"而"内圣外王"，即由原始的通祖先接神明，演化为"君子"之"敬德修业""自强不息"，最终而为"圣人"的"参天地、赞化育"。"圣"是"巫"的延长和放大。[5]换言之，一方面，巫史传统中的巫风色彩确保了礼乐建构的神圣性，尤其是汲取巫术的诚敬心态来达到个体心性的"德""义"，从而符合统治的历史正当性诉求；另一方面，巫史传统中的史官记事和监督功能，又让巫风的情感化与法术迷狂状态趋向礼乐教化发展，具有人伦秩序色彩。周公制礼作乐奠定了巫史传统的社会理性化，孔子完成了个体的心性理性化与礼教伦理化建构。巫史传统中的情感传统，尤其是"德""义"等神圣性力量以及史官的理性实录功能，奠定和形塑了中国知识分子心态、王政的观念及后世的文艺精神。[6]

三、财富的政治性集中

如前所述，按照张光直的观点，西方式文明以人与自然关系的改变为契机，通过技术的突破、生产工具和生产手段的改变引发社会质变。它在

[1] 王国维：《观堂集林》卷六《释史》，中华书局1959年版。
[2] 刘师培：《论古学出于史官》，载刘师培：《刘师培史学论著选集》，上海古籍出版社2006年版。
[3] 章学诚：《文史通义》卷一《经解上》，岳麓书社1993年版。
[4] 李泽厚：《己卯五说》，中国电影出版社1999年版，第40页。

[5] 徐旭生：《中国古史的传说时代》，科学出版社1960年版，第59页。

[6] 谭佳：《先秦"巫史传统"蠡测》，《绵阳师范学院学报》2008年第12期。

兴起时即突破了自然生态系统的束缚，并与旧时代发生断裂，对自然的征服是积蓄社会财富的主要方式。非西方式或中国式文明，包括美洲的玛雅文明等在内，以人与人关系的改变为主要动力，在生产技术上没有大的突破，主要通过政治权威的确立开创新时代，社会财富的集聚主要靠政治程序完成。人与自然的关系是连续的，它们的和谐关系没有受到破坏。

张光直在《论"中国文明的起源"》一文中又提出文明起源利益动力观："文明是一个社会在具有这些成分时在物质上或精神上的一种质量的表现，而它的关键是在于财富的积累、集中与炫示。谈文明的动力便是谈一个社会积累、集中与炫示它的财富的方式与特征，也便是谈它的各种成分（如文字、青铜器、城市等）在财富积累、集中与炫示上所扮演的角色及所起的作用。""中国古代社会中的财富包括哪些项目？在指认中国古代财富上很重要的一段文字是《左传·定公四年》记述周公分封子弟时赐给他们带到封邑去的财富都包含些什么内容：'昔武王克商，成王定之，选建明德，以蕃屏周。故周公相王室，以尹天下，于周为睦。分鲁公以大路、大旗，夏后氏之璜，封父之繁弱。殷民六族：条氏、徐氏、萧氏、索氏、长勺氏、尾勺氏。使帅其宗氏，辑其分族，将其丑类，以法则周公。用即命于周。是使之职事于鲁，以昭周公之明德。分之二七田陪敦、祝、宗、卜、史，备物、典策，官司、彝器。固商奄之民，命以伯禽而封于少皞之虚。分康叔以大路、少帛、綪茷、旃旌、大吕。殷民七族：陶氏、施氏、繁氏、锜氏、樊氏、饥氏、终葵氏。封畛土略，自武父以南以圃器之北竟，取于有阎之土以共王职；取于相土之东都以会王之东搜。聃季授土，陶叔授民，命以康诰而封于殷虚，皆启以商政，疆以周索。分唐叔以大路、密须之鼓，阙巩、沽洗、怀姓九宗，职官五正。命以唐诰而封于夏虚，启以夏政，疆以戎索。'这段文字所列举诸项都是周初开国时所必具的本钱，包括：（1）土地（'土田陪敦'，即《诗·鲁颂·閟宫》中的土田附庸）；（2）开垦、耕种土地以及从事手工业的劳动力（'殷民六族''殷民七族''怀姓九宗'）；（3）各种的'艺术品'，或有象征意义，或是礼仪法器。土地作为财富，主要依赖由土地所生产的农产品与兽肉。卜辞中卜'受年'的例子'多达数百片'；卜辞中又屡见王田猎卜辞，即王率臣卒外出猎鹿等野兽，最多一次猎获348只。可见田猎收获也构成殷王室一项重要的经济收入。除此以外，上引《左传》这一段话没有列入的还有殷周金文中常见的王或其他贵族赏赐臣下的'贝'。殷墟妇好墓中埋葬的财宝除了各种金玉以外，还有近7000枚海贝。综上所述古代财富项目主要的可以列举如下：（1）土地；（2）食物（农作物、兽肉）；（3）劳动力（农业与手工业）；（4）贝；（5）作为象征物及法器的艺术品。""从上面文化9项因素进展历史表来看，从前一个阶段到后一个阶段的跃进，并不伴随着生产工具、生产技术的质的进步。考古遗物中的生产工具，如锄、铲、镰刀、掘棍、石环等等，都是石、骨制作的。不论在形式上还是在原料上，从仰韶到龙山到三代，都没有基本的变化。考古学上在东周以前也没有大规模水利建设或农业灌溉的证据。"[1]

张光直《中国古代王的兴起与城邦的形成》一文进一步分析指出，中国古代早期国家起源的一项重要特征是政治权力导向财富，即由"贵"而"富"，而非由"富"而"贵"。一般而言，提高增加财富的生产力，"不外两条途径：增加劳动力，或改进生产工具与技术"[2]。张光直认为，中国文明起源中的财富集中，并不是依靠生产技术革新和生产力的发展这一方式而达成的，而几乎全部是依靠操纵劳动力而达成的。在古代宗法制度下，政治权力由个人在亲族群中的地位而决定。而政治权力越大，统治者便可获得更多的劳动力，生产更多的财富。由考古资料看，从仰韶文化到龙山文化，再到夏、商、周三代，在生产工具方面没有出现突破性的变化。中国古代国家财富的增加和集中，几乎全然是靠劳动力的增加、靠将更多的劳动力指派于生产活动和靠更为有效率的经营技术而产生的。换言之，财富之相对性与绝对性的积累主要是靠政治程序而达成的。[3]根据后来的考古发现，张光直三代青铜器只是作为礼器和武器而没有大规模作为生产工具使用的观点显得有些极端。1989年江西新干县大洋洲商代大墓出土商代中后期的青铜器475件，其中工具18种143件，并且形成了平分秋色的两个工具群：6种75件属于手工业工具群，12种68件属于青铜农具群。但这样的考古发现在中国并不普遍。良渚文化之玉器以及大量石器、陶器也不具备生产工具的功能，而主要是礼器。张光直上述观点总体是合理的，它揭示了政治手段在财富积聚中的特殊作用。

张光直关于文明或国家起源模式和动力因素的有关论述，具有重要的理论意义，在国际学术界产生了深远的影响。"一般社会科学上所谓原理原则，都是从西方文明史的发展规律里面归纳出来的。我们今后对社会科学要有个新的要求，就是说，任何有一般适用性的社会科学的原理，是一定要在广大的非西方世界的历史中考验过的，或是在这个历史的基础上制定出来的。退一步说，任何一个原理原则，一定要通过中国史实的考验，才能说它可能有世界的通用性。"[4]张光直的理论有利于打破"唯西方的社会科学范式和理论独尊"的局面。其理论意义主要集中体现在3个方面：第一，批评以往理论研究对巫术、原始宗教等因素在文明起源中作用的忽略，认为萨满巫术在中国式文明起源中起着决定性作用；第二，批判生产力决定论，认为中国式文明起源并没有生产工具的突破性变化，财富主要靠政治手段来获得；第三，批评西方社会科学的理论仅基于人类历史的一部分事实得出，对中国式文明起源缺乏解释力和普适性。

中国文明起源动力模式决定了其财富思想中的伦理观与政治思想紧密结合，并最终成为政治伦理思想的附属物，从而枯萎了其学理内涵。西方思想家将苏美尔文明相沿发展而来的古希腊的财富伦理思想在经济板块中不断加以充实，超越了单纯的人性善恶与义利之辩，形成了"以价值判断

[1] 张光直：《论"中国文明的起源"》，《文物》2004年第1期。

[2] 张光直：《中国古代王的兴起与城邦的形成》，载张光直：《中国考古学论文集》，台北联经出版事业股份有限公司1995年版。

[3] 张光直：《连续与破裂：一个文明起源新说的草稿》，载张光直：《中国青铜时代》（二集），生活·读书·新知三联书店1990年版。

[4] 张光直：《从中国古史谈社会科学与现代化》，载张光直：《考古人类学随笔》，生活·读书·新知三联书店1999年版。

为主轴"的经济论,丰富了财富思想中的学理成分。财富观念和财富思想作为人类经济活动的产物,必然具有历史继承性。从这个角度来看,完整的经济学理论体系没有在中国形成而在西方形成。这与经济思想(当然包含财富思想)的历史继承性有一定关系。因而,从"伦理财富观"与"学理财富观"上来定位中西方古代财富思想的特质是有道理的。

　　自良渚文化式的中国古代伦理财富思想从经济角度论证了封建皇权统治的合理性。中国古代伦理财富思想强调获取财富的正义性和使用财富的正当性,以义利观为标准来看待财富。在孔子看来,义处在社会价值体系中本体论的地位,它是一种具有独立自主价值的存在,无须在道德之外去寻找其他存在的依据。《论语·里仁》所谓"之于天下也,无适也,无莫也,义之于此"反映的就是这种思想。义作为人的内在道德需要,在与其他需要(如利的需要)相比较中,被孔子视为一种根本性的需要或第一性需要,处于优先考量的地位,这就是"义以为上"(《论语·阳货》)、"义以为质"(《论语·卫灵公》)。与义相比,利的需要是第二性的。所以,在伦理财富思想的视野中,当社会矛盾尖锐时,以义为重,反对利大于义;以社会的大义为重,反对个人利益大于社会利益。这种伦理财富思想在一定程度上缓解了阶级矛盾,但却使道德与经济始终头足倒置。经济活动的最高价值不是发展社会生产力,推进社会财富的增长,而是实现社会道德的完善与和谐。这种以伦理道德为核心的伦理财富思想,在很大程度上遏制了推进社会变革的经济力量的产生和壮大,有力维护了封建皇权统治。另外,伦理财富思想强调人在经济生活中要尊崇诚实守信的交换原则,先公后私、博施济众的分配原则和节俭爱物的消费原则,这种主张有利于防止财富悬殊分化,对协调人与人之间的关系、消除不公平的社会现象、维护社会稳定都起到一定的积极效果,从而对封建皇权的统治与社会的发展有着重要的保障作用。

　　儒家主张"均无贫"的等级化财富分配或阶梯式财产占有,不同等级在财富分配中享有不同的特权,同一等级的财富占有大体均等。孔子认为,无限追求财富是引起纷乱的根源,所谓"贫而无怨难"(《论语·宪问》)。为了缓解社会矛盾,维护政治统治,他极力推崇和宣扬西周以来的等级分配制度:"公食贡,大夫食邑,士食田,庶人食力,工商食官,皂隶食职,官宰食加。"[1]在此基础上,孔子进一步提出"均无贫"的财富分配思想:"丘也闻有国有家者,不患寡而患不均,不患贫而患不安。盖均无贫,和无寡,安无倾倒。"(《论语·季氏》)但"均无贫"的"均"绝不是在各个阶级之间进行财富的平均分配,而是按照封建等级实行财富的差等分配,既包含同一等级之内的均等,也包含不同等级之间的差别。在孔子看来,只要在同一等级内进行"均富"分配,人与人之间的相对富裕程度就会基本一样,那样就不会因为贫富不齐而不安,由不安而产生变乱。但是,为维护统治阶级的利益需要和统治权威,这种"均富"分配是不可

[1] 韦昭注:《国语·晋语四》,上海古籍出版社1995年版。

能在统治阶级与被统治阶级之间进行的。不同等级之间的财富分配还要体现一定限度的差距。可见，"均无贫"财富分配思想是一种财富差等分配思想，它与政治上的等级统治相合拍。这种"均无贫"的等级财富分配思想在后世得到不断发展。如宋代叶适提出的"安富"和"均富"思想就是其发展。"安富"指实行等级化的财富分配制度，确保统治阶级的利益；而"均富"是指避免贫富差距过大，以防止社会动荡。"均无贫"成为中国封建社会占统治地位的分配思想，并对中国封建社会的经济制度与政治制度产生深刻的影响。第一，深刻影响土地分配制度。北魏和隋唐的"均田制"体现的就是这种按照等级的不同有差别地分配土地和物质财富的原则。第二，深刻影响国民财富分配的公正性。"均无贫"的财富分配方式从根本上说并不是实现财富分配的"均"，而是统治阶级根据等级差别用来进行国民财富分配的幌子。第三，极大损害了农民的利益，加剧了社会矛盾。"均无贫"不仅从道义上把农民打入社会底层，而且在财富分配制度上将农民被奴役、被剥削合法化。

在财富消费方面，儒家主张节俭，反对浪费，并把节俭的美德上升到治国理念，从而使"崇俭黜奢"成为中国古代社会主导的财富消费思想。在历代思想家看来，"崇俭黜奢"是解决消费矛盾的最佳方案。由于小农经济生产力低下，产出有限，所以消费上必须坚持节俭原则。孔子曾说："奢则不孙，俭则固。与其不孙也，宁固。"（《论语·述而》）"崇俭黜奢"的消费思想还主张消费上重点关注物质财富的实用价值，而不是其外表。西汉时的陆贾批评说："五谷养生，而弃之于地；珠玉无用，而宝于身。"[1]宋代朱熹则说："欲食者，天理之；要求美味，人欲也。"[2]意为仅限于满足自然性需要的消费为节俭，而要求美味以至争奇斗艳以炫耀身份地位的消费则为奢侈。"崇俭黜奢"的消费思想也主张以温饱为消费尺度。历代统治者差不多都以温饱为奋斗目标。"崇俭黜奢"的消费思想对中国古代社会的发展有着重要的意义。一是有利于缓和社会生产与消费的矛盾，维护社会稳定。古代人均消费水平基本保持在温饱线上下，如果鼓励消费，使消费需求增长超过生产力所能承受的限度，势必会破坏生产与消费之间的合理配比，造成社会经济生活的混乱和紧张。二是有利于增加国家财富和人民财富，有利于缓和阶级矛盾。三是提倡"崇俭黜奢"有利于财富的积累，有利于把更多的财富投入到低水平农业生产中。但在等级森严的封建社会里，统治阶级与被统治阶级的消费方式和消费水平有巨大差别。"崇俭黜奢"并不能从根本上遏制统治者纸醉金迷的奢侈生活，反而被统治者加以利用并转化为愚弄百姓的思想工具。另外，"崇俭黜奢"的消费思想主张节欲，这在一定程度上减弱了人民创造财富的积极性，抑制了财富增长或经济发展。

西方的财富观强调财富分配的个体性，即财富分配在不同个体之间的不同。自苏美尔文明或更早的时代开始，西方社会财富分配的基本原则是

[1] 陆贾撰，王利器校注：《新语校注》卷上《术事》，中华书局1986年版。

[2] 朱熹：《朱子语类》卷一三《学七》，中华书局1988年版。

劳动创造者、资源占有者所有和私有财产不可侵犯,即所谓"渐进悬殊"。"渐进悬殊"财富分配思想更强调财富生产,而后才有财富分配。它对有效劳动和创造性劳动具有激励作用。在文明起源阶段,由于生产力低下,财富的增长主要依靠劳动者的勤劳和技能,财富的分配主要按照生产能力来进行,财富分配自然比较平均。进入城邦时代,财富分配的悬殊就逐渐显现并不断加剧。柏拉图在《法律篇》中提出平均分配财产,但在当时平均分配是不可能的,因为城邦领袖和代表可以靠购买奴隶、强迫奴隶劳动来榨取财富、占有财富,而奴隶完全丧失财产。雅典的政治民主权利也是按照公民(城邦统治者)财产多寡来分配的,因而梭伦(Σόλων)和伯利克里(Περικλῆς)希望通过改革来限制大财产所有者的权力。随着财富在公民中分配的差距越来越大,奴隶制民主政治的危机出现了,并最终导致奴隶制的彻底崩溃。在某种意义上,古希腊与古罗马奴隶制的衰亡与财富分配悬殊的加剧是密不可分的。因而,柏拉图(Πλάτων)认为,寡头政治所认为的善以及它所赖以建立的基础是财富,它失败的原因在于过分贪求财富。[1] "渐进悬殊"的财富分配制度最终在近代人本主义的浪潮中逐渐发展为人权意义上的财富分配制度,大大刺激了生产力的发展。

西方的财富观强调财富消费的私人性,把财富消费行为与国家行为分割开来。这种消费观能促进社会财富消费水平提升,增强个体在社会中的能力和独立性。但若极端化,对社会整体发展也是有害的,所以西方社会也用伦理道德来约束过度消费。在基督教盛行以前,西方社会经历了由纵欲享乐到理性精神约束的过程,而基督教的兴起又压制了理性精神,进入禁欲主义时代。在古希腊的经济思想中,存在两种极端的消费观念,一种是伊壁鸠鲁学派倡导的享乐主义,另一种是斯多葛学派倡导的禁欲主义。这两种财富消费思想在古罗马时代的经济思想中得到了继承和发展。古罗马的马库斯·图利乌斯·西塞罗(Marcus Tullius Cicero)倾向于享乐主义,主张以大商业积累财富;而卢修斯·阿奈乌斯·塞内卡(Lucius Annaeus Seneca)则倾向于禁欲主义,他赞同限制人们对财富的追求和渴望,强调从伦理道德方面去实现人人平等,主张在上帝和道德面前一切人(无论奴隶主还是奴隶)都具有同等的价值。享乐主义对财富的极端追求和挥霍,势必造成财富获得的正义性、财富消费的公平性问题,从而导致社会贫富分化的加剧和社会动乱。禁欲主义对人性具有压制和摧残力,不仅会打击人们创造财富的积极性,导致社会财富匮乏,更有可能助长禁欲主义外衣掩盖下的少数人的纵欲行为。基督教禁欲主义对人性的摧残,更加激发了人们对自由、对人性的呼唤。当呼唤的力量越来越能够突破阻力的时候,一个新的时代便来临了。

其实内在、长期主导西方财富观的是在禁欲主义和享乐主义两极之外的折中主义的财富观。亚里士多德(Ἀριστοτέλης)是这方面的代表。色诺芬(Ἐνοφάνης)在人类历史上第一本经济学著作《经济论》中将财富界定

---

[1] 〔古希腊〕柏拉图:《理想国》,郭斌和、张竹明译,商务印书馆1986年版,第339页。

为"具有使用价值的东西",亚里士多德在其《政治学》中进一步指出"真正的财富就是生活上的必需品",即"对家庭和城邦有用的东西"。亚里士多德认为幸福是"最高善"。他对善的阐述是从目的论的角度出发的,认为事物的存在都有其自身的目的,而目的就是善。"每种技艺与研究,同样的,人的每种实践与选择,都以某种善为目的。所以有人就说,所有事物都以善为目的。"因为人的活动是多种多样的,同样的"目的善"就是多种多样的,就像医术的目的是健康,造船术的目的是船舶,战术的目的是取胜,理财术的目的是财富。在众多的善中有一个最终的善即最高善,其他的善都以这个最高善为目的。最高善就是幸福。幸福是终极和自足的,它是行为的目的。幸福的自足性是指因其自身而被追求。亚里士多德因循前人将善的事物分为3类:外在善(手段善)、灵魂善和身体善。"这3类善事物中,我们说,灵魂的善是最恰当意义上的,最真实的善。""目的就属于灵魂的某种善,而不属于外在的善。"因而,幸福作为人类活动的最高目的自然就归属于灵魂的善。亚里士多德虽然将幸福认作最真实、最恰当的灵魂善,但同时还认为幸福也需要外在的善来补充。"幸福也显然需要外在的善。因为,没有那些外在的手段就不可能或很难做高尚(高贵)的事。许多高尚(高贵)的活动都需要有朋友、财富或权力这些手段。"[1] 显然,亚里士多德将财富看成是实现幸福必要的手段之一,强调了财富作为外在善对于作为灵魂善的幸福的实现所具有的工具价值。重视外在善,重视财富,事实上就是重视和强调幸福形成的物质条件。这对于理解"财富为什么会对幸福构成影响"以及"财富在何种意义和程度上影响幸福"具有十分重要的启示意义。正因为财富是形成幸福的外在物质条件,才会对幸福有着不可或缺的影响——谁都不能否认物质条件是人类获得物质性外在幸福和精神性内在幸福的必要条件;并且,正因为财富是外在于幸福的,因此这种影响显然只能是工具意义上的和基础层次上的——谁也不能将这种工具性和基础性的影响扩大到根本的决定层面,它毕竟是有限的。财富是不自足、不完善的,它不是因其自身而是因他物被人所欲求的,因而只能是种服务于最高善的从属善。善是因德性而生成的,因此亚里士多德又把幸福定义为灵魂的合德性的实现活动,并将其解释为做得好和生活得好。在亚里士多德的伦理思想中,德性指的是事物功能的完善,将完善看作是一种适度。亚里士多德认为事物存在过度、不及和适度3种状态。过度和不及都不是善。只有适度才是善,才是功能完好的体现,所以德性也是一种适度。在这种意义上,对财富的追求更应当是适度的。

亚里士多德认为,财富的多少和地位的不同是由人先天的不平等决定的,要求平均分配财富的想法是不合理的。而且,平均分配财富并不能从根本上抑制人的贪婪本性。他主张按照等级获得应得的财富份额,反对财富公有或限制个人可以拥有财富的数量,不主张以财富多寡来评价人的善

[1]〔古希腊〕亚里士多德:《尼各马可伦理学》,廖申白译,商务印书馆2003年版,第3、22、22、24页。

恶。但他也反对极度贫困或极度富裕，主张总体上符合中道。他还特别强调财富的分配要公正或公平。他提到："公正就是某种比例，而这种比例所固有的性质不仅是抽象的目的，而且是普通的数目"，"公正就是比例，不公正就是违反了比例，出现了多或少，这在各种活动中是经常碰到的"。[1] 具体来说，公平有3种，即分配的公平、补偿的公平和交易的公平。

亚里士多德认为获得财富有两种方式。第一种是自然方式，即收集生活所需要的自然产品。他把这种方式分为3类：放牧、狩猎和耕种。人根据对衣食的需要，固定了这种方式的自然范围。这种方式是家庭管理和国家管理的一部分，或者更恰当地说，是二者的先决条件；家庭管理和国家管理的任务是使用积累起来的东西。这种方式和第二种获得财富的方式的中介是易物。亚里士多德在这里得出后来著名的事物的使用价值与交换价值之间区别的论断。第二种不自然的方式始于易物，其目的是为钱而不是为物。满足人的自然需要而言的物物交换是必需的，也不违背自然，但无限制地聚敛财富并非要务，应受到指责。因为它不是自然的，而且它采用的是一种从他人处获利的方式。亚里士多德肯定财富的客观存在和现实作用，强调财富获得必须有伦理上的社会认可，即必须"义以为上""取之有道""符合自然""符合德性"才具有合法性。

慷慨和大方是亚里士多德消费观的基本原则。他认为消费也是给予，对财富的最好使用是给予应该给的人，即所谓"财富给予方面的中道"。消费过度和不及都是恶，中道才具德性。符合中道的消费在主观上要根据自身的财力来消费，在客观上要求消费量的大小要具体情况具体分析。一个人的消费不是炫耀自己，而是为了公众。只有这样的消费才是合乎道德的，才是有德性的。浪费则是实体的毁灭，是消费行为中最大的恶。浪费可以使人失去较大比例的德性和财富，使人不成为其人。

除与亚里士多德反对以商业聚财不同以外，西方社会财富分配和消费观总体上与亚里士多德的立场相一致。近代资本主义有财富目的化的倾向，但不断被纠正着。特别是20世纪以来的生态运动正在发展为全球性的思想运动。西方的财富观增强了个体在社会中的独立性和能力，与民主制度互为因素，从而促进财富分配的公平化和财富消费水平的提升，并且消解着人与自然的冲突。相反，中国王权主导式财富观由于缺乏民主制约，在解决分配不公、激发个体创造能力以及人与自然冲突方面都极其困难。对财富的极端追求不仅造成巨大的社会不公，而且使财富几乎全部片面地投向短期的盈息性产业，科技或商业创新被长期忽视或搁置。

[1]〔古希腊〕亚里士多德：《尼各马可伦理学》，苗力田译，中国社会科学出版社1990年版，第94页。

第六章 艺术、神话与礼仪：原创与因循

一、单向艺术创造与极权话语

张光直认为中国式文明的艺术和文字具有宗教功能，都是攫取政治权力的手段。首先，商周或良渚文化式的艺术中的动物纹样具有宗教功能。"带有动物纹样的商周青铜礼器具有象征政治家族财富的价值。很明显，既然商周艺术中的动物是巫觋沟通天地的主要媒介，那么，对带有动物纹样的青铜礼器的占有，就意味着对天地沟通手段的占有，也就意味着对知识和权力的控制。占有的动物越多越好；因此正如《左传》所说'远方图物'，所有的物都铸入了王室的青铜器之中。很可能王室的巫师和地方巫师所拥有的动物助手也是分层分级的。"其次，商周或良渚文化式的陶器符号，绝大多数都是家族、宗族、氏族或其分支的标记和祖徽。"古代中国的文字，至少其中的一部分，可能从祖徽（赋予亲族政治和宗教权力的符号）演变而来。我们由此可以推想：古代中国文字的形式本身便具有内在的力量……文字的力量来源于它同知识的联系；而知识却来自于祖先，生者须借助于文字与祖先沟通。这就是说，知识由死者所掌握，死者的智慧则通过文字的媒介而显示于后人。"[1]这与西方式文明产生艺术和文字的主要动机是认知和商业的需要不同。中国式文明的艺术和文字因此而具有一种单向性政治图腾或政治图式的特征。

这种单向性艺术和文字的发明创作可以完全违反商业原则不计代价地进行，因而能在某些方面达到极致。中国之所以发生玉器文化与之相关。玉器艺术制作是最不经济的工艺生产，依西方的商业文化原则莫办，只有高度的集权政治和政治性财富集聚才可能造就。良渚文化玉器所用玉石硬

[1] 张光直：《美术、神话与祭祀》，辽宁教育出版社2002年版，第58、66页。

度仅略次于水晶，在摩氏 5—7 度之间，而其体式较小，雕刻又采用了阴线刻镂、半圆雕、减地浮雕、透雕甚至微雕等多种艺术手法，在一个没有高硬质工具的时代加工这样的产品难度之大不可想象，似如神力操作。反山遗址出土的"琮王"外壁中部微雕有 8 个复杂的神徽，每个高不足 3cm、宽不及 4cm，却个个刻得生动有神。有的线条比发丝更细，甚至 1mm 宽度内精刻出四五条笔直平行的细线，每条 0.1—0.2mm，最细的仅 0.7μm。肉眼无法看清的微线条，放大镜下显示连内壁都打磨得光而圆润。有人怀疑为外星人所为，也有人认定必定用了金属工具。因为良渚文化遗址曾出土过鲨鱼牙，受亚马逊河流域土著人以水虎鱼牙齿做刀锯的启发，有人认为当时以鲨鱼牙为刻刀。但林巳奈夫做这样的试验未能成功。也有人通过电子扫描，判断这些玉器成形后经加热处理而表面软化，再行刻琢。但实际上大部分玉器并无烧造痕迹。所以，以上种种说法都缺乏证据。这些玉器的打磨和抛光也是谜，许多加工面之光洁度、光色感以现代工艺也难以做好。《诗经·小雅·鹤鸣》有"他山之石，可以为错""他山之石，可以攻玉"的说法，令人玩味。1996 年至 1997 年，塘山土垣遗址出土 100 多件残玉料和石质制玉工具。2002 年又出土玉、石料 460 多件，其中玉料 100 多件，小部分已成可辨的琮、璧、镯等器；另出土 300 多件石质制玉工具，分砺（磨）石、切磋用石和雕刻用石 3 类。砺石大多为砂岩，呈棒形、球形、条形状。切磋用石大多为凝灰岩，呈箭头形、片形、条形等，扁薄细小。雕刻用石大多为黑石英、黑曜石、黑燧石，硬度在摩氏 7 度左右。另在余杭区其他地点曾采集到玛瑙等材料制成的雕刻工具。1982 年，江苏镇江磨盘墩遗址出土黑燧石等细石器 3884 件，其中石核 1029 件、石片 2304 件、石钻 422 件、刮削器 129 件。另出土玉料 10 件、玉器 8 件。其中以黑燧石及玛瑙等制成的石钻和带柄尖状器、雕刻器、刮削器，硬度也都达摩氏 7 度左右。美国一位考古学家曾对类似黑曜石、燧石和石英石刀刃与现代剃须刀片及外科手术刀片进行实验比较，结果表明最钝的是燧石刀刃，其次是石英石刀刃，比燧石刀刃锋利 9.5 倍，而钢制手术刀仅比石英石刀刃锋利 1.5 倍。但黑曜石刀片厚度比剃须刀薄 100—500 倍，却比钢制手术刀锋利 210—1050 倍。1980 年黑曜石刀片用于眼科手术获得成功，轰动世界。所以石刀片仍最为可能是良渚文化玉器的雕刻工具。但是也不必认死理。在开眼、钻孔、打磨、抛光诸项中，除可用石制工具外也还有另一种可能，即中国文化中所谓的以柔克刚法。好比用磨刀石磨刀，磨刀石没有刀硬，但最终磨刀石磨利了刀。不要说石器可以磨玉，竹、木、骨甚至马牦等材料同样能办到。何况竹筒、骨器以及马牦割、磨玉石还粘配硬度与玉料相当的解玉砂。主要在于用经年累月的时间。开眼又叫开料、解玉、錾玉。从加工痕迹看，良渚文化玉器可能主要用了 3 种办法。一种是"马牦截玉"法。《淮南子》卷一六《说山训》中记载，此法以马牦或马鬃编结成绳索，粘上解玉砂充作"锯条"，不断添水剖解。解玉砂多为高硬度之石英质。第二种砣切法是在轮制陶器的工具陶车基础上发明的技术。瑶山2号墓出土的一件柱形玉器中段留有5道切割痕迹，当为圆盘形砣具工作切面。这可能与《天工开物》下篇《珠玉第十八》介绍的方法一致："凡玉初剖时，冶铁为圆盘，以盆水盛砂，足踏圆盘使转，添砂剖玉，遂忽划断。"[1] 只不过后来的砣具将石质扁圆形砣改成了铁圆盘。第三种切割法是在玉石材料上加砂蘸水以木片压擦，或以石片直接切割。除用石钻钻孔外，当时可能发明了圆木棒或竹管加砂蘸水研钻工艺。并有实芯钻、管钻等法。实芯钻孔较原始，难度也较大，一般只能施行于较薄的部位。钻具可能近于今日的土制木工钻。钻杆目前尚未发现，但钻头出土较多，有福泉山遗址之石钻头、玉钻头，钱山漾遗址之石钻头，慈湖遗址之木石复合钻头。磨盘墩遗址出土石钻头百件以上，均由黑燧石长片制成。有三角形钻、叶形钻、细腰扁身钻、长身钻和两头钻等。管钻法大汶口文化也有出现，但良渚文化的成熟且用得普遍，已发现的多件管钻遗下的玉芯可资证明。不过有关管钻工具的争论较多。有的认为是竹管加砂蘸水研钻，有的认为先钻小孔而后扩大，有的怀疑当是金属工具所为。也有人认为这种钻具在竹管架下加嵌若干锋利的小石刀片，钻具整体与今日之套筒式钻刀近似。[2] 柳志青等2004—2005年发表于《浙江国土资源》上的《石钻头：发现新石器时代机床玉制刀具》《良渚文化玉琮曾是轴承套新石器时代机床玉制传动件》《飞轮、皮带轮、偏心轮和滑轮——新石器时代机床玉制传动件》等论文提出，良渚文化先民发明了无齿回盘锯和线锯等锯床、管钻和杆钻钻床以及飞轮（惯性轮）、皮带轮、轴承套等。其结论未可全信，但相关的初级发明或可以被确认。有一点可以肯定，制作良渚文化玉器需要无限量的劳动力投入，在某种程度上说是时间堆积起来的艺术。如以某个个体来估计，创作一件玉器作品或许需要几年乃至几十年时间。

　　良渚文化先民之所以选择玉来进行艺术创作，与对玉质的自然物性体认有关。他们也许早已意识到，玉石肢体出于地而色泽却近于天，寒冬抚之觉温，炎夏握之沁凉，不因雷打而变色，不因日晒雨淋而变质，与天地共长久，如天坠之物。所以，他们一开始就引入天地自然观念，不玩弄游离于材质之外的形式设计，而是顺着物理线路，最大限度地将玉之品质表现出来，使人与自然得有深度沟通。玉琮之天圆地方形制，玉鸟之至大气质，玉锥所显示的自然穿透力，玉钺表达之切割刚性，无不有实际的自然内容，无不表现自然的处事神力。这种沟通似在最大程度地宣示天赋王权的理念，同时也用以表达王权之高贵。

　　良渚文化陶器也显示了非实用性精思，同样是劳动力的无限堆积。其中最具代表性的黑皮磨光陶幽冥、凝重、朴厚、冷峻，有十分独特的审美意象和审美价值。施昕更《良渚：杭县第二区黑陶文化遗址初步报告》指出："黑陶期所制的陶器，它的应用方面，不能认为是日常生活所需。唯

[1] 宋应星：《天工开物》，中华书局上海编辑所1959年版。

[2] 〔日〕林巳奈夫：《良渚文化玉器纹饰雕刻技术》，载徐湖平主编：《东方文明之光：良渚文化发现60周年纪念文集》，海南国际新闻出版中心1996年版。

当时的崇尚黑色，亦有相当的意义存在。黑而有光的薄膜，是经涂饰打磨而成，如果是日常用具的话，很容易损坏。所以用以祭礼及殉葬者，以黑色表示宗教及迷信的意味，较为合理。所以论到色泽，是人为有意义的涂饰。"[1]良渚文化陶器造型特异而又简洁，结构比例体现最为新特的审美结构关系，匀薄精巧达于极致，达到后代难以企及的艺术高峰。从同一器形在不同时期的典型形态来看，对形式感的把握已成设计上的自觉。特别是擅长通过比例的调节、重心的提高，刻意追求器形挺拔感。如双鼻壶颈部自早期到晚期逐渐增高，相应地由圆鼓腹发展到扁腹，而器足也由早期的平底假圈足发展为高圈足。陶豆中最为常见的敞口圆盘豆由深盘演变为浅盘，盘壁曲折逐渐明显，圈足由粗矮到细高，圈足上弦纹也由单线一周到数周，成为俗称的"竹节把"，整器有一种亭亭玉立的气质。圈足罐由早期的垂腹矮圈足发展到鼓肩高圈足。陶尊由早期的斜折沿到晚期的高领，并从鼓腹到鼓肩，圈足也由矮足发展到高足。在陶鼎设计上，以晚期的T字形足取代早期鱼鳍形足，显示力学知识的深化，是实用与美学结合的了不起的尝试。良渚文化陶器装饰以素面细刻纹和镂雕为主，另外也有一些浅浮雕、彩绘、漆绘等。上海金山亭林遗址出土的灰陶双鼻壶，肩部采用刻画与减地浮雕相结合的表现手法，这在新石器时代各类文化中极为罕见，显示了良渚文化先民的巧思。这个双鼻壶肩部装饰秀丽的浅浮雕花纹，两周凸棱纹将浅浮雕分割为两圈纹饰带。上下纹饰相同，都以卷云纹和斜十字纹为一单元连续组合排列。内圈面积小，纹样亦小，共有5个单元；外圈面积大，纹样亦大，共有6个单元。卷云纹以流畅线条勾勒，神韵飘逸；斜十字纹以直线相连，简练明快。勾画这样的纹饰必须掌握娴熟的刀法，并在规划好纹样的布局后信手刻来。由于并无完全相同的图案，所以更显得活泼多姿。纹饰外再用薄竹片刮去薄薄的一层胎土，以减地法使图案变成浅浮雕。良渚文化陶器上的细刻纹饰有兽面纹、鱼纹、鸟纹、蛇纹、圆涡纹、曲折纹、云雷纹、网格纹、编织纹等。早期以几何形纹及其与镂孔纹组合的应用最为普遍，偶尔也出现鱼纹等动物纹饰。中期新出现曲折纹、兽面纹和鱼、鸟、蛇纹等组合纹，稍晚还出现鸟纹、圆涡纹与曲折纹、云雷纹组合，以及抽象纹与云雷纹组合。此后向更为复杂精微的方向发展，出现瓦棱纹、锥刺纹和细刻曲折纹与鸟纹组合等。后期出现斜线交错纹、篮纹、蛇纹与新月形纹、圆镂孔纹组合。特别是以细刻纹饰鸟纹或蛇纹为母题组成的图案层出不穷，标志着良渚文化陶器纹饰鼎盛期的到来。[2]

何天行在《杭县良渚镇之石器与黑陶》中对所采集的一椭圆形黑陶盘上的10个刻画符号进行了分析，并找到了7个甲骨文同形字、3个金文同形字。他写道："这些文字刻于原器口缘的四周，并有锯齿形纹绘联络，故知其为文字而非绘画，同时在杭县所出的黑陶里面，并有纯粹的刻画，据此，尤足证为文字无疑，但这种文字显然还在初创的时期，大约是从象

[1] 施昕更:《良渚：杭县第二区黑陶文化遗址初步报告》,载浙江省文物局、浙江省博物馆编:《浙江文博七十年文萃》,浙江大学出版社1999年版。

[2] 孙维昌:《良渚文化陶器细刻纹饰论析》,《中国民间文化、民间神秘文化研究》1993年第4期。

形纹绘演进的。由这些象形文字的形体观察，不独比春秋时越国所传鸟篆等铜器铭刻为早，且当在甲骨文之先。"卫聚贤在《中国最古的文字已发现》一文中称："黑陶上有刻文的字，系何天行先生在杭县良渚发现的……黑陶文字虽不多……但为中国最古的文字，可以断言的。"[1] 何天行找到的黑陶盘后捐于故宫博物院，但却遗失。何天行后人何宝康等后来多次查找而未可得。画家黄宾虹在多篇文章中也提及，曾有多次良渚文化陶文发现，惜均已散轶。也有人认为，良渚文化文字有可能载于丝、麻织物等软物质上，所以难以保存下来。现在只可见何天行和卫聚贤文中的描画文，虽只是不立之孤证，毕竟提供了某些研究问题的线索。

有实物资料的良渚文化陶符在50个以上，可分四种类型。第一类是多线刻画。一般比较随意，既非装饰也不像文字，少量的较为有序。用意难测。第二类是单个刻画符号，字符化程度很高，但只是单个符号，未显语言的连接。有可能是制造商的字号或部族的标记。这类符号数量极大，有的极似文

[1] 卫聚贤：《中国最古的文字已发现》，载何天行：《何天行文集》，周膺、何宝康编校，浙江大学出版社2014年版。

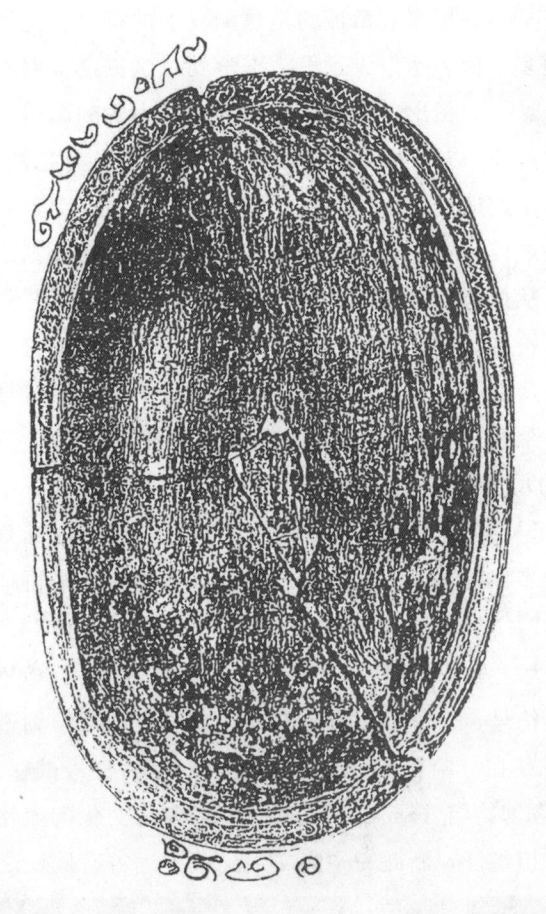

黑陶文字	甲骨文	金文
	《殷墟书契》前编卷一页九 同上卷六页六十六	
	《殷墟书契》第八十八页 《殷墟书契》前编卷一页五十一	
	《殷墟书契》前编卷五页二十九	
	《考释》页十八 前编卷七页四十三 《甲骨文例》页二十三	
	《殷墟》前编卷一 同上卷一页三十七 同上卷一页十七	《缀遗斋彝器考释》卷二十二页六
	前编卷四页五十三 《甲骨文例》页十八 《殷墟卜辞》640	同上卷二十一页二十三
	《殷墟卜辞》175	同上卷二十二页十一

何天行发现的黑陶盘及其刻文与甲骨文、金文的比对

字。第三类是纹饰性刻画符号。一般多被举证的是黑陶豆上的符号。这种黑陶豆上的鸟形符号发现颇多,似表达祭天意思。李学勤《试论余杭南湖良渚文化黑陶罐的刻画符号》一文指出,椭圆形黑陶豆"其内底刻画符号为'灵',只是为了美观对称,所以'火'刻成相背的两个"。当为臆断。第四类是图画型刻画符号。南湖遗址出土的一件黑陶罐上有8—10个刻画符号。据分析,其中8个是烧成后在肩至上腹部位按顺时针方向连续划出的。李学勤在上文中指出,从侧方观看只有其中一个兽形符号四足朝下,似乎是摆正了,而其他一些符号却是倒置的。他大胆地认为这些刻画符号实际上是环罐口刻的,应当从上方观看,朝向罐口的是符号的下端,符号由左向右逆时针排列。这8个符号可试释为:"朱扩戈石,网虎石封。"意思是朱扩去到石地,在石的境界网捕老虎。用网捕虎,见于甲骨文,如《殷墟文字缀合》387。[1]对于吴县澄湖遗址出土的良渚文化黑陶罐上的刻符,李学勤在《良渚文化的多字陶文》一文中综合唐兰、黄盛璋之说再加发挥,将其释为"巫戌五俞"。"戌"即"钺","俞"为"偶","五偶"即五双、五对。4个符号连读为"巫钺五偶",即巫祝所用的五对钺。[2]马桥遗址出土的阔把杯杯底所刻符号,李学勤也有一套如法言说。与李学勤遵同一思路的不乏其人。饶宗颐在《哈佛大学所藏良渚黑陶上的符号试释》一文中,将收藏于美国萨克勒博物馆(Sackler Museum)的良渚文化陶壶铭文与《山海经·大荒西经》相参证,断此一"陶文"记载了远古奇肱民之

[1] 李学勤:《试论余杭南湖良渚文化黑陶罐的刻画符号》,《浙江学刊》1992年第4期;郭若愚等:《殷墟文字缀合》,科学出版社1955年版。

[2] 李学勤:《良渚文化的多字陶文》,《苏州大学学报》(吴学研究专辑)1992年。

南湖遗址出土黑陶罐及其刻符

事迹，"应是相当成熟之文字记载，与甲骨文为同一系统"。并将其释作"孓孓人土宅夆（厥）肱……育"。[1]李学勤辈的"翻译"太过生硬。如前述黑陶罐上的那只"虎"，现在一般认为更像扬子鳄。如果真是扬子鳄，当然也就无"网虎"之说可言了。

艺术和文字都是广义的知识或文化问题。文化与权力的关系问题是当代的学术热点，在西方形成了知识与权力相互建构的主流性看法。尤其是安东尼奥·葛兰西（Antonio Gramsci）提出"文化霸权"（Culture Hegemony）概念之后，文化与权力的内在关联更是得到西方学术界相当普遍的承认。在这方面米歇尔·福柯（Michel Foucault）、皮埃尔·布迪厄（Pierre Bourdieu）、齐格蒙特·鲍曼（Zygmunt Bauman）和爱德华·沃第尔·萨义德（Edward Waefie Said）等人的探讨和论述产生了较大影响。福柯的话语理论向人们揭示，话语乃权力的产物，在话语的实践中潜隐着权力的运作，因此，话语蕴含着权力，话语显现、释放并行使着权力，话语即权力。话语的争夺实质上即权力的争夺，话语的拥有意味着权力的实现。福柯提出著名的"知识／权力"理论。他认为现代社会的知识与权力"直接相互连带"，共同实施着对人的身体行为的监控和约束。福柯通过对疯癫史和作为权力践行的重要方式的监狱的考察，发现现代文明社会对人的肉体的束缚和压迫并未解除而只是转换了形式：虽然野蛮的"惩罚"受到了限制，但理性和知识施加于人的"规训"（Surveillance，即监视）和"纪律"（Disciplines，亦指"学科"），即通过"教训、话语、可理解的符号、公共道德的表象"对人的头脑、思想的训练和控制却越来越强化了。[2]他认为，人文科学知识作为精神疗法和社会技术，充当着现代性规训的有效中介，由此导致监控在现代社会的普遍化和权力的无所不在。现代社会的"真理"就是由权力网络按一定程序控制、选择、生产和分配的话语。布迪厄认为现代社会的文化是独立于经济和政治的，专家团体是文化自主发展的驱动力。但文化也是一种权力，一种能够把现存社会安排合法化的符号权力，这种权力因而常常与经济资本或政治权力相交换。而所有的文化符号与实践（从艺术趣味、服饰风格、饮食习惯到宗教、科学、哲学乃至语言），都体现了社会"区隔"（Difference）即区分和隔离不同阶层的功能。鲍曼在广泛汲取批评现代性观点的基础上提出"知识分子"理论，认为知识与权力的结盟是现代性的主要特征，并重点批判了基于同一性思维和人工设计的"园艺"式社会观及现代管理体制。他认为，现代性的展开是一个从"荒野文化"向"园艺文化"转变的过程，在这个按照统一标准进行管理和整饬的过程中，产生了作为"立法者"的现代型知识分子，其角色由权威话语建构而成。萨义德指出西方的文化霸权不仅体现在西方社会内部，更体现在西方与东方的关系上。15世纪以来在欧洲形成的"东方学"作为西方学术知识的一个门类，其实是西方人从理论上支配东方的工具。由于东方人也认同了西方关于东方的话语，把西方文化视为现代

[1] 饶宗颐：《哈佛大学所藏良渚黑陶上的符号试释》，《浙江学刊》1990年第4期。

[2]〔法〕米歇尔·福柯：《规训与惩罚》，刘北城、杨远婴译，生活·读书·新知三联书店1999年版，第123—124页。

的、普遍的，而自己的文化则是前现代的、特殊的，从而使其具有合法性。上述理论和观点都有某种"家族相似性"：它们大都基于很强的现代性问题意识，采取知识社会学、知识政治学的视角审视文化及其与权力的关系，把文化置于社会生活层面和现实语境中，使其暴露出权力的属性和利益的指向，从而再次破除了文化与权力、利益无缘的看法。

其实文化与权力互构在各文明起源时即已发生，只是中国式文明或萨义德所指的东方社会更突出。在中国式文明中，文化从来都没有像布迪厄所说能独立于经济和政治，文化在某种意义上即是经济或政治本身，是一种绝对权力，构成"权力话语"。鲍曼虽认为现代性的展开即"荒野文化"走向"园艺文化"，但他欣赏"一代又一代地复制着自身，无须有意识地计划、管理"的"荒野文化"。[1]而事实上文化自产生起即具有"规训"等性质。中国式文明总体上即是一种复制，是良渚文化等源头文化的不断拷贝。从质性上来说，所谓"权力话语"，指的是由各种社会权力构造和选择的话语，或旨在争取和维护某些人的利益和优势地位的有说服力、影响力的"说法"。

西方学者将权力叙事一直上溯到古代哲人的同一性思维，但人类及其文化从大自然中的诞生才是权力故事真正的开端。人类的力量和秩序是从自然的力量和秩序中转化、开发出来的，人类文化首先就是这种转化和开发的活动。质言之，社会性的权力源于人的文化创造活动，亦即源于文化活动所关涉并赖以构成的人与自然、人与社会和人与自身这三重关系的相互区分与作用。由此，才能理解并推进福柯关于权力不是统治者手里的现成之物，而是无处不在的差异性关系的论说。历史地看，在人类文化活动中区分开来并反转来构成文化的三个维度即"自然""社会"和"个人"，都曾分别被人们视为最高的价值和最大的权力所在。它们之间不断地分化而又整合的矛盾运动，则造成了文化价值秩序及其权力关系的历史性变化。在人类最初的文化中，大自然无疑居于主导地位并被拟人化了。于是，表征着无限力量、完满秩序从而超越任何具体自然现象的神灵的形象出现在原始文化中。神拥有绝对的权力，决定着自然的运行和人间的祸福。因而，"神言"与"神喻"也就成了超语境的"话语"即绝对的"命令"。但神的吊诡在于，它是一般人感觉不到的超验性存在，而又内在地通向人的经验性生活；作为人的图腾和崇拜的对象，它更是特定社会群体的祖先或保护者，与他们的生命相互隶属。正因为神的威力要靠人来实现和确证，所以神力、神言与人力、人言既不同而又内在贯通。并且，谁是神在世上的代言人或神意的解释者，成为一个要害问题。在中国原始社会末期即出现民神杂糅、家有巫史的情况，人人都可以与神相交通并以神的名义说话，这极其不利于向国家过渡中的氏族部落形成统一的社会秩序，于是最有权势的人垄断了对于神的解释权。人类普遍地经历过从多神教向一神教的转变，这与世俗社会的集权现象是互为因果的。可见，在原始宗

[1]〔英〕齐格蒙特·鲍曼：《立法者与阐释者》，洪涛译，上海人民出版社2000年版，第67—69页。

教中就蕴含着超自然与自然、神权与俗权的矛盾,这也是文化中的神文与人文的矛盾。

福柯说:"我认为,我们必须首先把权力理解成多种多样的力量关系,它们内在于它们运作的领域之中,构成了它们的组织……正是各种力量关系的旋转柱石永不停歇地通过它们不平等的关系引出各种局部的和不稳定的权力形态。权力无所不在:这不是因为它有着把一切都整合到自己万能的统一体之中的特权,而是因为它在每一时刻、在一切地点或者在不同地点的相互关系之中都会生产出来。权力到处都有,这不是说它囊括一切,而是指它来自各处……因而,我们必须是唯名论者:权力不是一种制度,不是一个结构,也不是某些人天生就有的某种力量,它是大家在既定社会中给予一个复杂的策略性处境的名称。"[1] 福柯和布迪厄的社会学研究表明,话语场域隐藏了一个话语权力对抗的非和平空间,权力存在于知识,权力和知识在话语中发生联系,共生公谋,并具有隐蔽性和变化性的特点。因此,社会整体或共同体作为文化的重要维度,也能够成为文化秩序及其权力的匿名主体。与神及神权相通而又与之相颉颃的俗世与俗权首先是共同体或社会整体,因为产生于特定自然条件中的共同体的整体力量既来自其保护神,也直接来自其成员的相互依赖和有组织的活动;而人们越是能够在经验范围内利用和支配自然力,超验的神灵就越是难以主导人们的世俗世界。杜克海姆就特别强调社会整体的力量。在他看来,神圣事物之所以在物质和道德的力量上都高于凡俗事物,就是因为它们表征着社会对其成员的道德优势。"道德规范是社会精心构造的规范;它们所标示的强制性质只是社会的权威。"具有整体性和主体性的社会"凌驾于我们之上,所以社会会迫使我们超越自身;我们必须强行遏止我们的某些最强烈的本能倾向"。[2] 他还认为一切文化"符号"都是社会整体的表征。由"社会整体"作为主导维度的文化所支持或建构着的人格及其权力主体,显然是类似于"家长"那样的共同体的保护者和领导者。所以,韦伯说家族共同体是"虔敬和权威的最原始的基础"。凡是在家长及其重要性不受挫折的地方,"这种权力自然构成一个极为强大的、严格个人的纽带,它把家庭和氏族牢牢地联合在一起,对外具有严格的排他性,也最深刻地影响家族共同体内部的经济关系"。[3] 而这种自然形成的共同体及其权威必然要被破除,随着私有财产的出现和人们利害冲突的常规化而产生了把冲突保持在"秩序"范围内的国家权力,于是"英雄"和"帝""王"成为新的权威,社会与个体、个体与个体之间的博弈也成为不可避免的现象。但尽管如此,在传统社会,表征整个社会秩序的价值观念仍然是文化的主导维度,而统治者愈是能够将其统治置于文化传统和社会整体利益之中,便愈是能够获得合法性并从而代表整个社会。因此,"圣言""圣喻"成为社会最权威的话语,"官话"则是最标准的话语。近代以来西方由人文主义、宗教改革和工业革命共同造成的社会的理性化和世俗化,从根本上消解了

[1] 〔法〕米歇尔·福柯:《性经验史》第1卷《认知的意志》,佘碧平译,上海人民出版社2002年版,第69页。

[2] 〔法〕埃米尔·杜克海姆:《乱伦禁忌及其起源》,汲喆等译,上海人民出版社2003年版,第231、245页。

[3] 〔德〕马克斯·韦伯:《经济与社会》上卷,林荣远译,商务印书馆1998年版,第400—401、466—467页。

传统文化的神秘性和神圣性,以自由、平等、人权、科学、民主这些"关键词"构成的新的文化话语取代了原来的宗教和王权专制的话语,这同时意味着权威或精英话语向平民、大众话语转变。这一新的话语之所以显示出强大的优势和影响力,是因为它与新的经济力量相互适应,一道发挥出对人的能力的解放和独立人格的塑造作用。这种新的经济力量就是市场经济。由于中国式文明很难实现充分的市场化,建立真正意义上的市场经济体系,因而在相当长的时期内社会整体或共同体的作用都相当有限。人类的原初性文化本身就有价值范导、思想引领意义上的"权力"功能,它对共同体成员一视同仁;在后来的阶级社会,原来的公共权力发生了异化,产生了"两面性"即为一部分人带来自由幸福却给普通民众制造了奴役和苦难,成为一种压迫性关系。在现代西方社会,文化与经济、政治的分化、互动和相互转化都在加强;在各种条件的共同作用下,社会权力呈现出多元化(政治、经济、军事、行政、思想、学术、知识等)趋势和一定的异质性,政治权力则重新获得一定的公共性,并开始形成"生活政治"即人们在全球化背景下远距离地相互作用中产生的非等级式的权力关系。这里既有政治的"文化"化,也有文化的"政治"化。这可以说是对原初文化"权力"的某种"回复"。文化发挥的"思想引领"和"知识资本"两种"权力"作用虽不相同,却都能够被人们用来谋取自身利益和制造"等级"隔离。于是这便给人一种文化知识不过是权力角逐的高级手段、人类进步就是不断地在新的层面展开"生存斗争"的印象。虽然这个印象并不全面,但既然它是一个不容回避的事实,就必须正视这样一个问题:现代人的文化活动"应当"并"能够"为人自身带来什么样的生活方式?人类生活的"自由"度和"界限"在什么地方?这就是所谓"文化自觉"问题。文化自觉在当今特别需要通过话语权的充分而正当的运用来实现。[1]

在文化与政治权力之间建立良性关系从而实现社会的"善治",是人类尤其是文化圣人们古老的梦想。并且,他们理想中的这一关系不是由政治权力主导,而是由文化特别是道德与知识来主导的。福柯所谓的"权力",来源于弗里德里希·威廉·尼采(Friedrich Wilhelm Nietzsche)的"权力意志"论。尼采所说的"权力",指广义上具有支配作用的强大力量。这种力量因强大而具有支配力、统治力和影响力。在福柯那里,"权力"又增添了新的含义,它已经成为一种运动的策略性关系,不再是镇压、压制、制约等消极的代名词,而是社会文化构架中必要的、充满活力的条件。它是一种积极因素,与知识相联结。这或许是中国式文明未来所需要的新权力。

二、艺术原创与对科学技术的节制

良渚文化是中国人创造的最早的形态完整的、与物质文化相分立的独

---

[1] 张曙光:《权力话语与文化自觉:关于文化与权力关系问题的哲学思考》,《社会科学战线》2008年第5期。

立的精神文化，其核心是以原创、首创、独创和外拓为特征的"良渚精神"。黄河流域的仰韶文化，长江流域的跨湖桥文化、河姆渡文化、马家浜文化、崧泽文化等发源均比良渚文化早，它们虽有更早的农业经济，以及描绘于石器、陶器、木器上的"鱼人""双鸟朝阳"这样的零散的精神文化图符和非常广泛的巫祝活动，但总体说文化形态凝结于生产工具之中，表现为物质形态的文化，未形成较为完整的体系性精神文化。良渚文化器物具有强烈的精神象征或精神盛放的功能，它们是人的存在性的表达，是人的美学存在方式。良渚文化先民可能是当时中华文化圈中最重视"美"的族群，也是最富有审美经验的族群。良渚文化之精神文化发育显示人类有了比较完整的自我意识、自我认识。

自然环境以及与此相适应的生活情态构成了良渚文化先民的视觉经验环境，启发着他们的审美创造。他们观察自然，进行仿生性的艺术创造。比如用得较多的仿竹节造型、鱼鳍足形鼎足，几乎贯穿于良渚文化发展的全过程。马桥遗址出土的黑陶阔把竹节形杯，杯身呈粗矮直筒形，饰多道竹节形凸脊。浙江桐乡新地里遗址出土的实足陶盉造型如同站立的青蛙，龙潭港遗址出土的灰陶杯则模仿鸭的造型。南湖遗址出土黑陶罐上的刻纹，是农业定居生活的反映。

良渚文化还发展了极具抽象性的艺术。玉琮等玉器和黑陶的造型简洁抽象，乃至超越于当今的包豪斯（Bauhaus）艺术。玉器中个相的鱼、鸟、龟、猪、蛙、人等的设计有相当的概括性，简化神徽又表征几个个相事物组合表现的技法相当成熟，多个个相复合为一种似是而非、似非而是的新的表现要素的技巧在当时也有相当高度。简化神徽是对多种兽相的概括与

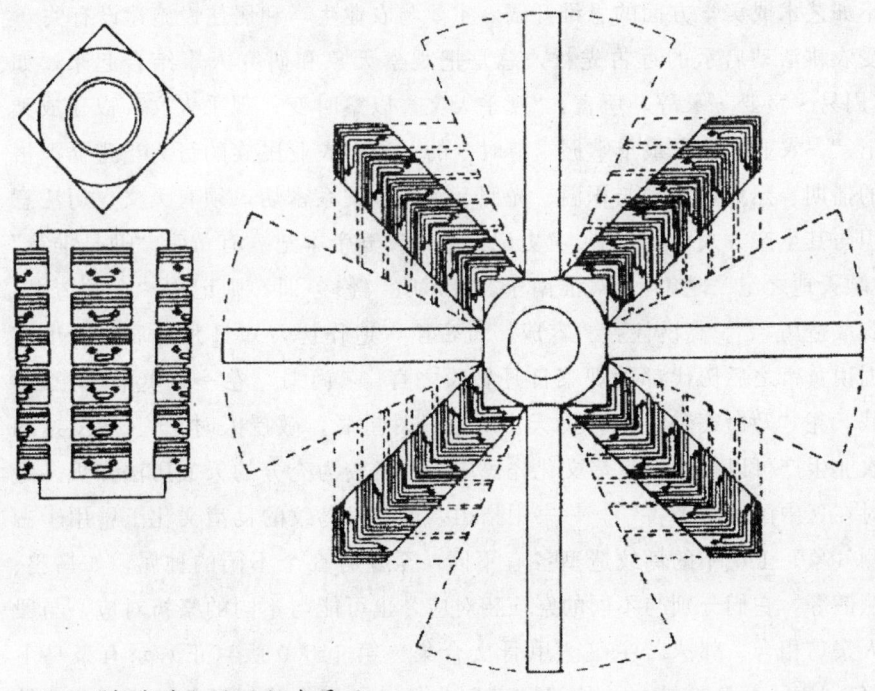

玉琮的"折半律"端面视角展开

重新整合，有人对简化神徽之眼、鼻表现进行比较，分出12大类的眼和11大类的鼻，它们都在各自的表现载体上得到恰如其分的附刻。有的还进一步达到了更高级的抽象复合，如带有文字性状的标识。有人引列维-斯特劳斯针对亚洲、美洲原始艺术提出的"拆半律"理论，以为良渚文化玉饰已包含有"拆半律"这样的设计思想。其最常见的方柱形玉琮，柱面两边一般饰以两个半截的简化神徽，从四角方向看则可见完整的形体。这种表现手法不仅增加了变化，而且扩大了审美或精神表现的容量。玉琮之四面如果都置以完整的简化神徽，只能形成四个面的视觉效果，而经拆半处理，则在东、南、西、北、东南、西南、东北、西北8个向度上同时有了透射力。这是很大的思维和视觉空间拓展。[1]这些创造对后世有深远影响。宋代官窑青瓷之代表性经典设计琮式瓶，即取形于良渚文化玉琮。浙江省博物馆收藏的龙泉窑黑胎瓷器也有类似的琮式瓶。这种设计后来为其他许多名窑采录。画家黄宾虹受到良渚文化玉器造型、质理、刻纹和色彩启发，用以对中国画的线型、设色和机理进行改造，取得很大成效。良渚文化玉器是人类艺术史上的巅峰之作。

玉器、黑陶、丝绸、髹漆、木器等工艺设计只是良渚文化美学创造的一部分，也仅是一种小制作。良渚文化在城市设计、建筑设计等方面则有更高水平的大制作。其美学创造比同期其他文化多得多，对后世也有极其深远的影响。这些美学创设不悖于过去时代，也不悖于任何新时代，与现代、后现代设计理念也完全协调，任何时候都让人感动。从中可以看到大思想家的精神履历。

艺术之外，良渚文化在科学技术方面也有较多发明。但这方面的发明不如艺术或美学方面的思维开阔，主要与农业生产和居住设施建设有关。受农耕活动启示的远古先哲，总是把观察天象和研究人事结合起来，如《周易·贲卦·象辞》所言："观乎天文，以察时变；观乎人文，以化成天下。"[2]农业民族是最早掌握季节时令的。稻作农业民族的行为当遵循严格的播期、熟期，它们与积温、光照、雨水等关系密切，须有天文、历法意识与其生产方式一同发展。《史记》卷一《五帝本纪》有黄帝"迎日推策""顺天地之纪"之说[3]。《淮南子》卷一九《修务训》则记称"仓颉造书，容成造历"[4]。高诱注："容成，黄帝臣，造作历，知日月星辰之行度。"据说黄帝之后历代都设观察日月星辰之官。《尚书》卷一《虞书·尧典》载，尧"乃命羲和，钦若昊天，历象日月星辰，敬授人时"[5]。从发达的农业生产可以推测，良渚文化先民应当具备较为充分的天文历法知识。冯时在《中国天文考古学》一书中指出，刻有日鸟纹的良渚文化玉璧用于占测气象。玉璧中的鸟纹造型各有不同，至少有3个不同的种属，如乌鸦、燕鹊等，它们分别与不同的祭坛相对应，也可能与不同的祭祈对应，与殷人祭鸟相合。郭沫若主编《甲骨文合集》第11500版（正）录有祭乌卜辞："庚子蓺乌，星。七月。""蓺"为祭名，商人蓺祭乌神以祈天晴，结

[1] 王政：《艺术拆半与巫术象征》，载徐湖平主编：《东方文明之光：良渚文化发现60周年纪念文集》，海南国际新闻出版中心1996年版。

[2] 王弼正义，韩康伯注，孔颖达疏：《周易正义》卷三《贲》，阮元校刻：《十三经注疏》，中华书局1980年版。

[3] 司马迁：《史记》，裴骃集解，司马贞索引，张守节正义，中华书局1982年版。

[4] 刘安：《淮南子》，《新编诸子集成》，中华书局1988年版。

[5] 孔安国传，孔颖达正义，黄怀信整理：《尚书正义》卷一《虞书·尧典》，阮元校刻：《十三经注疏》，中华书局1980年版。

果应验了。第 11501、11726 版则录祭卜辞:"采日鹬,星。三月。"据古代文献解释,"鹬"即鹬鸰,又作商羊,是一种预知天雨的鸟。《论衡》卷一五《变动第四十三》:"商羊者,知雨之物也。天且雨,屈其一足起舞矣。"[1]商人通过奉祭知雨之鸟,求得天晴。英国维多利亚和阿尔伯特博物馆(Victoria and Albert Museum)藏良渚文化玉璧的周缘刻有 4 组云纹,每组 3 枚,共 12 枚。12 枚是法天之数,可能表示一年 12 个月。4 组云纹又可能是对四气——二分二至——的表述。鸟及社树分割四气,鸟是日神的象征,社是祖神的象征,反映了以祖配天的古老观念。鸟位置居上下,社的位置居左右,恰合四方,寓意与古礼二至之时祭天、二分之时祈生的观念相符。[2]

邓淑蘋在《由良渚刻符玉璧论璧之原始意义》一文中分析了流散于海内外的一些玉璧,认为玉璧上的符号和圆孔与目前存世最早的天文算学书《周髀算经》中的七衡图有关。璧的造型源自七衡图。七衡图是对太阳运行轨迹的描绘。一年四季太阳升空高度不同,夏天很高,冬天很低,古人将太阳全年的位置记录下来,所得 7 个同心圆即七衡图。[3] H. 米歇尔(H. Michel)认为良渚文化神徽由盖天、大地、晷影、七衡六间、冕冠、神面头脸、人兽复合身体及四肢、璇玑玉衡 8 个部分组成,其中凤字弓形冠饰合于中国古代盖天说之天盖,冠饰上的刻纹是太阳运行一天的晷影,冕冠上的马蹄形涡纹为太阳,而神面双手所持的则是《尚书》卷二《虞书·舜典》上所说的天文仪器"璇玑玉衡"。吴大澂认为琮是与璇玑配套使用的,用以观测天象,占卜吉凶。冯时甚至将神徽阐释为猪首形北斗星君。

日本学者量博满《关于新石器时代的钺:论圆孔的象征意义》一文对良渚文化之钺的圆孔也提出了天文学的解释。该文指出,钺上之孔及其位置有多种形态。有单孔的,有单孔但上部侧边有凹槽的,有单孔顶部带半环形凹槽的,有多种排列双孔的,有三孔的,还有圆孔未穿透的带有管钻痕的等其他类型的。单孔顶部有半环形凹槽的、三孔的、圆孔未穿透的带有管钻痕的设置,其中有一孔无系缚功能。这一多余的孔是刻意加工的,但它们并非真的是多余的,而应该是基于某种意图的经意制作,其中含有某种观念。量博满认为,太阳以外,月亮也曾作为权力的象征而被表现在石钺或石刀上,安徽含山凌滩岗遗址出土的石锛以及美国弗利尔博物馆(The Freer Gallery of Art)所藏良渚文化玉璧上的月牙刻符等资料可以佐证。钺的背部常见的半环形凹槽并非通常所认为的是重复性加工后留下的残孔,而应该是最初便有意识地作为月亮的象征制作上去的。也或可把钺上远离主圆孔且无系缚功能的小圆孔理解为相对于太阳的月的观念的反映。钺上和主圆孔部分相合的轮痕可视为日月的重合,即"食"的表现。量博满又引《周礼》《尚书》《左传》等文献,认为"日月为常,交龙为旂""日月为常,画日月于其端"所指"常",为旗的意思。古人以日、

[1] 王充撰,黄晖校释:《论衡校释》,中华书局 1990 年版。

[2] 冯时:《中国天文考古学》,社会科学文献出版社 2001 年版,第 149—154 页。

[3] 邓淑蘋:《由良渚刻符玉璧论璧之原始意义》,载浙江省文物考古研究所编:《良渚文化研究:纪念良渚文化发现 60 周年国际学术讨论会文集》,科学出版社 1999 年版。

月、星三辰之旗表示最高统治者,当源自新石器时代晚期。商、周时期的大孔玉钺及铜钺不仅仅是对新石器时代有孔石钺的继承发展,同时也应该是对隐含其中的那种传统思想的继承发展。[1]另一位日本学者林巳奈夫在《有孔玉、石斧的孔之象征》一文中,也认为有孔玉、石斧之孔有象征意义。林巳奈夫举良渚文化、仰韶文化、龙山文化玉、石斧多例,认为斧之圆孔上方一般认作固定斧柄绳索捆绑痕迹的放射状线,特别是施以朱砂的线,是有特殊含义的。这些孔表现了日月神的光明,所以在其周围加上放射状线。有孔石斧周围用朱色描绘并从那里放射状地引出三条朱线,是一种强调。林巳奈夫又引述郭沫若《长安张家坡铜器群铭文汇释》一文对"皇"字的解释,以为可以参证。郭沫若指出:"查《周礼·春官》乐师有'皇舞'。郑司农云:'皇舞者以羽帽覆头上,衣饰翡翠之羽。'……古人当即插羽于头上而谓之皇……后由实物的羽毛变为画文亦相沿而谓之皇。引申之,遂有辉煌、壮美、崇高……等意。"那么为何光辉仅仅向日上方伸出呢?这可由良渚文化玉斧之纹来解释。按汉代学者的说法,皇舞之舞者头上确是戴着羽毛的。但玉钺放出的线却是直的。林巳奈夫于是又断其是仿羽毛之锥形器。"皇"字下面的"王"又有何来历呢?他引林沄对甲骨文"王"字的解释,认为"王"乃不带柄的斧头之象形字。"王"字的发音是《诗经·大雅》所指"扬钺也"的"扬"音转而来。总体来解,钺上的孔不是用一根绳而是用三根绳连接捆绑于柄上,原因是以三根细绳与象征日或月的孔一起构成"皇"字的上半部;这上半部与"王"所代表的钺身一同构成"皇"字。[2]这些论说有些异想天开,但在小小圆孔上做出如此大的理论,却也令人钦佩。

天文历法计算、农时计算及劳力、丰歉计算,是最早的数学导源。从稻作农业发展水平来看,良渚文化先民的数学计算已达到相当精确的地步。良渚文化的大量工程建设和工艺设计也都需要数学知识。如金字塔造型的祭坛和大型房屋的筹划与施工,均有数学之功。玉雕等工艺品上的纹饰特别是神徽纹饰,有繁简之别、大小之分,却布置适宜、井然有序,也当持数学计算能力可成。天文学、数学和力学是人类最早掌握的自然科学知识,它们之间有一种伴生和互动关系。力学知识又与生产工艺直接结合在一起。舟楫代步为环境所迫,但舟楫之发明却需相当的思想力。《世本》称"古者观落叶因以为舟",而《易经》则有"利涉大川,乘木有功"之记述。也有史书称共鼓见空心木浮水渡人而"刳木为舟",货狄见鱼尾划水而游则"剡木为楫"。猜指古人观落叶或浮木而萌发造船思想符合情理,但知道木、叶能浮或水之浮力载舟的道理简单,利用水的阻力设桨取动力却是一种带有科学性质的思考。这种思想与用火经验性地烤烧食物、陶器或下死功夫雕琢玉器不同,它有了科学的因素。在陶鼎设计上,以鱼鳍形足取代柱形足,又以T字形足取代鱼鳍形足,则是力学知识深化的结果。鱼鳍形足的斜向与圜器底接触更多,并且不像安装柱形足时需要榫卯结

[1] 〔日〕量博满:《关于新石器时代的钺:论圆孔的象征意义》,载浙江省文物考古研究所编:《良渚文化研究:纪念良渚文化发现60周年国际学术讨论会文集》,科学出版社1999年版。

[2] 〔日〕林巳奈夫:《有孔玉、石斧的孔之象征》,载浙江省文物考古研究所编:《良渚文化研究:纪念良渚文化发现60周年国际学术讨论会文集》,科学出版社1999年版。

构，操作起来较方便。T字形足更是如此。T字形足还提高了鼎的稳度。干兰式建筑以桩木和承重柱为基础，上架大小横梁后铺以地板，形成架空的建筑基座，然后立柱上构筑梁架及屋顶。桩木有直接打桩和埋柱两种方式。有的在承重柱或转角柱下垫板作柱础，或还加黏土、碎陶片、石块夯实以提高稳定性。地面和大梁跨度有达三四米长的，这种架设需有精当的力学安排。后世常见的梁柱相交榫卯、水平搭接榫卯、横竖构件相交榫卯以及平板相交榫卯都已具备。榫卯有方形榫、燕尾榫、带梢钉榫、双凸榫、刀形榫、双叉榫、企口板等十多种，长宽4∶1的经验截面榫头已普遍采用。大量榫卯构件有牢固的垂直相交的力学节点，甚至还有多杆交结的复杂节点。有的仅采用扎结方法也能固定。

良渚文化木构工艺均极精湛，为独特的设计和技术。从水田畈和钱山漾遗址发现的木制品盆、杵、桨、槽，庙前遗址发现的木陀螺、榔头、船形盘、豆和木胎漆盘，以及慈湖遗址发现的木屐、木耜、木桨、木钻头和木构件生产情况看，良渚文化时期已形成比较成熟的木作工艺思想及其生产体系。当时已使用劈、削、剖、挖等多种木作方法。方柱、木板的板面，都可见明显的楔裂、劈削或刨刮的斧、锛之痕。柱子等构件的两端和榫头断面有砍斫工具的痕迹，榫卯连接处则有凿孔工具的痕迹。良渚文化时期的各种建筑和其他制造业已赖有成熟的有段石锛、石凿和石楔等工具。这些工具比之河姆渡文化、马家浜文化时期的有较大进步。石凿是加工木器和挖凿木构件卯孔的工具，良渚文化时期的石凿器身较厚，平面呈长条形。出土物有长条形单面刃、长方柱体双面刃和上大下小方柱体双面刃3式。石楔是纵裂剖裁原木、制作板材的工具。石楔器身大多厚重，刃部对称而呈"楔"形。使用时沿剖面并列加楔，即在原木上顺纵向木质纤维的劈裂线每隔一定距离打入一楔，使原木通裂。经不断打深石楔或插入更长更厚的楔具，直到原木完全裂开。[1] 木作生产的专门化，是以设计、测量、计算、制作等各工序程序化语言协作为存在基础的，它反映了社会生产、社会组织结构乃至思想发展的历史水平及其特征。

20世纪初以来，许多学者讨论中国古代有无科学问题，并提出"李约瑟难题"。民国3年（1914年）9月，杨铨（杨杏佛）在美国康奈尔大学举行的东美中国学生会年会发表《科学与中国》中文演讲。该年年底在《留美学生季报》第1卷第4期上发表同题专文。民国4年，任鸿隽在与杨铨共同创办的《科学》创刊号上发表《说中国无科学的原因》。民国11年（1922年），冯友兰在《国际伦理学杂志》上用英文发表《为什么中国没有科学：对中国哲学的历史及其后果的一种解释》一文。民国35年（1946年），竺可桢在《科学》第28卷第3期上发表《中国古代为什么没有产生自然科学？》一文。他们均认为中国古代无科学。因为在他们的心目中，"科学"是指在近代欧洲出现的科学理论、实验方法、机构组织、评判规则等一整套学术体系。在中国的传统语汇中，甚至就根本没有"科

[1] 谢仲礼:《江南地区史前木器初探》，《东南文化》1993年第6期。

学"这样一个词。然而进入 20 世纪 90 年代后，一些学者对此提出疑问。由于"无"派通常认为现代科学的源头在古希腊，似乎有论述上的悖论，"有"派就试图做同样的追溯。他们还将科学定义得十分宽泛，如包括"科学精神"，并将中国的"科学精神"定义成"实事求是"。

戴维·C. 林德伯格（David C. Lindberg）在《西方科学的起源：公元前 600 年至公元 1450 年宗教、哲学和社会建制大背景下的欧洲科学传统》一书中指出，所谓"科学"，就是指公元 1450 年之后的科学，实际上就是现代科学。虽然林德伯格在讨论早期情况时也主张"我们所需要的科学概念应是宽泛的、具有包容性的，而不是狭义的、具有排斥性的"，还指出"追溯的历史年代越久远，所需的科学概念就越宽泛"。但是无论怎样宽泛，他还是"对科学的技艺方面和理论方面加以区分"。[1] 从书中所言内容可知，他至多也只是将埃及和美索不达米亚的数理方法以及希腊时期的"自然哲学"包容在内而已。林德伯格认为，有关"科学"的起源，需要考察公元前 600 年至公元 1450 年间的欧洲科学传统。现代科学的源头可以追溯到古希腊。事实上，严格定义的"科学"必然有其来源。"倘若我们希望理解科学事业的本质、科学与周围更广大文化背景的关系、人类对科学所涉内容的认知程度，那么历史研究，包括对早期科学的研究，就是必不可少的。""科学史还……揭示了科学思想与其他知识或信仰体系——哲学、宗教、政治、文学等等——的关系。""历史研究还有助于我们认识到，科学事业有很深刻的文化背景。"[2] 但林德伯格又特别强调："如果科学史家只把过去那些与现代科学相仿的实践活动和信念作为他们的研究对象，结果将是对历史的歪曲……这就意味着我们必须抵抗诱惑，不在历史上为现代科学搜寻榜样或先兆。"[3]

那么中国古代是否存在现代科学的思维方式或文化传统呢？任鸿隽《说中国无科学的原因》一文将中国无科学归结为"未得研究科学之方法"。他所谓的科学方法指的是归纳方法。中国学术界不知道所以也不会自觉地运用归纳方法，所以中国没有科学。任鸿隽的这种观点来自当时的哈佛大学校长查尔斯·威廉·艾略特（Charles William Eliot）。任鸿隽从两个方面对归纳法做了说明：第一，归纳法是实验的方法。从逻辑学讲，由特例而得一般的结论谓之归纳，由一般的结论而到特例则谓之演绎。从科学方面着眼，演绎方法是先立一科学律例，再看事实是否与之相符；归纳法则不一样，它是在多数实验的基础之上抽出可以用来说明大多数事实的一般结论。可见，演绎法与归纳法之间的区别在于："归纳法尚官感"，而演绎法"尚心思"；归纳法置事实于推理之前，演绎法置事实于推理之后。演绎法"执一本以赅万殊"，"非所以经始科学之道"。而归纳法则与之不同。要想得到正确的前提或理论就必须从事于实验。无官感则无归纳，无归纳则无知识，无知识则不能知自然之定律。中国学者的弊病在于不依靠官感而专恃心能，一味钻研故纸堆高谈性理，如王阳明的格物、颜

---

[1] 〔美〕戴维·C. 林德伯格：《西方科学的起源：公元前 600 年至公元 1450 年宗教、哲学和社会建制大背景下的欧洲科学传统》，王珺等译，中国对外翻译出版公司 2001 年版，第 13—14 页。

[2] 〔美〕戴维·C. 林德伯格：《西方科学的起源：公元前 600 年至公元 1450 年宗教、哲学和社会建制大背景下的欧洲科学传统》，王珺等译，中国对外翻译出版公司 2001 年版，第 3 页。

[3] 〔美〕戴维·C. 林德伯格：《西方科学的起源：公元前 600 年至公元 1450 年宗教、哲学和社会建制大背景下的欧洲科学传统》，王珺等译，中国对外翻译出版公司 2001 年版，第 13 页。

元的讲学，与科学相去十分遥远。第二，归纳法是一种不断使人进步的方法。通过归纳分析，可以由众多的事实得到公例，有了这样的公例可以发现新的事实。在这样的新事实的基础之上又可以发现新的公例。如此循环不已，以至无穷。他说："科学之方法，乃兼合归纳与演绎二者。先作观察，微有所得，乃设想一理以推演之，然后复作实验，以视其合否。不合则重创一新理，合而不尽精切则修补之。然后更试之以实验，再演绎之；如是往返于归纳与演绎之间，归纳与演绎既相间而进。故归纳之性不失，而演绎之功可收。斯为科学方法之特点。"[1]他在后来的《科学方法讲义》一文表述得更清楚：（1）由事实的观察而定一假说；（2）由此假说演绎其结果；（3）以实验考察其结果之现象，是否合于所预期者；（4）假说既经实验，合于事实，乃可定其为代表天然事实之科学规律。任鸿隽对科学方法或归纳法的大力提倡产生过巨大影响。但任鸿隽有扬归纳法、贬演绎法的倾向。他曾这样说道："（1）归纳逻辑是由事实的研究，演绎逻辑是形式敷衍。（2）归纳逻辑是由特例以发现通则，演绎逻辑是由通则以判断特例。（3）归纳逻辑是步步脚踏实地，演绎逻辑是一面凭虚构造。（4）归纳逻辑是随时改良进步的，演绎逻辑是一误到底的。"[2]

事实上中国自远古以来即发展了归纳思维，而绝少演绎思维。而科学的主要特征是演绎思维和演绎逻辑。《周易》式观物取象、取象类比之分类、精简、抽象即有归纳法的精神。归纳法或称归纳推理（Inductive Reasoning），指以归纳逻辑从一系列经验事物或知识素材找出基本规律或共同规律，并假设同类事物中的其他事物也服从这些规律。归纳法又分为完全归纳法和不完全归纳法两大类。完全归纳法是从一类事物中每个事物都具有某种属性，推出这类事物全都具有这种属性的推理方法。不完全归纳法又分为简单枚举法和科学归纳法两类。简单枚举法是根据某类事物的部分对象具有某种属性，从而推出这类事物的所有对象都具有这种属性的推理方法。科学归纳法则依据某类事物的部分对象都具有某种属性，并分析出制约着这种情况的原因，从而推出这类事物普遍具有这种属性的推理方法。中国古代的归纳思维基本上属简单枚举法思维。这种思维总体上停留于经验层面，很难上升到演绎层面，或为演绎提供充分的根据。如果说到思维上的提升，也基本局限于太极思维的水平，将一切经验事项简单归结为二相两仪，不能突破偷懒的简单思维模式。而且，中国传统中的归纳思维主要还是"无类类比"思维。所谓"无类类比"，即非同类之比。类比本来是以类同为前提的，非同类则无以为比，如《周易》《老子》等中以金、木、水、火、土之类类比人事，进行共同归纳。"天人合一""天人感应"即建立在董仲舒所谓的天人"相副""相类"的附会类比基础上。其极端乃至于以头圆像天、足方似地、四肢类四季、五脏类五行等得出"以类合""以数偶""人副天数"的结论。"于其可数也，副数；不可数者，副类。皆当同而副天，一也。"[3]在此基础上的归纳推理与科学意义上

[1] 任鸿隽：《说中国无科学的原因》，《科学》第1卷第1期，商务印书馆民国4年（1915年）版。

[2] 任鸿隽：《科学方法讲义》，《科学》第4卷第11期，商务印书馆民国7年（1918年）版。

[3] 董仲舒：《春秋繁露》卷二《玉杯》，中华书局1975年版。

的归纳推理差距甚大，甚至可能是反科学的。物象是物象，人事是人事，虽然有某种联系，但毕竟并不能混为一谈。中国古代文化以"天人合一"为最高原则。《周易》中每一卦都包含天道、人道，把天的规律和人的规律统一起来。而近代科学恰恰要摆脱这种"天人合一"观，承认人世间有人世间的规律，有人世间复杂的现象，自然界有自然界的复杂现象，要分别进行分析。这就有了自然科学和社会科学。

1991年，赵陵山遗址出土一件陶盖，敞口圆底，口径9.3cm，高3cm，出土时位于墓主头部左侧，现场判断为盖在墓主脸部之物。质地为细泥灰陶，表面磨光后精心刻上图案，再填色并施红衣。此图可能是赵陵山宗族的族徽，可称为源极图，在逻辑构造上胜过太极图。它显示的不是简单的象数思维，而包含有复杂的逻辑结构。此图最主要的特征是阴阳结蒂与旋绞盘绕之阴阳结蒂绞形纹，使人联想到龙蛇类动物的交尾和人类的生殖与繁衍，具有神秘、庄重的审美特征。它在机理上整体对称，并非简单的中心对称、中轴对称。它自我圆足，是既无起点也无终点的无限循环系统，如迷宫般复杂玄妙，有可视的具体形象，但非为任何自然物的写真，是无形之形、无象之象，是方是圆，非方非圆，既独立又交合，阴阳互根。据

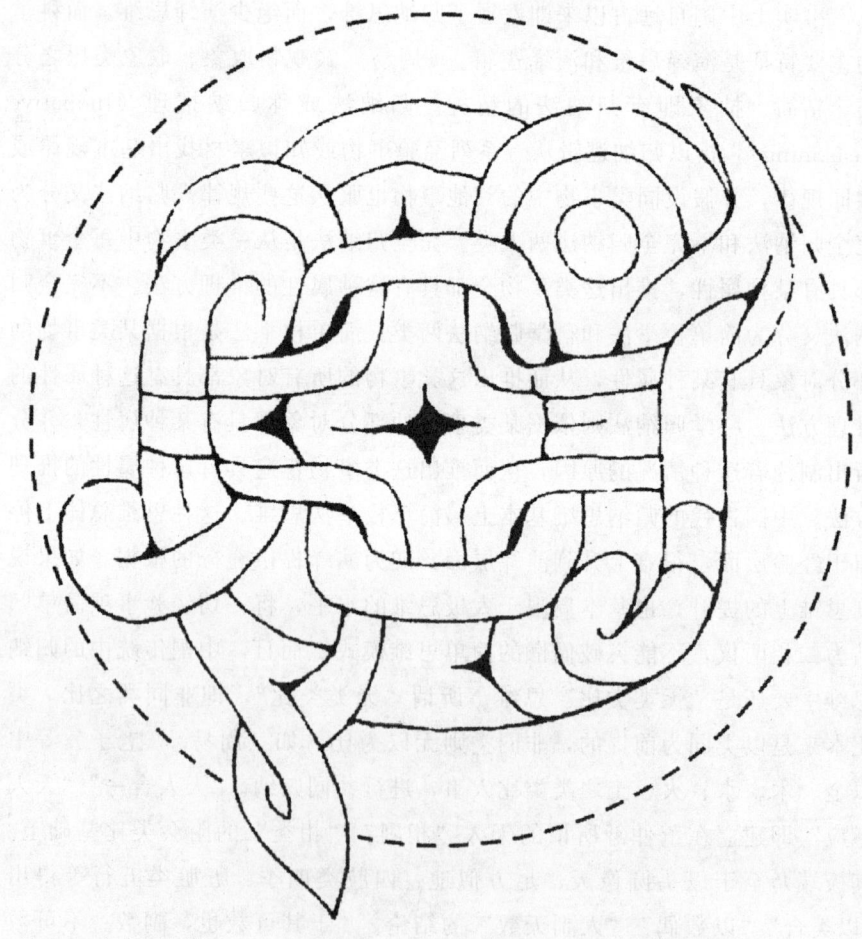

赵陵山族徽源极图

分析，它至少包含了龙、蛇之形，凤、鸟之象，藤、蔓交缠，花、果之美，以及男根、女阴、生殖、胚珠等生命相，对称与均衡之自然法则，周而复始、无限循环、对立统一之哲学观，等等。此图与太极图非循同一种思维方式，两者虽然都穷"极"与"源"，但思维路径正相反。太极图的总体思维倾向是"简"，是一种删繁就简的简，忽略了所有逻辑运算。太极思想后来成了中土文化的主流，整个中国文化因这种"简"而丧失了哲学精神，导致它没能发育出建构科学体系、制造和运用庞大机械、进行复杂设计的能力。源极图在复杂中求解单一，在运算中求寻答案，有着严密的逻辑取向，也有着九曲求索的精神含于其间，哲学性的、科学性的因素也多许多。[1] 中国人经常宣扬太极象数学说，它代表了中国式思维方式。仰韶文化马厂类型、屈家岭文化遗址中即有大量太极式陶符出现，说明太极思维在中国发源很早。但太极思维并不利于中国之哲学、科学的发展，反是某种限制。崧泽文化则早就出现方圆结蒂绞形纹，良渚文化之源极图为其发展，可证良渚文化的独特体系，也可证中原、东南地区两大文明系统的差异。良渚文化在金属器、文字的发明等方面均落后于中原文明，但以源极图为代表的逻辑思维似有较大优势。

希腊人在历经原始宗教后，发展了以泰利斯（Θαλῆς）思想为代表的自然哲学和以毕达哥拉斯（Πυθαγόρας）思想为代表的数学哲学，它们奠定了西方人思维方式的基础，成为后来西方哲学、科学的源头。赫拉克利特（Ἡράκλειτος）把自然哲学、数学哲学综合为逻各斯（λογος，Logos）学说，使西方人得益匪浅：世界是无定形、无度的，又是有边限、有度的。逻各斯学说将感觉方式与逻辑方式结合为一体，是一种既有感觉材料又有推理形式的因果性知识。希腊语中那个大写的逻各斯既指理性、话语、比例关系，又指计算和言语，也指"聚集"。

源极图之非象数式思维与神徽之抽象性形象思维也有较大分野。后者是艺术语言，前者是带有科学性的语言。自然科学、社会科学或人文科学以及哲学最终的指向是真理。哲学、科学没有能力解答科学的终极问题，所以西方人又通过艺术这座桥去体验终极，使得艺术变得丰富宏阔，具有目的论意义。中国艺术则因为缺乏目的论建构，并且同样呈现为非逻辑的简单化二相结构，或者只是巫祝的一种仪式，所以非但自身局限性较大，而且因为过度耗费社会资源，反过来节制科学思维的发育发展。良渚文化先民的艺术思维能力在中国达到最高峰，但在根本上也停留于这一水平。中国之艺术与科学由宗教分离后似乎并行而离散地各自走开，宗教、艺术、科学三者分裂发展，艺术并未成为连接的桥梁。其后果是没有发生真正的宗教；中国也从未发生过有真正的宗教感的艺术，中国人基本没用艺术去体验生命、追寻终极；太极图式的简单逻辑也使中国没能发生原生的真正意义上的科学。德国人挺有趣，最抽象的哲学和最感性的音乐在他们身上可以水乳交融，格奥尔格·威廉·弗里德里希·黑格尔（Georg Wilhelm

[1] 董欣宾、郑旗、陆建方：《赵陵山族徽在民族思维发展史上的重要意义》，载徐湖平主编：《东方文明之光：良渚文化发现60周年纪念文集》，海南国际新闻出版中心1996年版。

Friedrich Hegel）和约翰·沃尔夫冈·冯·歌德（Johann Wolfgang von Goethe）互相把对方的思想或艺术形象引进自己的著作，其中的原因就是因为哲学、科学、艺术在他们的传统中存在上述关系。非常遗憾，中国后来的文明没有沿着源极图之复杂思维路径走下去。如果良渚文化之源极图式思维能发展出来，中国之宗教，中国之科学、艺术，可能会是另一种面目。

竺可桢在《为什么中国古代没有产生自然科学》一文中指出："大多数以为中国古代没有产生自然科学，并不是因为中国人先天的没有这种能力，而是由于我国历史上环境不适宜的缘故。在《科学与技术》期刊上陈立先生《我国科学不发达之心理分析》一文里的结论是：'中国科学之不发达，我曾溯源于：（一）拟人思想的泛生论；（二）没有工具思想的直观方法；（三）没有逻辑；（四）没有分工；（五）客观与主观的混淆；（六）理智的不诚实等等。但这一切我都指出，系反映着客观社会的组织，在宗法阶段的社会，便只有宗法社会的思想。'去年浙江大学夏令讲习会，钱宝琮先生《吾国自然科学不发达的原因》演说里有这样几句话：'我国历史上亦曾提倡过科学，而科学所以不为人重视者，实因中国人太重实用。如历法之应用早已发明。对于地圆之说，亦早知之。然因不再继续研究其原理，以致自然科学不能继续发展，而外国人则注重实用之外，尚能继续研究，由无用而至有用，故自然科学能大有发展。为什么我国民族太注重实用呢？实由地理、社会、文化环境使然。中国为大陆文化，人多以农业为主，只希望能自给自足之经济。'同样，中英科学合作馆英国李约瑟博士，在民国33年湄潭举行中国科学社成立30周年纪念大会演讲里，亦以为近世科学之不能产生于中国，乃以同于环境即地理上、气候上、经济上和社会上的四种阻力。地理方面，中国为大陆国，向来是闭关自守，故步自封，和西方希腊、罗马、埃及之海洋文化不同。气候方面，亦以大陆性甚强，所以水旱灾患容易发生，不得不有大规模的灌溉制度；而官僚化封建势力遂无以扫除。中国经济，和社会方面，秦朝以来，官僚士大夫专政阶段停留甚长，社会生产少有进展，造成商人阶级的没落。使中产阶级人民无由抬头，初期资本主义无由发展。而近世科学则与资本主义同将产生。抗战前数年，德籍犹太人维特福格尔在他的研究中国社会的著作中，有一段专讲'中国为什么没有产生自然科学'。他开始提出一个问题，他说：'半封建主义的欧洲，在经营规模并不大于中华帝国，甚至往往小于中华工业生产的基础上，完成了许多的科学发明和贡献。这一切显然是表示了初期资本主义的各种特征，狂热地催促小资产阶级去积蓄势力的环境下所完成的。'拉狄克在《中国历史上的根本问题》中曾经指出欧洲产业革命以前的西欧社会关系，和中国的这种关系有某种根本的差别。若不承认这种见解，则中国环境既和欧洲产业革命以前的环境一样，那为什么没引起科学的萌芽和科学的发展呢？对于这个问题他的答案是：'除了历史科学、语言科学和哲学而外,中国只在天文学和数学方面得到了真正科学上的成就。而就整个情形看来,那和工业生产的形成有关的自然科学,不过停滞于搜集经验法则的水准罢了……汉代或汉代以前的中国,为什么在数学上和天文学方面达到了较高的水准?假定这些科学的产生,是建筑在各种大规模的治水工程和水利工程上的社会秩序需要上;那么只有这个时代才是这些科学的成立时期吧?'接着他说:'中国思想家们的智力,并没有用在那可以形成机械学体系的各种工业生产问题上面;并没有把处理这些问题作为根本的紧急任务,这个远东大国的根本智能,集中到了其他的课题,即农业秩序所产生的,及直接和农业秩序有关的,或在观念上反映着农业秩序的各种课题。'他的结论是:'他们在这里还不能够从亚细亚社会和欧洲社会的关联中,检讨亚细亚社会为什么不能以解体过程中的欧洲中世纪的半封建主义那样的方法和程度,去推进大规模的工业经营。我们仅仅确认这个事实:即是精密的自然科学的停滞,是和这种工业上的停滞互相平行的……中国自然科学各部门所以只有贫弱的发达,并非由于偶然;而是那些妨碍自然科学发达的障碍所必然造成的结果。'上述4位作者对于本问题的结论,统归根到中国旧社会之不适宜于产生自然科学。钱宝琮、李约瑟和维特福格尔3位先生一致主张是农业社会的制度在作梗;陈立先生的意见是由于宗法社会的组织,两者的意见实是二而一。因为宗法社会只有以农业为经济核心时才能维持,才能发展……归根起来讲,中国农村社会的机构和封建思想,使中国古代不能产生自然科学。而此种机构,此种思想,到如今还大部遗留着。人民一受教育,就以士大夫阶级自居,不肯再动手。在学校所习科目,只问其出路之好,待遇之丰,更不校量科目之基本训练如何,个人之兴趣如何。把利害之价值放在是非价值之上,而社会上一般提倡科学的人们,亦只求科学之应用。怪不得维特福格尔说:'在现在的日益走向解体过程中的中国,上层阶级和最高官厅,也对于自然科学发生兴趣,加以奖励。但他们所怀抱的意义,和西洋完全不同,这是千真万确的事,谁也不能否认';据容闳所著《西学东渐记》,谓同治六年,曾文正公方初定捻军回到上海,去就南京两江总督任,极注意于其亲自手创之江南制造厂。文正见之,大为欢喜,容闳因劝其设立兵工学校,以期中国将来不必需用外国机器,及外国工程师,大为文正所赞许。从曾文正到现在,我们提倡科学已近80年,而仍有人主张'西学为用,中学为体'或类似的谬论。希望原子弹之发现,能打破这班人的迷梦,而使中国科学人于光明灿烂的境界。"[1]竺可桢的论述大体包含了历年有关为什么中国古代没有产生自然科学的基本观点,即自良渚文化等一直保存下来的农业文化基因。

[1] 竺可桢:《为什么中国古代没有产生自然科学》,载竺可桢:《竺可桢文录》,浙江文艺出版社1999年版。

三、艺术在时间序列中的因循

良渚文化艺术经过长时间凝练涵化,似一种来自宇宙的筹划剪裁和逻辑综合，含有爆发性和冲击性的创造内力。中国后世很少再能看到这样的创造精神。但是纵观整个1000多年时间，良渚文化各种器物造型尽管在逐渐完善和精致化，也存在多样性不足、偏重于承袭的倾向。这个问题在良渚文化时期只是略见端倪，其大端是创造了无与伦比的玉器和陶器。而在中国后世则成为主流。中国古代至于今天的美术、音乐、戏剧等大多在既定的程式中做魔术，总的来说遵的是"因循制"，在很大程度上脱离了自然根性，也脱离了当时的社会生活，表现内心情感也是表面化的居多。

与西方艺术相比，中国艺术最大的特征是程式化。艺术程式在中西方艺术中均存在，但中国艺术程式偏重于形式性程式，具有全体相似性；西方艺术则以真实表现自然和生活为根据，具有极大的个体差异性。西方艺术的程式是与表现内容融会在一起的，个个不同，因此也可以说西方艺术没有程式。艺术程式是约定俗成的艺术样式或规范化、标准化的表现法式，也可以称为艺术程式或成式。清代书画家郑绩《梦幻居画学简明》总跋云："兹后三卷，所谓花鸟兽虫，每种数语，挈其大要而总括之，以为画学成式。"[1]程式化特征最明显的是中国戏剧和绘画。中国戏曲之程式乃至可以从内容中独立出来成为票友的审美对象，所以程式有时又用来特指戏曲程式。在完善的中国传统戏曲中，每一行当有唱、做、念、打"四功"，口、眼、身、步、手"五法"，加上"吹""拉""弹""打"4类民族乐器伴奏，形成了一整套程式。其中表演程式化的动作有翎子功、髯口功、水袖功、甩发功、扇子功、手绢功等。这些动作不是模仿生活，而是从生活中高度提炼并且加以美化、固化得来。如耍髯口，挑起来表示角色在看，推出去表示角色在想，捋几根表示角色心境安闲，绕在手上表示角色心情愉快，捻来捻去表示角色陷入了沉思，托在手上表示角色心有感叹，甩出去表示角色恼火了。中国戏剧的题材基本上来自神话故事、民间传说和古典名著，形成"私订终身后花园，落难公子中状元"等故事程式。清代李渔、沈心友请王概、王蓍、王臬、诸升编绘的《芥子园画谱》则是中国画程式的隐喻。《芥子园画谱》总结的各种绘画程式为后学的范本，而实际上此前的中国画承继关系与之一脉相承。中国画的程式主要体现为笔墨程式。笔墨是中国画技法的总称。"笔"指钩、勒、皴、擦、点等笔法，"墨"指烘、染、破、泼、积等墨法。南宋时马远画《水图》12幅，有的水光潋滟，有的水波不兴，有的回旋荡漾，有的波涛汹涌，曲尽其态。这些笔法逐渐成为水法程式。明代周履靖总结出"人物衣褶十八描"，即高古游丝描、琴弦纹描、铁线描、行云流水描、马蝗描、钉头鼠尾描、混描、橛头钉描、曹衣描、折芦描、柳叶描、竹叶描、战笔水纹描、减笔描、枯柴描、蚯蚓描、橄榄描、枣核描。皴法则是表现山石、峰峦和树身等表皮脉络纹理的画法。画时先勾出轮廓，再用淡干墨侧笔而画。皴法是笔的延伸、笔墨的综合。隋代展子虔所画《游春图》全以线条勾勒，空勾无皴。从五代开始，山水画家探索以笔锋的敲、侧、逆、戳表

[1] 郑绩：《梦幻居画学简明》，《续修四库全书》第1086册，上海古籍出版社1995年版。

现山石的不同质感。五代董源山水画以麻丝般线条构建的皴法，被称作"披麻皴"。"披麻皴"是表现南方土质型丘陵的经典画法。南宋马远山水画中山石像刀劈斧削，被称作"斧劈皴"。"斧劈皴"是表现北方石质高山的经典画法。北宋范宽的山水画以抢笔由下往上皴擦肌理，所谓"刮铁皴"。米芾及其子米友仁以点积皴，有烟雾迷蒙的效果，被称作"米点皴"。石涛《画语录》列举了13种皴法，除上述外还有荷叶皴、解索皴、折带皴、乱麻皴、卷云皴等。中国画还将树叶归类成"点叶""针叶""夹叶"等程式化的叶法，以统摄凌乱的树叶。

　　艺术程式来源于自然和生活，是艺术家对物象反复体验、对创作实践和审美历史经验不断总结的结果，其最早的形态是具有原创性的，然而一旦被当作程式或定式，艺术或审美价值也就消解了。艺术程式可以为初学者提供方便，但如果过多依赖或运用于创作环节则将限制或扼杀创造力，形成模式化思维、简单化思维和偷懒习性。石涛尝言："太古无法，太朴不散；太朴一散，而法立矣。法立于何？立于一画。一画者，众有之本，万象之根。见用于神，藏用于人，而世人不知。一画之法乃自我立。立一画之法者，盖以无法生有法，以有法贯众法也。"[1]石涛的"一画"式思想是艺术程式产生的重要根源。包括石涛在内的中国艺术家大多将"一画"理解为可以无限复制的既定程式，而不重视"一画"本身的丰富复杂性。明清以后的画家基本上将掌握程式与画家画等号。恩斯特·汉斯·约瑟夫·贡布里希（Ernst Hans Josef Gombrich）在《艺术发展史：艺术的故事》一书中谈到中国画家对中国画的学习时说："中国艺术家不到户外去面对母题坐下来画速写。他们竟至用一种参悟和凝神的奇怪方式来学习艺术。这样，他们就不从研究大自然入手，而是从研究名家的作品入手，首先学会'怎样画松树''怎样画山石''怎样画云彩'。只是在全面掌握了这种技巧以后，他们才去游历和凝视自然之美，以便体会山水的情调。""随着时间的推移，可以用来画竹杆或画凹凸山石的笔法，几乎每一种都有传统的根基和名目，而且前人的作品博得了无比巨大的普遍赞美，艺术家就越来越不敢依靠自己的灵感了。在以后的若干世纪里，在中国和日本（日本采用了中国的观念），绘画的标准一直很高，但是艺术越来越像是高雅、复杂的游戏，因为有许许多多步骤大家早已知道，也就大大失去了它的兴味。"[2]贡布里希在《艺术与幻觉：图画再现的心理学研究》一书中谈及绘画程式时又指出："我们可以看到比较固定的中国传统语汇是怎样像筛子一样只允许已有图式的那些特征进入画面。艺术家会被可以用他的惯用手法去描绘的那些母题所吸引。他审视风景时，那些能够成功地跟他业已掌握的图式匹配的景象就会跃然而出，成为注意的中心。风格跟手段一样，也创造了一种心理定向，使得艺术家在四周的景色中寻找一些他能够描绘的方面。绘画是一种活动，所以艺术家的倾向是看到他要画的东西，而不是画他所看到的东西。"[3]尽管"看到他要画的东西，而不是画他所看

[1] 石涛：《苦瓜和尚画语录·一画章第一》，周远斌点校，山东画报出版社2007年版。

[2]〔英〕恩斯特·汉斯·约瑟夫·贡布里希：《艺术发展史：艺术的故事》，范景中译，林夕校，天津人民美术出版社1991年版，第83页。

[3]〔英〕恩斯特·汉斯·约瑟夫·贡布里希：《艺术与幻觉：图画再现的心理学研究》，林夕、李本正、范景中译，湖南科学技术出版社1999年版，第59页。

到的东西"是西方画家的共同特征，但中国画家更偏向于画其所知，追求对程式的匹配。这个"知"就是先入为主的观念知识以及与此相应的习惯表现方式。过多依赖它，就会本末倒置，弃置内容而拼凑和堆积简单化的形式。中国古来之艺人或艺术家大多盲目在程式上耗费大量精力。有的从童子功学起，几乎用毕生精力推敲琢磨技法，而文化水平不高，缺乏精神追求，思想僵化保守，创新底气不足。

瓦尔特·本雅明（Walter Benjamin）在《机械复制时代的艺术作品》一书中把他所处的时代称为一个"艺术裂变的时代"。在他看来，当手工劳动社会完成向机械工业社会的转变时，伴随而来的必然是与先前手工劳动社会相对应的以叙事艺术为主的古典艺术的终结。在工业革命以前，人与人之间的主要传播方式是述说，与之对应的是以叙事性为主的艺术形式；而到了工业社会，机械制造所提供的便利不仅改变了人们的交往方式和信息传播方式，也改变了艺术的生产方式，使复制的艺术完全摆脱了以往在艺术制造时所面临的技术局限，从而把艺术生产置于一个新的历史情景中。本雅明指出："在漫长的历史长河中，人类的感性认识方式是随着人类群体的整个生活方式而改变的。人类感性认识的组织方式——这一认识赖以完成的手段——不仅受制于自然条件，而且也受制于历史条件。"[1]他将机械复制时代的艺术作为一种既定的"客观存在"加以冷静地剖析，认为传统艺术作品具有当时当地性，即在它的诞生地是独一无二的。正是这种独一无二性构成传统作品的灵韵光晕。随着"光晕"的消失，艺术原有的功能与价值也发生巨大变化，艺术不再建立在礼仪的基础之上，而开始建立在政治的基础之上。"它原有的膜拜价值也被展示价值所取代，人类历史上第一次把艺术作品从它对礼仪的寄生中解放了出来，获得了展示价值的主导地位。与此相应，艺术接受也从侧重膜拜价值的凝神观照接受方式转变为侧重展示的价值的消遣性接受方式，凝神观照中的人沉湎到该作品中，而进行消遣的大众则超然于艺术品，沉浸在自我之中：前者在接受中唤起移情作用，达到净化目的；后者如电影的接受则通过片断、零散的镜头，画面的蒙太奇转换，打破了观众常态的视觉过程整体感，引起惊颤的心理效应，实现激励公众的政治功能。"[2]在他看来，"灵韵"是不适宜于现代社会的，这种神秘的光晕会被利用到对法西斯主义权威的崇拜和迷信中。他认为电影以震惊效果取代了"灵韵"，具有更为广阔的审美容量。这种审美效果带来的是人类感知机制的变革。从传统的"凝神专注"的欣赏方式到视觉、听觉、触觉的组合式欣赏。西奥多·路德维格·维森格朗德·阿多诺（Theodor Ludwig Wiesengrund Adorno）认为，在机械复制时代，技术对艺术的介入和侵越，使艺术失去了它一贯的个人的技巧化痕迹，从而遭遇到灭顶之灾。启蒙理性所具有的知识化和系统化的特质带来了不可避免的抽象化的后果，质的多样性和丰富性就被抽离为量的等同，使之成为可比较的同一体。"资产阶级受等同原则的统治。它把不同

[1]〔德〕瓦尔特·本雅明：《机械复制时代的艺术作品》，王才勇译，中国城市出版社2002年版，第12页。

[2] 朱立元主编：《当代西方文艺理论》，华东师范大学出版社1997年版，第209页。

的事物还原为抽象的量，使之可比较。对于启蒙来说，那种不可还原为数，最终不能同一的事物必然是幻想；现代实证主义像取消文字一样将它一笔勾销。一体性是从巴门尼德直到罗素的口号，他们主张将众神和特性一起摧毁。"[1]他同时认为在大众文化时代，艺术的使用价值从艺术的存在自身中抽离，取而代之的是抽象的交换价值。交换价值变为艺术生产的唯一标准和原则。这样，艺术欣赏就演变为群体化的消费行为。艺术沦为商品，它内在的神圣化和精神化的品格消散于大众的日常生活之中。于是艺术就这样"终结"了。阿多诺对大众文化采用社会学的分析方法，完全把技术从艺术中排除出去。他曾说："文化工业中的技术只在名称上和艺术作品的技术相同。就后者来说，技术关涉客体自身的内在组织，它具有自己的内在逻辑。"[2]但艺术作品总是要和个体接受联系在一起，总是个体的经验性的表现，带有个人化的痕迹。他把"非同一性"原则作为审美的最高原则，要求审美活动走向与现实生活的非同一。在他看来，正是与现实生活的非同一性中蕴含着巨大的审美资源。非同一性原则给现实的审美活动提供了自律的审美模式，非同一性事物就是审美地得到体现人类理性真实之所在。由此他突出强调审美的绝对超客体性。他说，审美根本用不着顾及客体性的对象的存在，而且还必须有意识地背离客体对象。一件艺术作品离现实生活愈远，它的审美品位就愈高。艺术的真理只有"拒绝与社会的认同"才能体现出来。甚至认为"艺术是对现实世界的否定的认识"[3]。艺术作品只有体现一种否定的立场，存在才能回到它原来的位置。艺术不仅是模仿、复制、反映世界，更重要的是批判、占有世界。艺术作品并不向读者提供一种"反映"与"知识"，而是揭示现实的矛盾。在他看来，艺术不把自己的存在归结于现实世界，而且也不从单纯的模仿来获得自身的意义，艺术的意义只在于对现实世界的否定与批判。艺术具有对现存事物疏离的特性，它在自我疏离真实存在的放逐中具有了非真实性。由此出发，他又把艺术视为不同于现实的、非实在的现象学意义上的"幻象"。"现代艺术作品所追求的是那种尚不存在的东西。"[4]艺术的幻象蔑视现实的统治原则，最终达到对现存经验事实的否定。他还强调，艺术具有对完美的感性外观扬弃的特性。"艺术用不完美性、不和谐性、零碎性和破碎性的外观来实现其否定现实的本性。""艺术作品被塑造得越深刻，它也就否定了人为设置的外观而越难被人理解。"[5]阿多诺关于艺术性质与功能最著名的命题是："艺术对于社会是社会的'反题'。""艺术在现存社会中成了'反艺术'。"[6]本雅明在承认"客观实在"的同时，在本体内部的批判更普遍地反映了事实本身，但技术会伤害艺术是事实。阿多诺将目光更多地投向了对技术介入艺术的批判，从外部观照艺术，有更多的警示作用。二者构成了一种张力结构。

机械复制并非发源于现代社会，也远远早于本雅明所说的版画时代。而中国艺术如前所述，良渚文化时期已显端倪，后代的这种特征则异常强

[1]〔德〕马克斯·霍克海默、西奥多·路德维格·维森格朗德·阿多诺：《启蒙辩证法》，洪佩郁、蔺月峰译，重庆出版社1990年版，第119页。

[2]〔美〕马丁·杰：《阿多诺》，瞿铁鹏、张赛美译，中国社会科学出版社1992年版，第192页。

[3] Theodor Ludwig Wiesengrund Adorno, *Ästhetische Theorie*, Frankfurt am Main: Suhrkamp Verlag, 1970, p. 140.

[4] Theodor Ludwig Wiesengrund Adorno, *Ästhetische Theorie*, Frankfurt am Main: Suhrkamp Verlag, 1970, p. 203.

[5] Theodor Ludwig Wiesengrund Adorno, *Ästhetische Theorie*, Frankfurt am Main: Suhrkamp Verlag, 1970, pp. 195-196.

[6] Theodor Ludwig Wiesengrund Adorno, *Ästhetische Theorie*, Frankfurt am Main: Suhrkamp Verlag, 1970, p. 19.

烈。而且，良渚文化玉器等丧失了膜拜价值而有了政治功能以后，非但原创性降低了，还有了集权政治功能。在这种意义上，阿多诺所谓的疏离和个人性显得非常必要。

中国之所以形成上述复制特征极强的程式化艺术，与传统思维习惯相关。由于农业宗法社会的社会制度和思维方式保持一贯性，因而"因循"就成为基本的历史特征。"因循"也是道家的核心思想之一，同时也是儒家思想的内核。"因"的概念，或可溯源至《老子》。《老子》虽未提及"因"，但其"人法地，地法天，天法道，道法自然"（《老子·第二十五章》）、"弱者道之用"（《老子·第四十章》）等命题无疑蕴蓄了去除我执、顺随外物、因循时势的思想萌芽。而真正把"因"作为理论术语提出来，并将其用于治国理民之事的，是《管子》等黄老学著作。《管子·心术上第三十六》论曰："无为之道，因也。因也者，无益无损也。以其形，因为之名，此因之术也……因也者，舍己而以物为法者也。感而后应，非所设也；缘理而动，非所取也。"[1]将"因"与"无为之道"相提并论，足见《管子》时代对"因"的重视。《管子》之外，《慎子》更以《因循》题篇，把"因"当作应事理物的唯一通则，认为"天道因则大，化则细"[2]。管、慎之后，韩非更明晰、深入地将"因"的概念专用于治道之论，主张"因物以治物，因人以知人"，"因乘以导之，因随物之容"[3]。紧随其后的《吕氏春秋》还专列《贵因》篇论"因"在治道中的重要地位。在《知度》《任数》《顺说》《决胜》《贵富》各篇里，也以"因"为方法、手段之依凭，申论为治、施政、用兵、修养之道。如《吕氏春秋》卷一七《审分览第五·任数》云："古之王者，其所为少，其所因多。因者君术也，为者臣道也；为则扰矣，因则静矣。因冬为寒，因夏为暑，君奚事哉？故曰：'君道无知无为而贤于有知有为。'"[4]《淮南子》摒除了《管子》《慎子》无益无损、舍己去智、不设立场的全然被动，而继承了《韩非子》更为积极、主动的治国态度，发展了《吕氏春秋》"无唱有和，无先有随"[5]的作为"治道"的"因"的思想，并赋予其更为清晰、全面的内容。概括而言，《淮南子》论"因循"有四重含义：其一，"因自然以理事"之随顺、利用义；其二，"因材质而用众"之凭借、因乘义；其三，"因民性制礼节"之根据、依托义；其四，"因风俗行教化"之承袭、发展义。这些"因循"义都有其合理性，但实质上也有因循传统、苟且现实的意思。"因循"义中之"因自然以理事"所因，原本是变化着并且是十分丰富的，确实可为艺术之所因。《庄子》卷七下第二十二《知北游》有说："天地有大美而不言……圣人者，原天地之美而达万物之理。"这些话为许多人所熟知，但后世艺术家、科学家可以说没有几人真正理解和做到的。

[1] 刘向编，黎翔凤校注：《管子校注》，中华书局2004年版。

[2] 慎到：《慎子·因循》，华东师范大学出版社2012年版。

[3] 韩非撰，陈奇猷校注：《韩非子集释》卷一六《难三第三十八》、卷七《喻老第二十一》，中华书局1958年版。

[4] 吕不韦等撰，许维遹集释：《吕氏春秋集释》，中华书局2009年版。

[5] 吕不韦等撰，许维遹集释：《吕氏春秋集释》卷一七《审分览第五·任数》，中华书局2009年版。

第七章 现代转换的生态危机与文明形态的更化

一、连续中的破裂

任福儒《文明的兴起：公元前 3000 年的基克拉泽斯和爱琴海》一书指出："我们可以把一个文明的成长程序看作是人类之逐渐创造一个比较大而且复杂的环境：不但通过对生态系统之中范围较广的资源的越来越厉害的利用而在自然领域中如此，而且在社会和精神的领域中也是如此。同时，野蛮的猎人所居住的环坑在许多方面与其他动物的环境并没有什么不同，虽然它已经为语言及文化中一大套其他人工器物的使用所扩大，而文明人则居住在说来的确是他自己所创造出来的环境之中。在这种意义上，文明乃是人类自己所造成的环境，他们做了这个环境以将自己与原始的自然环境隔离开来。"[1] 理查德·弗雷泽·汤森（Richard Fraser Townsend）《特诺奇蒂特兰城艺术中的国家和宇宙》一书则认为："墨西哥人（即阿兹特克人）把他们的都城（Tenochtitlan）和它的环境之间的关系看作一个整合性的宇宙论的结构——亦即一个有秩序的宇宙，其中自然现象被视作从本质上说是神圣的、有生命的，并且与人类的活动发生密切关系。这种观点与欧洲人的看法相对照：后者把城市看作文明的人工产物，亦即宗教与法律制度在那里很尖锐地将人类的身份与未经驯化的自然的身体区分开来的地方。西班牙的修道士与兵士们自动地将作为人类的他们自己在一个上帝创造的秩序之中看作比生命的其他形式为高的一个层次。但是印第安人则以一种参与的意识来对待自然现象：宇宙被看成是各种生命力之间的关系的反映，而生命的每一方面都是一个互相交叉的宇宙位系的一部分。"[2] 也就是说，阿兹特克人与西班牙人对文明的认识有所不同，他们认

[1] Colin Renfrew, *The Emergence of Civilization: the Cyclades and the Aegean in the Third*, London: Methuen and Co. Ltd., 1972, p.11.

[2] Richard Fraser Townsend, *State and Consmos in the Art of Tenochtitlan*, Oaks Research and Study Center, Washington, D.C., 1979, p.9.

为文明与自然是连续的，人类与动物是连续的，地与天是连续的。

佛斯特拟测了一个所谓的"亚美式萨满教的意识形态内容"：（1）萨满式的宇宙乃是巫术性的宇宙，而所谓自然的和超自然的环境这种现象乃是巫术式变形的结果，而不是像在犹太基督教传统中的自虚无而生的"创造"。（2）宇宙是分成多层的，每层经常有其个别神灵式的统治者和超自然的居民。有时还有四方之神或四土之神，以及分别统治天界与地界的最高神灵。这些神灵中有的虽然控制人类和其他生物的命运，但他们也可以为人所操纵，例如通过供奉牺牲。宇宙的诸层之间为一个中央之柱（所谓"世界之轴"）所穿通，这个柱与萨满的各种向上界与下界升降的象征物在概念上与在实际上都相结合。萨满还有树，或称世界之树，上面经常有一只鸟——在天界飞翔与超越各界的象征物——登栖着。同时，世界又为平行的南北、东西两轴切分为四个象限，而且不同的方向常与不同的颜色相结合。（3）萨满教的知识世界中的另一条公理是说人与动物在品质上是相等的。按赫伯特·约瑟夫·斯宾登（Herbert Joseph Spinden）的话说，人类决不是造世的主人，而永远是靠天吃饭的。（4）与人和动物品质相等这个观念密切相关的另一个观念是人与动物之间互相转形，即人与动物具有彼此以对方形式出现的能力。人与动物之相等性又表现于"知心的动物朋友"和"动物伙伴"这些观念上。萨满们一般又有动物助手。（5）自然环境中的所有现象都被一种生命力或灵魄赋以生命。在萨满世界里，没有无生命的事物。（6）人类与动物的灵魂或其本质生命力一般驻居在骨头里面，经常在头骨里。人类与动物从他们的骨骸再生。（7）灵魂可以与身体分开，并且可以在地球各处旅行，甚至旅行到上界、下界。它也可能被敌对的精灵或黑巫师掠去，而为萨满所拯救。失去灵魂是生病的常见原因，敌对环境外界物体侵入身体也是一种原因。疾病的诊断和治疗是萨满的特殊本事。（8）迷魂失神这种现象常常（并非永远是或到处都是）由产生幻象的植物所促成。佛斯特进一步指出："上述大部特征对我们所知范围之内的西班牙人来到以前的文明时代的中美洲和其象征体系的适用性，并不下于它对较单纯的社会中较典型性的萨满教的适用性。变形式的起源说，而非圣经式的创造说，乃是中美洲宗教的标志。有其个别的精灵界的统治者的分层宇宙，世界之轴，有鸟栖息的世界之树，世界之山，世界的四象限以及有颜色的四方——这些都确然是中美洲的。人与动物在品质上的相等性，动物密友，动物伙伴，动物皮、爪、牙齿、面具和其他部分的使用以象征转形或造成转形，等等，也都是中美洲的。"[1] 张光直认为，佛斯特提到的这些情况不少甚至全部在早期中国文明中同样存在。西班牙人式的西方经验代表其余人类所共有的基层的一种质上的破裂，即与宇宙整体论的破裂——与人类和他的自然资源之间的分割性。走这条路的文明是用由生产技术革命与以贸易形式输入新的资源这种方式积蓄起来的财富为基础而建造起来的。阿兹特克人或中国式财富的集中是借政治程

---

[1] Peter T. Furst, *Shamanistic Survivals in Mesoamerican Religion*, in *Actas del XLI Congreso International de Americanistas*, vol. Ⅲ, Mexico: Instituto Nacional de Antropología e Historia, 1974.

序（即人与人之间的关系上）而不是借技术或商业程序（即人与自然之间的关系上）造成的。连续性文明不会导致生态平衡的破坏，而能够在连续宇宙观的框架中保护生态。这种宇宙观以及相应的社会体系供给了政治操纵的工具。实现这种操纵的关键在于社会和经济的分层。在中国，这种分层在考古和文献资料中表现为3个方面，即宗族分支、聚落等级体系（导致城市和国家产生）和萨满阶层以及萨满教法器（包括美术宝藏）的独占。[1]

[1] 张光直：《连续与破裂：一个文明起源新说的草稿》，载张光直：《中国青铜时代》（二集），生活·读书·新知三联书店1990年版。

从历时性的角度看，西方文明的发展也是断裂性的。苏美尔文明、古希腊罗马文明、中世纪基督教文明、文艺复兴、工业文明、后工业文明都显得很不一样，好像有一个接一个的挑战，一个接一个的断裂。事实上苏美尔文明的崛起就是断裂飞跃性的。苏美尔文明在距今7000年前突然出现在地球上，并立即成为一个高度发达的文明，乃至在其消亡后一二千年间的其他文明还难以超越。美索不达米亚平原几乎没有资源、森林、矿产等原材料，甚至如埃及的石头，但苏美尔人系统掌握了地质、冶金、力学、天文知识，制造出世界上最早的合金以及青铜，发明了车轮和太阴历。在苏美尔人的古老典籍中，能找到与现代星相图几乎毫无二致的图案。苏美尔人发明了12和60数字进位法。在苏美尔文明金字塔附近找到的一块泥版上记录了一道由两个数字相乘的计算题，换算成现在的十进位制，其最终乘积竟是一个15位的数字195 955 200 000 000。苏美尔文明对赫梯文明、巴比伦文明、希伯来文明、安纳托利亚文明、埃及文明、古印度文明等影响巨大，并最终造就了古希腊罗马文明。中国黄河文明的演进轨迹是连续的。长江文明似乎是断而再续的。继河姆渡文化、马家浜文化、崧泽文化之后发展起来的良渚文化与中原龙山文化年代大致相当，是龙山时代的主体文化，但进入马桥文化突然极大衰变，并形成断层。此后经过较长时期时间的重构形成与黄河文明相一致的形态。但从基本性质来看，长江文明并没有出现跳跃式发展的断层，与黄河文明一样长期维系于农业文明水平，因而实质上仍是连续的。

汤森、佛斯特、张光直等所说的亚美连续体其实并不是人与自然环境的真正连接，而主要表现为人对自然环境的依赖、依存。旧石器时代的人类依靠采集、狩猎为生，只能构成自然连续体中的一部分。自从新石器时代的农业产生以后，人类开始构造任福儒所说的人类自己的环境，逐渐与自然分隔。基于自利的本性，人类强化了对自然生产方式的人工控制，并且加大了对自然资源的消耗。只是由于新石器时代直至文明起源阶段、文明社会早期生产力水平较低、人口较少，自然环境的基本格局不足以被人为改变。早期人类的一部分在意识到大量开垦农田、毁坏森林、改变水系会危及农业生产或人类生存时，形成了自觉的生态保护观念。但总体而言这种意识并不具有普遍性。早期文明之所以有强弱之分、形成区域中心或中心聚落，当与生态意识的发展水平有关。良渚文化的崛起与先民生态意识的发育是分不开的。因而,不能认为古代或远古时期的人类定有良好的生态观念。

面对当代全球性的环境污染、生态破坏,许多人将目光转向中国传统思想中的"天人合一",希望从中汲取生态智慧。然而,"天人合一"主要是一种抽象的社会文化观念或精神文化概念,缺乏现实性。在这个由宋代张载明确定名的命题中,"天""人"与"合一"几个概念也是多义的,如冯友兰曾归纳"天"有"物质之天"(天空)、"主宰之天"(天神)、"命运之天"(天命)、"自然之天"(天性)及"义理之天"(天理)5种意义。[1] 中国主流传统文化中的"天"与"人",并不等同于西方传统中的"自然"与"人",因而"天人合一"也不能等同于"人与自然的和谐"。中国"天人合一"的体系框架,不论就天而言,还是就人而言,都有着分明的贵贱尊卑等级结构和支配关系。而生态主义意义上的"自然"与"人"却没有这种等级关系。在西方传统中,经历了对"自然"与"人"的对立二分、付出了相应的代价之后,才有了对"人与自然和谐"的认识,经历了"否定之否定"的过程。而自一而终的"天人合一"则没有经过这一过程,因而只是一种朴素的宇宙观,缺乏对"自然"与"人"以及生态保护复杂性的认识。从思维方式来看,"天人合一"体现的是原始的、直观的整体思维。不是向外求索,而是内省体悟。《孟子·尽心上》云:"尽其心者,知其性也。知其性,则知天矣。存其心,养其性,所以事天也。夭寿不贰,修身以俟之,所以立命也。"[2] 天性寓于人性之中,悟到了人性也就认识了天性,这样人性与天道在"吾心"中就合而为一了。所以,只有保持人的本心,才能培养起人的本性。这是对待天命、安身立命的方法。"天人合一"思想企图以"重义轻利"的道德观来简单否定农业社会特别看重的实利,所以尽管它写满了中国思想史,却很难取得大众的理解、支持和认同,缺乏实践上的可能性。事实上,在中国历史上并未因"天人合一"而得以避免生态环境的破坏。

在农业社会,食物生产、熟食加工和居住需求等人的生物属性对自然环境构成了基本威胁。在社会发展某一时期,自然环境为人类提供粮食生产的耕地数量和耕地的利用形式是一定的,因此耕地的生产力水平以及生产出来的粮食可满足温饱的人口数量也是有限的。如果人口的数量大于这个限度,耕地就要受到超强度的耕作,土地肥力不能获得更新恢复,耕地的粮食生产能力就要下降。如果因此而盲目地毁林开荒,简单地扩大耕地面积,虽可解一时的燃眉之急,但环境恶化造成的水土流失和自然灾害增多,既抵消了这种劳动成果,又降低了已有耕地的粮食生产能力。熟食加工需要的能量主要取自于薪柴燃烧,森林和其他植被是这些能量的根本来源。但在特定的区域中,特定的植被条件在单位时间里的净生物增长量是有限度的。当从环境中获取的生物量大于自然的生产量时,植被的结构就日趋单一,再生产力水平降低,反过来又降低了森林植被对人类的效用

[1] 冯友兰:《中国哲学史新编》(修订版)第1册,人民出版社1980年版,第89页。

[2] 孟轲撰,赵岐注,孙奭疏:《孟子注疏》,阮元校刻:《十三经注疏》,中华书局1980年版。

水平。居住需求需要通过一定地基和建筑材料来保证，实际上都是对土地的需求。人的社会性对自然环境构成了超强威胁。人以群体的方式与自然发生作用，组织模式不同，与自然的关系就有所不同。良好的社会组织模式可以提高资源的利用效率，并使资源和财富合理分配，从而单位面积的土地上可以满足较多人的生存需求。科学技术提高了人类的能动性和主导性，增强了人对自然的作用，使人口与环境的关系复杂化。如果科学技术手段是用来保护环境的，那么科学技术越先进，环境优化的速度和程度就越高；反之，如果科学技术活动是超出环境容量以外的破坏性行为，那么科学技术越先进，环境恶化的速度和强度就越大，后果就越严重。人的社会性并没有改变人的生物性以及人与环境关系的本质，只是作为变压器"放大"了这种关系。人类是在一定人口条件下，凭借一定的科学技术手段，以一定的社会组织方式和时序去开发利用自然并改善生态环境的。人口的作用也要通过这些环节、这些因素传递到作用对象生态环境上。中国的自然生态环境因人口膨胀和农业开发在古代即已大范围恶化，只是因工业化滞后，对自然环境的破坏尚未达到极限。

夏、商、周时期中国黄河中下游平原地区的森林覆盖率较高，人口很少，但由于生产技术落后，单位面积产量很低，仍需要大量土地才能维持生存。依靠土壤的自然肥力维持生产，一块土地不可能长期进行耕种，而必须经常更换。当人口规模较大、新耕地开垦不足时，文明中心便因此而迁移。西周以后，由于生产力技术水平提高，定耕农业逐渐增多，游耕现象趋于消失。秦至西汉时期，由于人口大规模增加，农业耕作强度增加，整个黄河流域的生态环境遭受历史上第一次严重破坏。黄河中游地区森林覆盖率由春秋战国时的53%下降到42%。森林破坏还由平原地区深入到山陵高地。内蒙古乌兰布和正是自西汉开始逐渐沙漠化的。黄河支流变混，主流由浑变黄，中下游地区河床升高，出现了前所未有的频繁泛滥与改道。从汉文帝十二年（公元前168年）到王莽建国三年（公元11年）的180年中，黄河决口10次之多，其中5次导致改道。这一状况威胁了西汉政权存在，也为东汉至魏晋南北朝社会的动荡以及文明中心的迁移埋下了环境诱因。东汉至魏晋南北朝黄河文明的中心地位发生动摇，长江流域文明重新获得了较大发展。隋唐两代定都长安，对黄河中下游平原的农业恢复特别重视，但对南方农业的依赖性大大增强。南方人口超过了北方。至唐后期，政府的粮食和财富主要依赖南方提供。太湖流域和江汉平原相继成为最重要的农业区。唐代获得巨大的发展和文明的进步也是以巨大的生态环境破坏为代价的。它不仅使中国古代文明中心自此移出黄河流域，而且使这一区域的居民从此走上了贫穷与生态破坏的恶性循环之中。唐代人口急剧膨胀，天宝十四年（755年）达到了5300万，比隋末增加了一倍。中唐以后，土地兼并和苛政暴敛日益强烈，许多农民只得依靠垦辟荒闲破泽山原为生，使残留下来的少数林区以及大量的半农半牧地区迅速成为农业区。这种趋势在五代时变本加厉,致使黄河中下游平原、沟谷荒坡基本上开垦殆尽。从此以后,黄河中下游地区的水土流失日益严重,沟壑不断蔓延。唐末至宋文明中心逐渐由黄河流域南迁到长江流域,在继续破坏黄河流域生态环境的同时,开始了对长江流域自然环境的大规模破坏。由于人口膨胀,地不足养,宋、元、明、清之际不仅在南方大造圩田,而且大范围开垦山田,致使整个南方地区水土流失。明代中后期引进美洲等地的甘薯、玉米等农作物,致使人口迅速突破6000万,并且在清代达到4亿,但也造成黄河流域、长江流域全面的水土流失。森林覆盖率由此大幅度降低。唐宋时黄河流域森林覆盖率为32%,明清时迅速下降到3%左右。明代200多年间,黄河决口127次,基本上2年1次;清代200多年间,黄河决口180次,基本上1年1次。与秦汉时期平均26年1次、三国至元代每10年1次相比频繁了许多。唐代以前,扬州附近的长江江面宽度40余里,唐代中叶开凿伊娄河后宽度仍达20余里,宋代还有18里,明末只剩七八里。长江中下游先后淤积了20多个大沙洲,大量沿江湖泊缩小,云梦泽、大陆泽、大野泽等则完全消失。不少古代城市如毗陵(今江苏镇江附近)等被淹埋在泥沙之中。[1]

由于缺乏大机器,中国古代农业文明最终不能质变性地改变自然环境,而总体上只能听凭于自然环境眷顾。然而农业文明一旦与工业文明简单嫁接,其中的极端实利主义则将造就人力之上的极端利益机器,对自然环境肆无忌惮地掠夺和破坏。当代中国没有真正迈进工业时代,却以农业生产方式进行工业生产,即以无限人力和资源消耗为代价的工业生产和"有毒的增长"方式创造了世界第二大经济体,正在打开农业文明的潘多拉魔盒,酿成人类历史上最大的生态灾难。2013年,中国1/4国土持续被雾霾笼罩,其中104座城市空气重度污染,受影响人口达6亿。由中国对外经济贸易大学和日本名古屋大学共同创办的国际低碳经济研究所主持编写的《中国低碳经济发展报告》(2014年)指出,中国的雾霾发生面积大、持续时间长、污染程度更高、危害程度加大,形成了全球最大规模的环境灾难,使中国成为国际社会高度关注的焦点。长江、黄河、珠江、松花江、淮河、海河、辽河、浙闽片流、西南诸河和西北诸河等十大流域均有较大程度污染,黄河、松花江、淮河、辽河、海河十分严重。黄海、南海、渤海和东海四大海区同样遭受污染,其中东海近岸海域水质极差。全国25%的地下水体遭到污染,90%以上的城市浅层地下水不同程度遭到污染,平原区约54%的地下水不符合生活饮用水水质标准,并且目前已呈现由点到面的扩展趋势。118个大中城市地下水已普遍污染,其中严重污染占64%。2013年12月环境保护部和国土资源部发布的《全国土壤污染状况调查公报》显示,全国土壤污染严重,部分地区污染较重,耕地环境质量堪忧。全国土壤总的点位污染超标率为16.1%,其中轻微、轻度、中度和重度污染分别占11.2%、2.3%、1.5%和1.1%。从土地利用

[1] 段昌群:《人类活动对生态环境的影响与古代中国文明中心的迁移》,《思想战线》1996年第4期。

类型看，耕地、林地、草地土壤点位超标率分别为 19.4%、10.0%、10.4%。其中耕地轻微、轻度、中度和重度污染分别占 13.7%、2.8%、1.8%和1.1%，主要污染物为镉、镍、铜、砷、汞、铅、滴滴涕和多环芳烃。南方土壤污染重于北方，长江三角洲、珠江三角洲和东北老工业基地等土壤污染问题较为突出，西南、中南地区土壤重金属超标范围较大。南方部分城市50%耕地遭受重金属污染。调查的690家重污染企业用地及周边土壤点位超标的占36.3%，主要涉及黑色金属、有色金属、皮革制品、造纸、石油煤炭、化工医药、化纤橡塑、矿物制品、金属制品、电力等行业。调查的188处固体废物处理处置场地中超标点位占21.3%，以无机污染为主。垃圾焚烧和填埋场则有机污染严重。调查的采油区中超标点位占23.6%，矿区中超标点位占33.4%，55个污水灌溉区中有39个存在土壤污染，267条干线公路两侧的1578个土壤点位中超标点位占20.3%。从污染类型看，以无机型污染为主，占82.8%。镉、汞、砷、铜、铅、铬、锌、镍8种无机污染物点位超标率分别为7.0%、1.6%、2.7%、2.1%、1.5%、1.1%、0.9%、4.8%，镉重度污染占0.5%。镉、汞、砷、铅4种无机污染物含量分布呈现从西北到东南、从东北到西南方向逐渐升高的态势。有机型污染次之，其中六六六、滴滴涕、多环芳烃3类有机污染物点位超标率分别为0.5%、1.9%、1.4%。复合型污染比重较小。[1]

《中国低碳经济发展报告》（2014年）指出：生态环境污染问题已成为中国社会面临的最大挑战。它将严重影响中国当前和今后的经济活动，严重威胁国民的身体健康和基本生存权，严重威胁社会安全，损害中国的国际声誉。治理中国的生态环境问题需要花费几十年时间。要适时开征环境税，把水污染、大气污染、固体废物等污染物排放纳入环境税的征收范围，用经济手段加以治理。但中国的生态环境问题的根子出在农业化的工业生产方式，必须从根本上改变中国的农业生产观念和农业社会治理模式，才能取得真正的成效。西方社会进入工业文明阶段以后，尽管也付出了沉重的环境代价，但由于其有民主政治机制发挥作用，所以经济发展方向能够得到较大程度的纠偏而不至于太出格或完全失控。

[1] 国际低碳经济研究所编:《中国低碳经济发展报告》（2014年），社会科学文献出版社2014年版。

二、重回连续世界

马克思、恩格斯《德意志意识形态》一书指出："历史可以从两方面来考察，可以把它划分为自然史和人类史。但这两方面是密切相联的，只要有人存在，自然史和人类史就彼此相互制约。"20世纪50年代，朱利安·海恩斯·斯图尔德（Julian Haynes Steward）出版《文化变迁的理论：多线性变革的方法》一书，提出"文化生态学"概念。在人类学的生态研究方面，有主张环境决定论的，也有主张文化决定论的。斯图尔德则认为文化与环境之间是一种对话关系，它们是互动的。自人类诞生起即出现人地关系，只是生产力低下的旧石器时代二者的矛盾未显露。自新石器时代农业兴起以来，矛盾开始突出并日益尖锐。

有学者对黄河中下游地区的聚落进化研究后发现，这一地区的聚落表现为连续性的发展模式。具体表现为自新石器时代以来该区域内古遗址数量由少到多，聚落规模由小变大，各文化呈现连续、稳定、渐进的发展态势。从环境角度还可以观察到，这一地区地处低海拔大河平原，地势平坦，受气候变化影响程度相对较小。聚落、人口密度相对较大，聚落位置比较稳定，摆动幅度小。不同时期的文化埋藏高度重合，乃至数千年来层层叠垒，形成丰厚的堆积。例如，河南郑州大河村的仰韶文化、龙山文化、二里头文化和商代4个时期的堆积深达12.5m，并基本呈现连续堆积和重复使用的状貌。[1] 长江下游地区的聚落情况与黄河中下游地区有所不同。在新石器时代早期表现出与黄河中下游地区相同的进化方式，遗址数量由少到多，聚落规模由小变大，密度逐步增加，遗址重复利用率比较高，各文化也呈现连续、稳定、渐进的发展态势。但到良渚文化时期，这种稳定渐进的发展趋势开始被超常规的增长势头所取代，遗址数量攀升到最高峰值位点，新的聚落被大量开发，并开始形成某些大型的中心聚落。而到后续的马桥文化时期发生突变，遗址数量骤然下降，跌入罕见的低谷期，文化埋藏量重合指数锐减，单一型遗址大增。这在太湖流域以及宁镇以西地区尤为突出。另外还有一种进化模式表现出既非连续也非变异的特征，而是带有间歇性、嵌入性的断裂式进化模式。良渚文化以前的经济活动属初级农业开发型模式，水稻种植、家畜驯养逐步增多，但仍需以大量采集、狩猎活动补充。此时人口压力不大，经济发展相对稳定。良渚文化时期气候等自然条件进一步改善，获取生存资源的行为方式由依赖自然生物的初级开发型转为大量栽培植物和蓄养家畜的开发型，开发型比例超过初级开发型，资源需求比重加大。与此同时，人口跳跃性增长，同样消耗自然资源以及劳动的日用器物和非实用礼器大幅度增加，大型城市工程和礼制性建筑增多，由于社会分化剩余产品大量积聚。这种状况累积到一定水平人与自然之间便出现裂痕，最终导致文化衰变。

长江下游地区经历了长期的繁荣发展以后，社会结构日益趋向复杂化，但在开始迈向文明时代的进程中，经济、社会各方面都出现了一次普遍的、前所未见的停滞或倒退现象。尽管发展水平达到中国文明起源阶段的高峰，却突然中断而为中原文

[1] 李水城：《区域对比：环境与聚落的演进》，《考古与文物》2002年第6期。

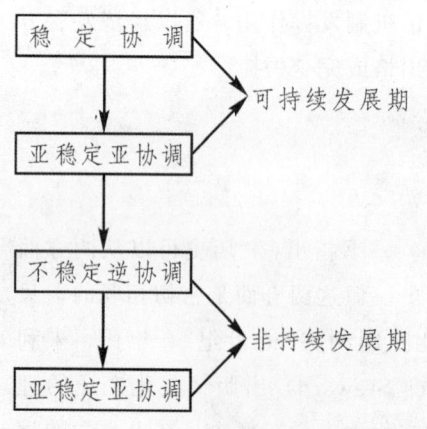

长江下游地区新石器时代人地关系演化模式

长江下游地区新石器时代环境变化与社会进程比较

年代与分期			环境景观			人文景观	
距今年代	考古地理学分期		气候特征	环境事件	海平面	聚落人口	社会进程
6800±200	考古时代前期	马家浜早期	稳定暖湿		低海面	数量稀少增幅不大	稳定发展
6400±200		马家浜中期					
6000±200		马家浜晚期					
5700±200		崧泽早期	波动	降温	高海面	数量偏少减幅较大	波动发展
5500±100		崧泽中期					
5300±100		崧泽晚期		强降温			
5000±200	考古时代后期	良渚早期	亚稳定暖湿	寒冷降温	波动	数量膨胀增幅极大	超常发展
4600±200		良渚中期					
4200±200		良渚晚期					倒退
3850±150		马桥早期	波动加剧			数量减少	
3550±150		马桥中期	稳定暖湿			数量稀少增幅不大	停滞缓慢回升
3250±150		马桥晚期					

明所取代。诸多因素造成人地矛盾激化，展现的是一幅环境波动乃至恶化、聚落解体、遗址参数涨落无常、农业倒退、人口急剧减少的场景，社会历史进程出现折线非持续演化模式。长江下游地区距今4000年前后发生的大规模人地关系逆协调发展尽管与环境变异事件关系密切，但也与距今5300年左右开始的人地关系发生重大转变相关。[1]

综合考察新石器至文明起源阶段长江下游地区的经济发展状况，尽管经济、社会和文化有断裂性的飞跃发展，但人与自然仍是连续而非断裂的。这是值得后世特别是今天珍视的。今天尤其应寻求重回连续世界之路。

长江下游地区的新石器时代文化之所以能够与自然构成连续体而持续发展，与先民的生态经济观有关。在采集经济、狩猎经济向农业经济、畜牧业经济过渡的历史时期，先民始终保持整体性的有机经济理念。首先是包括农业、林业、畜牧业、渔业和手工业各业在内的大农业生态系统观。如《孟子·梁惠王上》所说："五亩之宅，树之以桑，五十者可以衣帛矣；鸡豚狗彘之畜，无失其时，七十者可以食肉矣；百亩之田，勿夺其时，数口之家，可以无饥矣。"[2] 杨屾《豳风广义》弁言将其概括为"四农必全"："衣食之源，致富之本，皆出于农。农非一端，耕桑树畜，四者备而农道全矣。若缺其一，终属不足。昔圣王之富民也，必全此四者……人能遵斯四者，力耕则食足，躬桑则衣备，树则材有出，畜则肉不乏。自然衣帛食肉，不饥不寒，取之不竭，用之不尽。不出乡井而俯仰自足，不事机智而诸用俱备，日积月累，驯致富饶，世世守之，则利赖无穷。"[3] 这种观念后来被狭隘化为小农经济的自给自足。但从一个地区或国家来看，注重协调

[1] 高蒙河:《长江下游考古地理》，复旦大学出版社2005年版。

[2] 孟轲撰，赵岐注，孙奭疏:《孟子注疏》，阮元校刻:《十三经注疏》，中华书局1980年版。

[3] 杨屾:《豳风广义》，《中国农书丛刊》蚕桑之部，郑辟疆、郑宗元校勘，中国农业出版社1962年版。

发展、构建有机循环的生产链都有利于可持续发展。其次是农业经济内部各种生物因素的循环再生性发展观。动物之间、植物之间以及动植物之间存在着循序相生、消长并济的内部机制，生产活动应当根据这种机理循消长、辨顺逆，循序而为，渐次利用。如杨屾《知本提纲·农则》所论"余气相培"。郑世铎注指出："粪壤之类甚多，要皆余气相培。即如人食谷、肉、菜、果，采其五行生气，依类添补于身，所有不尽余气，化粪而出，沃之田间，渐渍禾苗，同类相求，乃培禾身，身能强大壮盛。又如鸟兽牲畜之类，及诸骨、蛤灰、毛羽、肤皮、蹄角等物，一切草木所配，皆属余气相培，滋养禾苗。"[1] 再次是合理开发土地和休养地力的思想。当时的人已意识到不同质地的土壤决定其适宜种植不同的农作物，并且耕作和管理方法也不相同。如《周礼·地官司徒第二》所说："巡邦野之稼，而辨穜稑之种，周知其名，与其所宜地，以为法而县于邑闾。"[2] 又如《管子·立政第四》云："相高下，视肥硗，观地宜，明诏期，前后农夫，以时均修焉；使五谷桑麻，皆安其处，由田之事也。"[3] 又像《周礼》所说的那样将土地分为上地、中地、下地三级，并规定上地可年年耕种，中地耕种一年需休耕一年，下地耕种一年后需要休耕二年，保养土地。另外，使用精耕细作的方式提高耕地的单位面积产量。又次是合理利用和管理水资源的思想。如《荀子·王制第九》所说："修堤梁，通沟浍，行水潦安水藏，以时决塞，岁虽凶败水旱，使民有所耕耘。"[4] 又次是保护山林资源的意识。如《管子·禁藏第五十三》所说："毋杀畜生，毋拊卵，毋伐木，毋夭英，毋折竿，所以息百长也。"又如《荀子·王制第九》云："草木荣华滋硕之时，则斧斤不入山林，不夭其生，不绝其长也；鼋、鼍、鱼、鳖、鳅、鳝孕别之时，罔罟毒药不入泽，不夭其生，不绝其长也；春耕、夏耘、秋收、冬藏四者不失时，故五谷不绝而百姓有余食也；污池渊沼川泽谨其时禁，故鱼鳖优多而百姓有余用也；斩伐养长不失其时，故山林不童而百姓有余材也。"强调保护生态平衡，认为各种物产和动植物（包括野兽、飞鸟、昆虫）之间存在着密切的生态联系，它们之间如《荀子·富国第十》所说"可以相食养者不可胜数"。

从良渚文化的稻作农业发展成就来判断，当时的人已经具备了中国传统农学思想中所谓的"十论"，具有"天地人物相统一"的哲学思考。"十论"中的"时气论"言"天"，"土壤论"言"地"，"物性论""树艺论""畜牧论"言"物"，而"耕道论""粪壤论""水利论""农器论"则言人，"灾害论"介于天人因素之间。

"时气论"是讨论人如何认识和掌握天时和节气的变化规律从事相应的农事活动的理论，体现的是天体运动、气象变化、物候表征和农事活动的和谐与统一。中国古代在观测天体运动、星象变化、制定历法等方面都有独特的发明创造，特别是二十四节气的创造、七十二候应的应用为准确掌握农时创造了极为有利的条件。《周髀算经》卷下有"凡八节二十四气"

---

[1] 杨屾：《知本提纲·农则》，载王毓瑚辑：《秦晋农言》，中华书局1957年版。

[2] 郑玄注，贾公彦疏：《周礼注疏》，阮元校刻：《十三经注疏》，中华书局1980年版。

[3] 刘向编，黎翔凤校注：《管子校注》，中华书局2004年版。

[4] 荀况撰，王先谦集解：《荀子集解》，《新编诸子集成》，中华书局1988年版。

之说。赵君卿注曰："二至者，寒暑之极；二分者，阴阳之和；四立者生长收藏之始，是为八节。节三气，三而八之，故为二十四。"[1] 八节是二十四节的骨架，冬至和夏至是寒暑之极，春分和秋分是阴阳之和（昼夜相等），立春、立夏、立秋、立冬是农作物生、长、收、藏之始。物候是"农时"的指示器，通过物候来了解"天时"的变化，并以此作为农事活动的参照系，"候应"就成为"天时"和"农事"之间互相关联的"中介"。由此天时、气象、物候和农事成为和谐与统一的有机整体。王祯"授时指掌活法之图"就是这种和谐与统一的集中体现。

"土壤论"是对"地"的本质属性认识的理论阐释。《周礼·地官司徒第二》有"十有二土"和"十有二壤"之说。郑玄注云："万物自生，则言土""人所耕而树艺，则言壤"。[2] 也就是说，"土"指的是自然土壤；而"壤"则指农业土壤。自然土壤和农业土壤肥力不同。自然土壤只具有自然肥力，农业土壤不仅具有自然肥力，而且还有人工肥力。班固《白虎通德论》卷八《天地》云："地者，易也。言养万物怀妊，交易变化也。"[3] 这里所说的"地"指的是土壤，"易"则具有双重含义。除"养万物怀妊"外，还有"交易变化"的功能。"交易"是双向的，有取必有予。人从土壤上取走了农产品，必须给土壤以粪肥回报。如果只取不予，也就失去了再取的根据。土壤又是能量转化和物质循环的重要环节，它是一个不断变化的活体。《吕氏春秋》卷二六《士容·任地》指出："地可使肥，又可使棘。"[4] 农业土壤既有越种越肥的可能，也有越种越瘦的可能，关键在于人能否正确处理用地与养地的关系。既用地又养地，用地与养地结合，土壤就会越种越肥；只用地不养地，土壤就会越种越瘦。宋代"地久耕则耗论"和"地力常新论"的论争，实质上是能否正确处理用地与养地关系的反映。《管子·地员第五十八》中所说"或高或下，各有谷造"，是有关作物和土壤相互关联的理论。其中"草土之道，各有草土"说的是植物随地势的高下不同而呈现垂直分布的规律。[5] 《尚书·禹贡》中的"九州之土"和《周礼》中的五谷六畜分布说明因地种植和因土养畜的必要。

"物性论"涉及如下问题：一是遗传性与变异性的对立统一。遗传性是变异在自然选择和人工选择条件下的积累，是新的遗传结构的产生和形成，它的物质基础具有相对稳定性。而变异性则是旧的遗传结构的破坏，是遗传物质在体内外条件影响下发生变异的结果。选育农业生物的优良品种，既需要保持优良品种的优良特性，又需要对劣质品种的低劣品质进行改良。前者需要遗传性得以实现，而后者需要变异性得以实现。二是生物与环境的对立统一。环境制约着生物，生物也影响着环境，它们相互联系，互相制约，是一个有机整体。《周易·未济·象传》中有所谓"辨物居方"之说。所谓"辨物"指的是要辨别或分辨农业生物的遗传特性，而"居方"则是在认清生物遗传性的基础上为其创造适宜的生活环境。三是农作物生成化变的对立统一。马一龙《农说》将农作物的生长和发育划分

[1] 赵君卿注，甄鸾重述，李淳风注：《周髀算经》，钱宝琮校点，《算经十书》之一，中华书局1963年版。

[2] 郑玄注，贾公彦疏：《周礼注疏》，阮元校刻：《十三经注疏》，中华书局1980年版。

[3] 班固：《白虎通德论》，上海古籍出版社1999年版。

[4] 吕不韦等撰，许维遹集释：《吕氏春秋集释》，中华书局2009年版。

[5] 刘向编，黎翔凤校注：《管子校注》，中华书局2004年版。

为"生化"和"成变"阶段。生化阶段所要完成的任务是发芽出苗、生长茎叶,"成变"阶段所要完成的任务则是开花结实,完成其生命周期。农作物的生长发育是"种子→植株→种子"的循环往复。种子内含生机而未显露于外,因此"外阳而内阴";植株是生殖生长的基础,"内阳而外阴"。这样构成"阴阳互根"的对立统一。四是"风土论"和异地引种。"风土论"强调气候和土壤条件。农作物既有本地适应性,也可以在"风土"相当的异地引种。

"树艺论"强调天时、地利、物性、人事的和谐与统一。《知本提纲·农则》强调:"种贵适宜,栽以趋时。""春栽切忌叶生,秋栽务令叶落。""区宽则根须易顺,干深则风气难摇,水满则泥附于根,土故则物安其性。""筑密则风气不入,面覆则水泽不出。""勤加爱护,宜防童折畜啃,勿求速生,谨戒动摇剥揹。""冬时沃粪以培本,秋月频浇以润燥。"[1]

"畜牧论"言五谷丰登和六畜兴旺之间的紧密关系。二者互构可以形成农业生态系统物能循环:五谷丰登(增加有机物生产量)—以农副产品养殖动物(提高有机物的转化利用率)—六畜兴旺(为植物生产增积粪肥、增加动力,为人类增加动物性食品和用品)。

"耕道论"言耕作哲学思想,其中包括建立合理的耕作制度和提高耕作科学技术的方法。如《吕氏春秋》卷二六《士容·审时》所说:"夫稼,为之者人也,生之者地也,养之者天也。是以人稼之容足,耨之容耨,据之容手。此之谓耕道。"[2]又如马一龙《农说》所说:"合天时、地脉、物性之宜,而无所差失,则事半而功倍矣。"[3]

"粪壤论"阐述"粪壤"的功能和内涵。王充《论衡》卷二《率性第八》最早提出"粪壤"一词,所谓"深耕细锄,厚加粪壤,勉致人功,以助地力"[4]。王祯《农书·农桑通诀集之三·粪壤篇第八》专论"粪壤理论":"田有良薄,土有肥硗,耕农之事,粪壤为急。粪壤者,所以变薄田为良田,化硗石为肥土也。""所有之田,岁岁种之,土蔽气衰,生物不遂,为农者必储粪朽以粪之,则地力常新而收获不减。"[5]《知本提纲》中的"酿造十法论"是对积肥和造肥方法的全面总结。

"水利论"阐述治水用水原理。农业尤其是稻作农业是在"平治水土"的基础上产生的。先民对"水利与水害""治水与治田"的关系有着深刻的认识。周用《理河事宜疏》强调"治田与治水相结合":"治河垦田,事实相因。水不治则田不可治,田治则水当益治,事相表里。若欲为之,莫如古人所谓沟洫者尔。"[6]

"农器论"论证农具发明利用的重要性。《管子·轻重乙第八十一》云:"一农之事,必有一耜、一铫、一镰、一耨、一椎、一铚,然后成为农。"[7]农业精耕细作优良传统的形成,与农具的不断创新密切相关。

"灾害论"论述灾害的成因和防治。《左传》卷二四《宣公十五年》将灾害成因归纳为"天反时为灾,地反物为妖,民反德为乱"3个方面。[8]

---

[1] 杨屾:《知本提纲·农则》,载王毓瑚辑:《秦晋农言》,中华书局1957年版。

[2] 吕不韦等撰,许维遹集释:《吕氏春秋集释》卷一七《审分览第五·任数》,中华书局2009年版。

[3] 马一龙:《农说》,《四库全书存目丛书》子部第38册,齐鲁书社1997年版。

[4] 王充撰,黄晖校释:《论衡校释》,中华书局1990年版。

[5] 王祯撰,缪启愉、缪桂龙译注:《农书译注》,齐鲁书社2009年版。

[6] 周用:《理河事宜疏》,载陈子龙、徐孚远、宋徵璧、周立勋选辑:《明经世文编》卷一四六,中华书局1962年版。

[7] 刘向编,黎翔凤校注:《管子校注》,中华书局2004年版。

[8] 左丘明撰,杜预注,孔颖达正义:《春秋左传正义》,阮元校刻:《十三经注疏》,中华书局1980年版。

从"天反时为灾"来说，春夏秋冬四季的时令不正常，都会带来灾害；从"地反物为妖"来说，地势和地形的影响会导致冈地干旱、洼地水涝。从"民反德为乱"来说，人盲目毁林开荒和围湖造田等是造成水旱灾害的重要原因。《管子·度地第五十七》有"五害"之说："水，一害也；旱，一害也；风雾雹霜，一害也；厉，一害也；虫，一害也。此谓五害。五害之属，水最为大。"[1]在防除灾害上，自古以来就是以除水害兴水利为主的。

"十论"概括了中国传统农业的理想境界，只是在实践作为上没能完全达到这种境界。但良渚文化时期相较于后世却离这种境界更近。长江下游地区地形地貌具有多样性，良渚文化先民根据自然条件和自身所需选取多样化的生存场所，采取较为适宜的生产方式发展农业或综合经济，使经济与自然构成连续体，人因此而生存于自然的连续世界中。

传统农业生产遵循生物学规律创造生物产品。在这种创造活动中，人类通过观察种子发育、生长和演化形成有机自然观，将整个自然界看作一个有机体。种子不仅是农业社会最重要的生产要素，而且也孕育了有机论思想。种子是不可机械分割的，一旦弄碎便不能重新结合，其生命周期也中断。在良渚文化社会中，最早形成并占据主导地位的哲学性思想是有机整体论。这种有机整体论是朴素的，先民是真诚信奉的。随着农业的超强度、超规模发展，人类逐渐遗忘了有机整体论。人类需要重回连续的有机整体世界。

三、破裂中的有益经验

苏美尔文明、巴比伦文明和希腊文明构成断裂式发展链。这种断裂主要表现为农业文明方面。由于美索不达米亚平原的农耕条件较差，苏美尔人虽然发明了大麦、小麦，但最终麦作农业难以为继。麦作农业后来为巴比伦文明和希腊文明所继承，但巴比伦文明和希腊文明继承苏美尔文明更多的是在资源紧张条件下发展起来的科学技术和商业贸易传统。这种传统相比于中国的农业文明传统与自然的连接更为紧密，其中包含着许多有益经验。

美索不达米亚平原的尼普尔等古城址曾发现距今3700—3500年的泥板农书断片。它们用苏美尔语写成，内容主要是以训诫的方式论述农业生产的程序和技术。泥板文书是书吏学校的学习范本。在古代两河流域，书吏学习的一种重要途径就是临摹前代文书。这些泥板农书说明苏美尔文明与良渚文化一样很早就有成熟的农业思想。塞缪尔·诺亚·克拉默（Samuel Noah Kramer）《历史始于苏美尔：历史上的三十九个第一》一书专辟一章介绍苏美尔泥板农书，并称之为"最早的农业手册"。[2]米格尔·西维尔（Miguel Civil）《农夫作业指南：一本苏美尔农业手册》系统梳理了泥板农书全部文本，也称其为"农业手册"。[3]苏美尔泥板农书的写

[1] 刘向编，黎翔凤校注:《管子校注》，中华书局2004年版。

[2] Samuel Noah Kramer, *History Begins at Sumer: Thirty-nine Firsts in Recorded History*, New York: Doubleday Anchor Books, 1959, pp. 65—69.

[3] Miguel Civil, *The Farmer's Instructions: A Sumerian Agricultural Manual*, Barcelona: Aula Orientalis Supplements, 1994.

作时间比古希腊赫西俄德（'Hσιοδος）的《田工农时》要早几千年，是目前已知的世界上最早的农书。苏美尔泥板农书记述了从灌溉到打穗等一系列农事的生产要领。主要包括如下内容：第一，防洪与灌溉。春季农作物还没有收割时，幼发拉底河与底格里斯河泛洪，因而需要修建堤坝防洪；而秋季播种时两河处于枯水期，需要修建沟渠灌溉。农书针对这种情况提出具体措施。第二，农具及其使用。提到农具约20种，如窄锄、宽锄、重（大）木槌、牛轭、鞭子、扁斧、钻子、锯子、麻花状皮鞭、皮带、播种篮子、耕牛、犁、巴尔迪犁、图格斯格犁、图古尔犁、播种犁、耙、牛车、打穗用的大锤等，并详细记载了其功能和使用方法。第三，耕种流程。主要有整地、犁地、播种、田间维护、收割、打穗等。第四，农时把握。强调不误农时辛勤劳动，并十分推崇精耕细作。如提出犁地须4遍、犁地之后再耙地3次。重复犁地能够有效制约杂草生长，耙地可以平整土地、降低泥土板结程度，以提高粮食产量。第五，劳作仪式。如播种后的祭拜田野老鼠和害虫女神宁凯丽姆仪式、收割后的祭拜麦捆仪式和入仓仪式等。

　　发达的农业思想不能从根本上突破自然条件所设定的局限。即便今天的科学技术也无法完全解决中东的农业问题。亚述学家托基德·雅各布森（Thorkild Jacobsen）在《古代的盐化地和灌溉农业》一书中论述两河流域南部苏美尔地区灌溉农业和土地盐化的关系，并指出这是苏美尔人过早退出历史舞台的重要原因。据苏美尔泥板农书记载，古代灌溉农业的土地盐化问题一直困扰着苏美尔人。今天南伊拉克地区的土壤是肥沃的冲积黏土，但土地和河水中都含有可交换的钠离子和盐。通常钠离子和盐被水带到地下水层，只要地下水位与地表层保持正常距离，含钠离子和盐的地下水不会危害农田。苏美尔人发明轮作制缓解土地盐碱化问题，并用春季的洪水灌溉休耕地以稀释、过滤、输导和排泄盐分。但由于人口增长，耕作和灌溉频繁，地下水层的盐分仍逐年加浓。当过度的地表积水渗入地下水时，含盐的地下水位上升，在土地的毛细管作用下侵入地表层使土地盐碱化。灌溉农业所带来的土地盐化是导致苏美尔文明灭亡、使文明中心转向北方的巴比伦地区的重要原因。一份拉格什王乌如卡基那时的土地吏写的文件列出两块盐化地面积：258 hm^2 大麦地和约2.8 hm^2 盐化地，盐地占1%；110 hm^2 大麦地和39 hm^2 盐化地，盐地占35%。另一份文件则记载了3块农田，其盐化面积分别为20%、40%和100%。一块名叫"老麦田"的农田在城邦时期还是以小麦为主要作物的无盐地（小麦不耐盐），300年后再次出现在乌尔第三王朝（公元前2111年—前2004年）的文件里时已有6%盐化了。写于伊比辛（公元前2027年—前2004年）时的一份文件则记载，库阿腊城的一块259 hm^2 农田竟带有162 hm^2 的盐水池。公元前1000年左右的中巴比伦时期，苏美尔故地土地盐碱化给国王留下极深的印象，以至于被认为是诸神对人类罪恶最严厉的报复之一。在巴比伦王马尔杜克·阿帕拉·伊丁那（Marduk-apla-idinna）奖给大臣的石刻地契中，对背约者的诅咒是："愿阿达德，天地之渠长，使碱土围其田，令大麦饥渴，绿色永绝！"另一王的石契碑诅咒为："愿阿达德败其田，绝粒麦于垅上，生碱草替大麦，取碱土代清泉！"远在北方的亚述地区，雨水充足无须浇灌，农田盐碱化不甚严重。亚述王知道盐碱地的可怕后果，以其为手段惩罚反叛的城市。阿达德·尼腊瑞一世（Adad-nirari I．公元前1307年—前1275年）和其子沙勒马那沙尔一世（Shalmaneser I．公元前1274年—前1245年）都在铭文中声称："我征服并摧毁了（敌）城（塔图和埃兰）后，把盐碱液播撒于其上。"600年后，阿淑尔巴尼帕（Ashurbanipal．公元前668年—前627年）在毁灭埃兰后自夸道："我使埃兰各地荒无人烟，并散布盐和芥草于其上。"苏美尔地区农田盐碱还反映在当地的作物品种和单位面积产量上。在发现的早期的乌鲁克文化遗物中，装小麦的容器数量与装大麦的差不多。当土地开始盐化后，不耐盐的小麦开始逐年减少，小麦容器大幅度减少。公元前2400年吉尔苏的几块地中小麦仅占16%，其余是大麦。在约100年后的阿卡德时期，小麦比重降到3%。据一份乌尔第三王朝的文件记载，吉尔苏的一块地小麦仅占1.8%。此后苏美尔地区几乎不能种植不耐盐的小麦了。尽管大麦比较耐盐，但土地的盐化会减少其产量。吉尔苏出土文献表明，约公元前2400年时大麦产量$2537L/hm^2$，到公元前2100年降到$1460L/hm^2$。约公元前1600年，吉尔苏城已因盐化而被完全废弃。此时，其邻近的拉尔萨城某地的大麦产量仅为$897L/hm^2$。直到现代，南部伊拉克的农民还一直与土地盐碱化做斗争。他们长期的实践表明，每季的休耕种草可以减慢含盐的地下水位上升。当多年浇灌使地下水终于达到地表并使农田完全盐化时，他们便暂时放弃耕种。经过几十年甚至几百年干旱后，地下水位降到相当的深度时再重新使用休养好的土地。[1]

  西方哲学的最初形态是古希腊的自然哲学。自然哲学是西方式文明的思想源头，也表征整个西方文化的实质。在西方哲学萌芽期，哲学家的注意力主要集中于对宇宙自然的探讨，他们常被称为自然哲学家。古希腊哲学具有强烈的科学精神，古希腊哲学家同时也是最早的科学家。许多希腊哲学家的著作都名之曰《论自然》(Περι Φύσεως)，不但赫拉克利特、阿那克萨戈拉(Αναξαγόρας)、第欧根尼(Διογένης)如此，就连那些不会被认作自然哲学家的人物如巴门尼德(Παρμενίδης)也如此。高尔吉亚(Γοργίας)则将他的著作命名为《论非存在或论自然》(Περί Του Μή Όντος Ή Περί Φύσεως)。自然哲学家之所以关注自然问题，与西方先民的生产生活实践直接相关。自然哲学在解释自然万物何以生成、何以存在时，总是不言而喻地将自然现象的无限多样统一看作逻辑前提，并从特殊现象寻找这种统一性，形成了"始基"(Ἀρχή)论。始基的本义有起源、起始、根源等。在哲学上又指本体。按照阿那克西曼德(Ἀναξίμανδρος)的说法，万物源于它，又复

[1] 吴宇虹：《生态环境的破坏和苏美尔文明的灭亡》，《世界历史》2001年第3期。

归于它。早期希腊自然哲学肇始于指称"万物是水"的泰勒斯（Θαληζ）。这一世界统一性的追溯尽管脱胎于诸神谱系，却是人类精神从纷纭的幻想中解放出来的标志，确立了思想自身的原则。继泰勒斯之后的自然哲学家的探索都可以说是泰勒斯找寻哲学语言努力的承续。赫拉克利特的万物流转论使得从自然追溯始基陷入窘境。始基不在流变之外，流变中无物常驻，因而只能遵从逻各斯以领悟流变。巴门尼德摒弃了"赫拉克利特之流"，完成了对感性的超越，在语言中剥离出纯粹思维，认为唯有思想与存在同一。本体论（Ontology）或"是论"由之滥觞。巴门尼德的"存在"（Ον）是纯粹思维的第一个范畴，是思想最初的自觉和自我认识。客观思维逻辑先行地思及"存在"，一切存在者才可能被言说，被思维。"真正的哲学思想从巴门尼德起始了，在这里面可以看出哲学被提高到思想的领域。一个人使得他自己从一切的表象和意见里解放出来，否认它们有任何真理，并且宣称，只有必然性，只有'有'才是真的东西。"[1] "思想与存在"是共同显现的，思与所思的结合乃为真理，两者须臾不可分离地共在。存在是思想思及的存在，思想是必有所思的思想。

对于泰勒斯为何主张水是万物的始基这个问题，很多哲学家曾试图做出回答。亚里士多德的学生塞奥弗拉斯特（Θεόφραστος）在《论自然哲学家的意见》一文中有相关记载，辛普里丘（Σιμπλίκιος）在《物理学》注释中转述云："感性的现象使他们得出这个结论。因为热的东西需要潮湿来维持，死的东西则干燥了。凡是种子都是湿的，所有的食物都充满着水分；所以，说每一种事物都以它们从而产生的东西作为营养，是很自然的；而水则是潮湿本性的始基，又是养育万物的东西；因此他们得出这样的结论，认为水是一切的始基，并宣称地浮在水上。"[2] 伪普鲁塔克（Πλούταρχος）的《汇编》也作了类似解释："泰勒斯揣想，一切事物都由水发生而又复归于水，因为：一、像一切生物的种子以湿润为其原则一样，一切动物也同样以湿润为其原则；二、一切植物都由水得到养料，由水而结果实，如果缺乏水，它们就要枯萎；三、甚至太阳和星辰的火，以至世界本身，也都是由于水的蒸发而得到滋养的。"伪赫拉克利特的《荷马问题》也云："所以挑选水这种天然湿润的本体，因为它是最容易形成各种不同事物的，它容易经受各种不同的变化。水蒸发的部分就成为气，其中最精致的部分点燃起来就成为以太，当水变得坚实时就成为黏泥，再变为土。所以，泰勒斯声称四元素之一的水，作为原因是最有活力的。"[3] 亚里士多德也推测说："大概他从这些事实得其命意：如一切种子皆滋生于润湿，一切事物皆营养于润湿，而水实为润湿之源。他也可以从这样的事实得其命意：如由湿生热，更由湿来保持热度的现象（凡所从来的事由就是万物的原理）。"[4] 泰勒斯描述的图景似乎是：大地浮在水上，由水蒸发的湿气滋养着万物，也滋养着天上的日月星辰甚至整个宇宙。但这种解释似乎不能令人完全信服。因为人对水存在于万物有普遍感觉，然而水"并非到处

---

[1]〔德〕格奥尔格·威廉·弗里德里希·黑格尔：《哲学史讲演录》第1卷，贺麟、王太庆译，商务印书馆1959年版，第267页。

[2] 北京大学哲学系外国哲学史教研室编译：《古希腊罗马哲学》，商务印书馆1961年版，第5页。

[3] 转引自汪子嵩、范明生、陈村富、姚介厚《希腊哲学史》第1卷，人民出版社1988年版，第160—161页。

[4]〔古希腊〕亚里士多德：《形而上学》，吴寿彭译，商务印书馆1981年版，第7页。

[5]〔德〕格奥尔格·威廉·弗里德里希·黑格尔：《哲学史讲演录》（第1卷），贺麟、王太庆译，商务印书馆1959年版，第183页。

存在，此外尚有其他元素，如土、空气、火等"[5]，因而这种说明显得表面化。黑格尔在分析"希腊精神的元素"时首先注意到其特殊的地理环境。希腊属于开放的海洋分散型地理结构。希腊半岛规模有限，海岸线曲折，港湾众多，爱琴海岛屿星罗棋布，再加上殖民地小亚细亚沿海区域，使爱琴海构成"希腊湖"结构。其位置又处在东西交通要道上，海上贸易十分便利。希腊本土山脉纵横，无大河平原，土地较贫瘠，不利于谷物生长，粮食难以自给，但这里气候温暖，宜于种植葡萄、橄榄等经济作物。古希腊人用葡萄酒和橄榄油换取粮食，与苏美尔人一样依靠商品性农业或商品经济致富。古希腊的自然地理环境，包括地理结构、气候条件、土壤条件等，都有可能促使泰勒斯将与人生存息息相关的"水"自然而然地当作世界的本原。虽然自然地理环境并非人存在的唯一条件，但作为物质前提却有着首要作用。另外，泰勒斯这一命题的提出同时也受到古代神话（主要是关于海神神话）的影响。古希腊哲学家探索世界的本原与赫西俄德溯寻神谱的工作有某种相似之处。事实上，在巴比伦神话和埃及神话等更为古老的神话传说中，就已经表述了水是万物由以滋生的根据的思想。这种以水为万物之源的神话宇宙观，又是与中东文明依傍大河而发萌和生息这种现实条件有关的。希腊人的生活与海洋有着密切联系，因此将海洋当作最神圣的东西来崇拜。在赫西俄德的《神谱》中，海神蓬托斯（Πόντος）和俄刻阿诺斯（Ωκεαν）都是较早的神。在荷马（Ὅμηρος）的《伊利亚特》中，天后赫拉（Ἥρα）把俄刻阿诺斯和忒提斯（Θέτις。海洋女神）称为"神们的始祖"。亚里士多德指出："有些人认为去今甚久的古哲，他们在编成诸神的记载中，也有类似的宇宙观念；他们以海神奥启安与德修斯（即俄刻阿诺斯和忒提斯）为创世的前父母，而叙述诸神往往指水为誓，并假之名号曰'斯德赫'。事物最古老的最受尊敬，而凡为大家所指誓的又应当是最神圣的事物。这种关于自然的解释，究从远古何时起始，殊难论定，但我们可以确言泰勒斯曾这样指陈了世界第一原因。"[1] 由此可见，当泰勒斯把万物的本原说成水时，他是用一种新的形式即哲学的形式表述了神话的内容。人形的神（如俄刻阿诺斯等）变成了自然形态的本原（水），感性的神话传说转变为理性的自然哲学，依靠生殖原则而维系的神谱变成了物质本原派生万物的自然过程。[2]

希腊早期的自然哲学家并不完全通过归纳、演绎的自然科学方法论证问题，而主要是以思辨即恩格斯所说的"天才的猜测"得出他们关于万物本原的结论的。把早期希腊哲学家提出的对万物本原的追索和探寻看作如同自然科学那样的（纵使是朴素的）因果性的研究是一种极大的误解。其源盖出于对被译作"自然"的希腊文 Φυσις 一词的误解或曲解。照马丁·海德格尔（Martin Heidegger）的解释，Φυσις 的原初意义并不限于狭义的物质自然，而是指一切存在者或存在者整体。后来，主要是中世纪以后对 Φυσις 的拉丁文翻译 Natura 及由此衍生出来的各种文字的翻

[1]〔古希腊〕亚里士多德：《形而上学》，吴寿彭译，商务印书馆1981年版，第8页。

[2] 车力木格：《浅谈泰勒斯"水是始基"对理性思维诞生的意义》，山东大学硕士学位论文，2009年。

译（Nature，Natur）则将其局限于物质自然，从而减损了 Φύσις 的原初意涵，破坏了它本来的哲学命名力量。人们据此以为希腊自然哲学家所探求的就是对物质自然的知识。其实"希腊人并不是通过自然过程而获知什么是 Φύσις 的，而是相反。他们必得称之为 Φύσις 的东西是基于一种对'在'的思——思的基本经验才向他们展示出来的。只有在这种展示的基础上，希腊人才能看一眼狭义的自然。因此，Φύσις 原初地意指既是天又是地，既是岩石又是植物，既是动物又是人类与作为人和神的作品的人类历史"。古希腊哲学家论自然的内容极广，宇宙万物、社会人生、伦理政治无不涉及，但他们是把这一切作为存在者的整体来探索其本原或始基的。巴门尼德和高尔吉亚之论自然已纯然是关于存在本身的探讨了。这种对本原、对存在者整体的追问才是西方哲学的真正意蕴。海德格尔说："西方哲学最先的和决定性的发展是希腊时代。对存在者整体本身的发问真正肇端于希腊人。在那个时代，人们称存在者为 Φύσις。"[1] 所谓对存在者整体本身及其本原的追索，就不是对周围世界和人世间任何具体的存在者做经验的科学研究，而是"对超乎寻常的东西作超乎寻常的发问"。在海德格尔看来，只有这种超乎一般科学知识活动的探索才算得上哲学活动。也可以说，这正是哲学之为"爱智"（Φιλοσοφία）而有别于科学求知之所在。海德格尔哲学在很大意义上是哲学的希腊式重释。而在海德格尔看来，哲学之源即希腊自然哲学依源于"自然"的生存哲学。其存在主义思想建立在希腊自然哲学的基础之上。

逻各斯是欧洲哲学传统常用的概念，它的出现早于后来成为一门（形式）科学的逻辑。赫拉克利特着重提出了这个概念。因为他只有残篇留下，研究它的含义是很专门的学术问题。亚里士多德虽然为西方逻辑学奠定了基础，但并未用逻辑这个词，他在《形而上学》里阐述的仍是逻各斯。一般说来，逻辑学是探讨思维的（形式）规则，而逻各斯则有更多的客观规律的意思。按照传统的理解，"逻各斯"一词来源于"说"这个动词的演变，赫拉克利特所说的逻各斯也是在这个意思上来用的，他叫世人不要听他的，要听逻各斯的。也就是说，不要听主观的他的话，要听客观的逻各斯的话。他又说世界是一团熊熊烈火，在一定的分寸上燃烧，也在一定的分寸上熄灭，这个"分寸—度"也有逻各斯的意思。这样，逻各斯主要是指客观性的道理，而不是主观性的观念。在古代希腊，前者为真理，后者为意见。在这个思路指引下，还可以继续深入探索，使其更加丰富具体起来。欧洲哲学的历史发展自身提供了深入理解的线索。如《圣经》将神的话作为逻各斯以增强其客观真理的意味，而哲学要解释宗教，就不能不认真面对这个原本是从哲学中借用来的概念。果然，对于逻各斯的理解，在欧洲近代以来的哲学发展中有重要的启发作用。

海德格尔之所以在《存在与时间》里专门讨论逻各斯，是因为他要探讨的是存在论问题，他称为"基本存在论"问题，而不是知识论问题。

[1]〔德〕马丁·海德格尔:《形而上学导论》，熊伟、王庆节译，商务印书馆1996年版，第16、15页。

《存在与时间》出版后两年即1929年他又出版第二本专著《康德与形而上学问题》，把伊曼努尔·康德（Immanuel Kant）的知识论向存在论逆转。在这一逆转中，海德格尔也把康德对于逻辑的改造转化为对于逻各斯的阐明。逻各斯是欧洲哲学传统常用的概念，对于逻各斯的理解，在欧洲近代以来的哲学发展中有重要的启发作用。拿海德格尔和黑格尔、康德来说，康德的工作是使科学知识的内容与逻辑的形式结合起来，使科学不但合法地就有逻辑的形式，而且逻辑也合法地具有"综合的—经验"的内容。由于对辩证法积极意义之阐述，黑格尔将康德改造形式逻辑的工作又推进了一步。形式逻辑不仅发展为先验逻辑，而且进一步发展为辩证法的逻辑。海德格尔将黑格尔的"辩证法—逻各斯"精神灌注到传统存在论中，使之为此面貌一新。"是"或"存在"（Sein）是欧洲传统形而上学的最后堡垒。康德、黑格尔已经在不同的方面、不同的层次上摧毁了这个碉堡，海德格尔则用时间性这个炸弹使其化为碎片，而又在赫拉克利特的熊熊烈火中将其融为一体，使"存在"之火永不熄灭。在这种意义上，存在是一个大熔炉，是一个活的熔炉，因此也是一个活的、大的综合体。存在吞噬一切，举凡主体—客体、思维—存在、感觉—理智、概念—直观等，全都在这个大熔炉里得到锻炼。存在之所以有如此巨大的能量，乃是因为它就是时间，就是历史。希腊人说，时间是儿童，但也是王；时间主宰一切，而且永为无辜者。正是在时间中产生善—恶、正义—非正义。时间综合一切。逻各斯是时间的原则，存在的原则。

海德格尔又在1935年所作、1953年出版的《形而上学导论》一书中比较详细地阐述了逻各斯所蕴含的"聚集"的意思。海德格尔先从逻各斯希腊文辞源阐述"说"这个词从一个意思为"集聚"的动词变化而来，以此解释这个词原本指"集聚"，"言说—说道"是后来演化出来的。这样的考据，似乎与《存在与时间》一书中的用法有所不同，但它与"存在—时间"的关系则是一贯的。逻各斯不是主观的思维规则，而是客观存在的时间轨迹，于是逻各斯是"道"，是"道路"。在这个基础上，亦即在"语言是存在的家"这个意义上，逻各斯也是"道—言说"。存在"住—驻"在作为时间"轨迹—道路"的"语言—道"这个家里。这样，在本源的意义上，思（维）和（存）在，在存在论上是同一的。思维与存在同一性这个命题，由黑格尔的思辨理性—辩证法"理念"上的意义转化为存在论上的意义，由"超越知识—绝对哲学"的意义转变为"时间性—存在论"的意义。用黑格尔自己的话来说，思辨意义上的"逻各斯—辩证法"被扬弃，精神克服矛盾发展回归到精神自身，时间意义上的存在回归于存在自身。回归之路，即历史之轨迹，即逻各斯，即"保存—存留—住在""语言—话"里的"存在—曾在—将在"。在逻各斯意义上，"思—在"原本是"一"。逻各斯将"思"和"在"集聚起来，合二而一。"思—在"合一，也是"主体—客体"的合一，是"主词—宾词"的合一。逻辑将它们分开来研究，逻各斯将它们合起来思考。黑格尔将宾词的属性吸收到主词里来，使主词的"（诸）宾词—属性"成为"主词—主体"的能动发展历程。海德格尔的视野并不限于"主体—主词"与"客体—宾词"的关系上，既不是将"主体—主词"归属于"客体—宾词"，也不是将"客体—宾词"归属于"主体—主词"，而是将文章做在那个联系词 einai/sein 上。这项工作也可以追溯到古希腊自然哲学。但是海德格尔在这个问题上注入了新的意思，包容了黑格尔的工作而又有所推进。体会海德格尔的意思，存在（Sein）的能动性有能力将"主体—主词"和"客体—宾词"双方都"吸收—集聚—综合"进来。这种意义上的 Sein 就不仅仅是联系动词，而且是真正的、完整意义上的存在动词了。这个"是"，就是"在"。于是，"集聚—综合"的逻各斯就是"是—在"的逻各斯。海德格尔重提逻各斯，首先就是要把被分割了的东西重新聚合起来，回归到它们的源头。在这个源头，存在并不是一个抽象的名词，既不是"主词—主体"，也不是"客体—宾词"，不是单纯的实体，也不是单纯的属性，而是"积聚—蕴含"了二者的实际的存在。在某种意义上，这个存在就是亚里士多德第一层意义上的实体即个别事物，而亚里士多德之所以要分出第二层意义的实体即种、属等，或是思维范畴的需要。第一层意义上的实体"集聚—蕴含"了"主—客"，"集聚—蕴含"了第二层意义上的实体和属性。实体不仅是主体，而且是存在。实体是存在，反过来也就意味着，"存在—是"是实体，而不仅仅是一个概念，一个符号，一个语词，一个逻辑系词。这样一种理解，不仅使得存在实在起来，而且也使得实体实在起来。实体与存在同一，时间—空间就不仅仅是认识主体的先天条件，而是存在的客体现实性的条件。存在与实体、时间三位一体。存在—实体的"变化—发展"不仅仅是逻辑概念的推衍，而是现实历史发展的轨迹。这种轨迹，就是时间，就是逻各斯。存在是风云际会的历史，是天、地、人、神四位一体。时间的逻各斯吞噬一切，将"过去—现在—未来"一切"实体—实事—存在者（包括人及其技术产物）"都裹挟进来，"汇集—聚集"成历史的洪流、时间的洪流。存在是动态的，逻各斯不是一个固定的格式，是动态的。存在的逻各斯，也就是历史的自由的命运，而不是历史的命定。人们思考"存在—历史—时间"，也就是自由地思考那个逻各斯。并不是思者有主观随意性，而是那个"存在—逻各斯"原不仅是那逻辑的必然。[1]

雅克·德里达（Jacques Derrida）在海德格尔之后将西方形而上学裁决为逻各斯中心主义（Logocentrism）。德里达认为，一些事物自然地集聚，另一些则不，差异（Difference）是本质性的。不同的文化代码或习惯聚集一些事物，分开另一些。这些代码或习惯各有其制度、政治、区域的历史。因此，当涉及所谓的"历史真理"时，承认事物"在场/当下"的存在方式不是其绝对归属是很容易的。无论处在何种状态，事物总有可能截然不同；无论我们对事物未来的走向怀有何种图景，未来仍然不可预

[1] 叶秀山：《试释"逻各斯"》，《中国社会科学院研究生院学报》2011年第1期。

测。Différance 是德里达创造的关键性用语，中文一般译作"延异"，意思很难说清楚，因为它既不是"物"，也不是"心"，而是把"心""物"凝聚在一起的一种关键状态。如果不怕过于简单的话，也许可以把它理解成"历史环节中的现时"。"历史环节中的现时"不同于"活的现时"，它不是"点"。在这里，德里达接近于海德格尔："曾在""现在""将在"都是"存在"的历史性状态（方式），而历史不是由一个个孤立的"点"连起来的。"过去""现在""未来"表面上看有差异（Difference），实际上却是延异（Différance）。但"现时"既然是从"过去"向"未来"的过渡、而"过去"和"未来"都是"Absence"（"不在场"），因此"现时"非"自明"（Self-evidence）、非"显现"（Presence）。这又与海德格尔所说差异甚大。虽然海德格尔认为时间和空间不可分，但他所谓的空间是存在意义的"心境"，时间是"有限的绵延"。这就是说，时间在海德格尔那里是线性的。但在德里达那里，时间则是多面、多层次的，因而是与实在的空间相统一的"实在的时间"。这种"面的时间观念"在德里达本人的思想和西方哲学思想的发展中都具有变革性意义。时间与空间相统一的"Différance"虽不是具体的物，但却是实实在在的东西，它是真正意义上的"生活的世界""历史的世界"，而不仅仅是"意义的世界""视野的世界"。从某种意义上说，它有相当的"物质性"，甚至是纯粹的"物质性"；它是历史传下来的有灵气的"物"，是埋在土里、孕育着未来的"种子"（Seeds）。[1]

德里达反对理性霸权意义上的逻各斯，而事实上海德格尔或古希腊意义上的逻各斯是联系"我与你"的桥梁。因而也是"自然—人"或"自然—文化"意义上的生态哲学理念。现代西方生态哲学所批判的逻各斯中心主义是后来产生的理性主义，而并非古希腊哲学中的逻各斯。逻各斯所包含的"尺度"，既有认识论方面的价值，更有存在论方面的价值。人类有尺度地存在或有尺度地采取自己的行动，就可以保持与自然的连续性，就可能与自然合一。这是西方式文明留下的最有价值的精神遗产。

[1] 叶秀山：《意义世界的埋葬：评隐晦哲学家德里达》，《中国社会科学》1989年第3期。

主要参考文献

一、外文文献

[1] B. Bender, *Gahter-hunter to Farmer: A Social Perpective*, WORLD ARCHAEOLOGY, 10 (2), 1978.

[2] B. Bronson, *The Earliest Farming: Demography as Cause and Consequence*, in S. Polgar (ed.), *Population, Ecology and Social Evolution*, The Hague: Mouton Press, 1975.

[3] Bruce G. Trigger, *Settlement Archaeology—Its Goals and Promise*, AMERICAN ANTIQUITY, 32 (2), 1967.

[4] Carl O. Sauer, *Agricultural Origins and Dispersal*, Cambridge: The Massachusetts Institute of Technology Press, 1952.

[5] Colin Renfrew, *The Emergence of Civilization: The Cyclades and the Aegean in the Third*, London: Methuen and Co. Ltd., 1972.

[6] Carl Whiting Bishop, *Beginnings of Civilization in Eastern Asia*, ANNUAL REPORT, Smithsonian Institution, Washington, D. C., 1939.

[7] Donald O. Henry, *Considering a Universal Cause for Agriculture*, in Donald O. Henry, *From Foraging to Agriculture: The Levant at the End of the Ice Age*, Philsdeophy: University of Pennsylvam Press, 1989.

[8] David Rindos, *Symbiosis, Instability, and the Oringins and Spread of Agriculture: A New Model*, CURRENT ANTHROPOLOGY, 21 (6), 1980.

[9] Glyn Daniel, *The Origins and Growth of Archaeology*, Harmondsworth: Penguin Books, 1967.

[10] Gordon R. Willey, *Prehistoric Settlement Patterns in the Viru*

Valley Peru, BUREAU OF AMERICAN ETHNOLOGY BULLETIN, 155, Smithsonian Institution, Washington, D. C., 1953.

[11] Harris David, *The Origins of Agriculture: Alternate Pathways Toward Agriculture*, in Charles A. Reed (ed.), *Origins of Agriculture*, The Hague: Mouton Press, 1977.

[12] Henry T. Wright, *Prestate Political Formations*, in Gil Stein & Mitchell Rothman, *Chiefdoms and Early States in the Near East: The Organizational Dynamics of Complexity*, Madison, WI: Prehistory Press, 1994.

[13] Ilea Gershevitch, *The Cambridge History of Iran*, Vol. III (1), London and New Youk: Cambridge University Press, 1983.

[14] Joy McCorriston & Flank Hole, *The Ecology of Seasonal Stress and the Origins of Agriculture in the Near East*, AMERICAN ANTHROPOLOGIST, 93 (1), 1991.

[15] Kuang-chih Chang, *The Chinese Bronze Age: A Modern Synthesis*, in Wen Fong (ed.), *The Great Bronze Age of China*, New York: Metropolitan Museum of Art, 1980.

[16] Lewis Roberts Binford, *Mortuary Practices: Their Study and Potential*, in James A. Brown (ed.), APPROACHES TO THE SOCIAL DIMENSIONS OF MORTUARY PRACTICES, 25, Society for American Archaeology, Washington, D. C., 1971.

[17] Lewis Roberts Binford, *Willow Smoke and Dogs' Tails: Hunter-Gatherer Settlement Systems and Archaeological Site Formation*, AMERICAN ANTIQUITY, 45 (1), 1980.

[18] Miguel Civil, *The Farmer's Instructions: A Sumerian Agricultural Manual*, Barcelona: Aula Orientalis Supplements, 1994.

[19] Michael Rosenberg, *The Mother of Invention: Evolutionary, Theory, Territoriality, and the Origins of Agriculture*, AMERICAN ANTHROPOLOGIST, 92 (2), 1990.

[20] Peter T. Furst, *Shamanistic Survivals in Mesoamerican Religion*, in *Actas del XLI Congreso International de Americanistas*, vol. III, Mexico: Instituto Nacional de Anthropología e Historia, 1974.

[21] Richard Fraser Townsend, *State and Consmos in the Art of Tenochtitlan*, Oaks Research and Study Center, Washington, D. C., 1979.

[22] Samuel Noah Kramer, *History Begins at Sumer: Thirty-nine Firsts in Recorded History*, New York: Doubleday Anchor Books, 1959.

[23] Timothy Earle, *Property Rights and the Evolution of Chiefdoms*, in Timothy K. Earle (ed.), *Chiefdoms: Power, Economy and*

Ideology, Cambridge: Cambridge University Press, 1991.

[24] Theodor Ludwig Wiesengrund Adorno, *Ästhetische Theorie*, Frankfurt am Main: Suhrkamp Verlag, 1970.

[25] T. Talhelm, X. Zhang, S. Oishi, C. Shimin, D. Duan, X. Lan and S. Kitayama, *Large-scale Psychological Differences within China Explained by Rice Versus Wheat Agriculture*, SCIENCE, 344 (6184), 2014.

[26] Tu Weiming, *The Continuity of Being: Chinese Versions of Nature*, in Tu Weiming, *Confucian Thought: Selfhood as Creative Transformation*, Albany: State University of New York Press, 1985.

[27] Vere Gordon Childe, *Man Makes himself*, New York: Mentor Books, 1951.

[28] Vladimir Kabo, *The Origins of the Food-producing Economy*, CURRENT ANTHROPOLOGY, 26 (5), 1985.

[29] William Allen, *Ecology, Technique and Settlement Pattern*, in Peter J. Ucko (ed.), *Man, Settlement and Urbanism*, London: Duckworth Press, 1972.

二、中文专著

[1]〔古希腊〕柏拉图：《理想国》，郭斌和、张竹明译，商务印书馆1986年版。

[2]〔古希腊〕亚里士多德：《形而上学》，吴寿彭译，商务印书馆1981年版。

[3]〔古希腊〕亚里士多德：《尼各马可伦理学》，廖申白译，商务印书馆2003年版。

[4]〔古希腊〕亚里士多德：《尼各马可伦理学》，苗力田译，中国社会科学出版社1990年版。

[5]北京大学哲学系外国哲学史教研室编译：《古希腊罗马哲学》，商务印书馆1961年版。

[6]〔德〕格奥尔格·威廉·弗里德里希·黑格尔：《哲学史讲演录》，贺麟、王太庆译，商务印书馆1959年版。

[7]〔德〕马丁·海德格尔：《形而上学导论》，熊伟、王庆节译，商务印书馆1996年版。

[8]〔美〕路易斯·亨利·摩尔根：《古代社会》，杨东莼、马雍、马巨译，商务印书馆1977年版。

[9]〔美〕爱德华·伯内特·泰勒：《原始文化》，连树声译，广西师范大学出版社2004年版。

[10]〔英〕詹姆斯·乔治·弗雷泽:《金枝:巫术与宗教之研究》,徐育新、汪培基、张泽石译,大众文艺出版社1998年版。

[11]〔英〕阿诺德·约瑟夫·汤因比:《历史研究》,曹未风等译,上海人民出版社1996年版。

[12]〔法〕费尔南·布罗代尔:《论历史》,刘北成等译,北京大学出版社2008年版。

[13]〔法〕费尔南·布罗代尔:《15—18世纪物质文明、经济和资本主义》,顾良、施康强译,生活·读书·新知三联书店1992年版。

[14]〔法〕弗朗索瓦·多斯:《碎片化的历史学:从〈年鉴〉至"新史学"》,马胜利译,北京大学出版社2008年版。

[15]〔美〕马文·哈里斯:《文化的起源》,黄晴译,华夏出版社1988年版。

[16]〔加〕布鲁斯·炊格尔:《时间与传统》,蒋祖棣、刘英译,生活·读书·新知三联书店1991年版。

[17]〔美〕菲利普·李·拉尔夫、罗伯特·E. 勒纳、斯坦迪什·米查姆、爱德华·麦克纳尔·伯恩斯:《世界文明史》,罗经国、陈筠等译,商务印书馆1998年版。

[18]〔法〕雷奈·格鲁塞:《东方的文明》,常任侠、袁音译,中华书局1998年版。

[19]〔美〕菲利普·费尔南德斯-阿莫斯图:《食物的历史:透析食物进化的历史》,何舒平译,中信出版社2005年版。

[20]〔奥〕西格蒙德·弗洛伊德:《图腾与禁忌》,杨庸一译,志文出版社1974年版。

[21]〔法〕克洛德·列维-斯特劳斯:《野性的思维》,李幼蒸译,商务印书馆1987年版。

[22]〔法〕米歇尔·福柯:《规训与惩罚》,刘北城、杨远婴译,生活·读书·新知三联书店1999年版。

[23]〔法〕米歇尔·福柯:《性经验史》,佘碧平译,上海人民出版社2002版。

[24]〔英〕齐格蒙特·鲍曼:《立法者与阐释者》,洪涛译,上海人民出版社2000年版。

[25]〔法〕埃米尔·杜克海姆:《乱伦禁忌及其起源》,汲喆等译,上海人民出版社2003年版。

[26]〔德〕马克斯·韦伯:《经济与社会》,林荣远译,商务印书馆1998年版。

[27]〔德〕瓦尔特·本雅明:《机械复制时代的艺术作品》,王才勇译,中国城市出版社2002年版。

[28]〔德〕马克斯·霍克海默、西奥多·路德维格·维森格朗德·阿

多诺:《启蒙辩证法》,洪佩郁、蔺月峰译,重庆出版社 1990 年版。

[29]〔美〕马丁·杰:《阿多诺》,瞿铁鹏、张赛美译,中国社会科学出版社 1992 年版。

[30]〔英〕布林·莫里斯:《宗教人类学》,周国黎译,今日中国出版社 1992 年版。

[31]〔美〕维尔·杜伦:《东方的文明》,李一平等译,青海人民出版社 1998 年版。

[32]〔德〕卫礼贤:《中国心灵》,国际文化出版公司 1998 年版。

[33]〔美〕戴维·C. 林德伯格:《西方科学的起源:公元前 600 年至公元 1450 年宗教、哲学和社会建制大背景下的欧洲科学传统》,王珺等译,中国对外翻译出版公司 2001 年版。

[34]〔英〕恩斯特·汉斯·约瑟夫·贡布里希:《艺术发展史:艺术的故事》,范景中译,林夕校,天津人民美术出版社 1991 年版。

[35]〔英〕恩斯特·汉斯·约瑟夫·贡布里希:《艺术与幻觉:图画再现的心理学研究》,林夕、李本正、范景中译,湖南科学技术出版社 1999 年版。

[36] 孔安国传,孔颖达正义,黄怀信整理:《尚书正义》,阮元校刻:《十三经注疏》,中华书局 1980 年版。

[37] 王弼、韩康伯注,孔颖达疏:《周易正义》,阮元校刻:《十三经注疏》,中华书局 1980 年版。

[38] 郑玄注,孔颖达等正义:《礼记正义》,阮元校刻:《十三经注疏》,中华书局 1980 年版。

[39] 郑玄注,贾公彦疏:《周礼注疏》,阮元校刻:《十三经注疏》,中华书局 1980 年版。

[40] 韦昭注:《国语》,上海古籍出版社 1995 年版。

[41] 左丘明撰,杜预注,孔颖达正义:《春秋左传正义》,阮元校刻:《十三经注疏》,中华书局 1980 年版。

[42] 孟轲撰,赵岐注,孙奭疏:《孟子注疏》,阮元校刻:《十三经注疏》,中华书局 1980 年版。

[43] 荀况撰,王先谦集解:《荀子集解》,《新编诸子集成》,中华书局 1988 年版。

[44] 刘向编,黎翔凤校注:《管子校注》,中华书局 2004 年版。

[45] 慎到:《慎子·因循》,华东师范大学出版社 2012 年版。

[46] 韩非撰,陈奇猷校注:《韩非子集释》,中华书局 1958 年版。

[47] 赵君卿注,甄鸾重述,李淳风注:《周髀算经》,钱宝琮校点,《算经十书》之一,中华书局 1963 年版。

[48] 董仲舒:《春秋繁露》,凌曙注,中华书局 1975 年版。

[49] 袁珂校注:《山海经校注》,上海古籍出版社 1980 年版。

[50] 刘安：《淮南子》，《新编诸子集成》，中华书局1988年版。

[51] 王充撰，黄晖校释：《论衡校释》，中华书局1990年版。

[52] 吕不韦等撰，许维遹集释：《吕氏春秋集释》，中华书局2009年版。

[53] 朱熹：《朱子语类》，中华书局1988年版。

[54] 司马迁：《史记》，裴骃集解，司马贞索引，张守节正义，中华书局1982年版。

[55] 郑樵：《通志》，中华书局1987年版。

[56] 陆贾撰，王利器校注：《新语校注》，中华书局1986年版。

[57] 宋应星：《天工开物》，中华书局上海编辑所1959年版。

[58] 王祯撰，缪启愉、缪桂龙译注：《农书译注》，齐鲁书社2009年版。

[59] 杨屾：《豳风广义》，《中国农书丛刊》蚕桑之部，郑辟疆、郑宗元校勘，中国农业出版社1962年版。

[60] 杨屾：《知本提纲》，载王毓瑚辑：《秦晋农言》，中华书局1957年版。

[61] 马一龙：《农说》，《四库全书存目丛书》子部第38册，齐鲁书社1997年版。

[62] 徐坚：《初学记》，中华书局1980年版。

[63] 崔述：《夏考信录》，《丛书集成初编》第138册，中华书局1985年版。

[64] 郑绩：《梦幻居画学简明》，《续修四库全书》第1086册，上海古籍出版社1995年版。

[65] 石涛：《苦瓜和尚画语录》，周远斌点校，山东画报出版社2007年版。

[66] 王国维：《观堂集林》，中华书局1959年版。

[67]《余杭县志》编纂委员会：《余杭县志》，浙江人民出版社1990年版。

[68] 胡适：《中国哲学史大纲》，上海古籍出版社1997年版。

[69] 吴大澂：《古玉图考》，上海同文书局光绪十五年（1889年）版。

[70] 端方：《陶斋古玉图》，上海来青阁民国25年（1936年）版。

[71] 李济：《中国文明的开始》，江苏教育出版社2005年版。

[72] 李济等：《城子崖：山东历城龙山镇之黑陶文化遗址》，中央研究院历史语言研究所《中国考古学报告集》之一，民国23年（1934年）。

[73] 陈梦家：《殷墟卜辞综述》，中华书局1988年版。

[74] 张光直：《中国青铜时代》，生活·读书·新知三联书店1990年版。

[75] 张光直：《中国青铜时代》（二集），生活·读书·新知三联书店1990年版。

[76] 张光直：《考古学专题六讲》，文物出版社1986年版。

[77] 张光直：《美术、神话与祭祀》，辽宁教育出版社2002年版。

[78] 苏秉琦：《华人·龙的传人·中国人》，辽宁大学出版社1994年版。

[79] 郭宝钧：《中国青铜器时代》，生活·读书·新知三联书店1963年版。

[80] 中国社会科学院考古研究所：《新中国的考古发现和研究》，文物出版社1984年版。

[81] 钱穆：《晚学盲言》，广西师范大学出版社2004年版。

[82] 钱穆：《双溪独语》，学生书局1981年版。

[83] 冯友兰：《中国哲学史新编》（修订版），人民出版社1980年版。

[84] 牟复礼：《中国思想之渊源》，王立刚译，北京大学出版社2009年版。

[85] 黄宗智：《长江三角洲小农家庭与农村发展》，中华书局1992年版。

[86] 汪子嵩、范明生、陈村富、姚介厚：《希腊哲学史》，人民出版社1988年版。

[87] 徐旭生：《中国古史的传说时代》，科学出版社1960年版。

[88] 鲁迅：《汉文学史纲要》，人民文学出版社2006年版。

[89] 冯天瑜：《上古神话纵横谈》，上海文艺出版社1983年版。

[90] 孙逊：《中国古代小说与宗教》，复旦大学出版社2000年版。

[91] 章学诚：《文史通义》，岳麓书社1993年版。

[92] 李泽厚：《中国古代思想史论》，天津社会科学院出版社2008年版。

[93] 李泽厚：《己卯五说》，中国电影出版社1999年版。

[94] 日知：《中西古典学引论》，东北师范大学出版社1999年版。

[95] 朱立元主编：《当代西方文艺理论》，华东师范大学出版社1997年版。

[96] 谢维扬：《中国早期国家》，浙江人民出版社1995年版。

[97] 唐善纯：《华夏探秘》，江苏人民出版社2000年版。

[98] 易华：《夷夏先后说》，民族出版社2012年版。

[99] 杨和森：《图腾层次论》，云南人民出版社1987年版。

[100] 李根蟠、卢勋：《中国南方少数民族原始农业形态》，中国农业出版社1987年版。

[101] 国际低碳经济研究所编：《中国低碳经济发展报告》（2014年），社会科学文献出版社2014年版。

[102] 冯时：《中国天文考古学》，社会科学文献出版社2001年版。

[103] 王震中：《中国文明起源的比较研究》，陕西人民出版社1994年版。

[104] 高蒙河：《长江下游考古地理》，复旦大学出版社2005年版。

[105] 中国科学院考古研究所：《沣西发掘报告》，文物出版社1962年版。

[106] 河北省文物研究所：《藁城台西商代遗址》，文物出版社1985

年版。

[107] 陈文华：《中国农业考古图录》，江西科技出版社 1994 年版。

[108] 姚勤德、龚金元：《吴国王室玉器》，上海人民出版社 1996 年版。

[109] 河北省文化局文物处：《郑州二里岗》，科学出版社 1959 年版。

[110] 浙江省文物考古研究所、萧山博物馆：《跨湖桥》，文物出版社 2004 年版。

[111] 浙江省文物考古研究所：《瑶山》，文物出版社 2003 年版。

[112] 安吉县博物馆：《安吉文物精华》，文物出版社 2003 年版。

三、中文论文、研究报告

[1]〔法〕费尔南·布罗代尔：《历史和社会科学：长时段》，承中译，《史学理论》1987 年第 3 期。

[2]〔英〕维尔·戈登·柴尔德：《城市革命》，载维尔·戈登·柴尔德：《考古学导论》，陈洪波译，上海三联书店 2008 年版。

[3]〔美〕路易斯·宾福德：《后更新世的适应》，曹兵武译，载中国社会科学院考古研究所编：《考古学的历史·理论与实践》，中州古籍出版社 1996 年版。

[4]〔美〕罗伯特·约翰·布雷伍德：《农业革命》，陈星灿译，载中国社会科学院考古研究所编：《考古学的历史·理论与实践》，中州古籍出版社 1996 年版。

[5]〔加〕布赖恩·海登：《驯化的模式》，《农业考古》1994 年第 1 期。

[6]〔日〕滨田耕作：《东亚文明之黎明》，张我军译，《辅仁学志》1930 年第 2 期。

[7]〔日〕稻畑耕一郎：《屈原否定论之系谱》，载早稻田大学中国文学会编：《中国文学研究》1977 年第 3 期。

[8]〔日〕林巳奈夫：《有孔玉、石斧的孔之象征》，载浙江省文物考古研究所编：《良渚文化研究：纪念良渚文化发现 60 周年国际学术讨论会文集》，科学出版社 1999 年版。

[9]〔日〕林巳奈夫：《良渚文化玉器纹饰雕刻技术》，载徐湖平主编：《东方文明之光：良渚文化发现 60 周年纪念文集》，海南国际新闻出版中心 1996 年版。

[10]〔日〕量博满：《关于新石器时代的钺：论圆孔的象征意义》，载浙江省文物考古研究所编：《良渚文化研究：纪念良渚文化发现 60 周年国际学术讨论会文集》，科学出版社 1999 年版。

[11] 周用：《理河事宜疏》，载陈子龙、徐孚远、宋徵璧、周立勋选辑：《明经世文编》卷一四六，中华书局 1962 年版。

[12] 李济：《中国人的种族历史》，载李济：《中国民族的形成》，江苏教育出版社2005年版。

[13] 李济：《再谈中国上古史的重建问题》，《民主评论》1954年第4期。

[14] 李济：《记小屯出土之青铜器》，《中国考古学报》1948年第3期。

[15] 李济：《殷虚铜器五种及其相关之问题》，载《中央研究院历史语言研究所集刊》外编第一种《庆祝蔡元培先生六十五岁论文集》（上编），民国24年（1935年）。

[16] 李济：《中国上古史之重建工作及其问题》，载李济：《李济考古学论文选集》，文物出版社1990年版。

[17] 陈梦家：《商代的神话与巫术》，《燕京学报》第20期，1936年。

[18] 陈梦家：《夏世即商世说》，载顾颉刚编著：《古史辨》第7册下，上海古籍出版社1982年版。

[19] 傅斯年：《夷夏东西说》，载《中央研究院历史语言研究所集刊》外编第1种《庆祝蔡元培先生六十五岁论文集》（下编），民国24年（1935年）。

[20] 顾颉刚：《与钱玄同先生论古史书》，载顾颉刚编著：《古史辨》第1册，上海古籍出版社1982年版。

[21] 顾颉刚：《讨论古史答刘胡二先生》，载顾颉刚编著：《古史辨》第1册，上海古籍出版社1982年版。

[22] 顾颉刚：《鲧禹的传说》，载吕思勉、童书业编著：《古史辨》第7册下，上海古籍出版社1982年版。

[23] 费孝通：《中华民族的多元一体格局》，载费孝通主编：《中华民族多元一体格局》（修订本），中央民族大学出版社1999年版。

[24] 杨宽：《中国上古史导论》，载吕思勉、童书业编著：《古史辨》第7册上，上海古籍出版社1982年版。

[25] 梁思永：《龙山文化：中国文明史前期之一》，《考古学报》第7册，1954年。

[26] 徐中舒：《再论小屯与仰韶》，载李济主编：《安阳发掘报告》第3期，1931年。

[27] 凌纯声：《中国古代海洋文化与亚洲地中海》，载凌纯声：《中国边疆民族与环太平洋文化》，台北联经出版事业股份有限公司1979年版。

[28] 凌纯声：《中国的封禅与两河流域的昆仑文化》，《中央研究院民族学研究所集刊》第19期，1965年。

[29] 凌纯声：《昆仑丘与西王母》，《中央研究院民族学研究所集刊》第22期，1966年。

[30] 凌纯声：《埃及金字塔与中国古王陵》，《中央研究院民族学研究所集刊》第24期，1967年。

[31] 张光直：《中国相互作用圈与文明的形成》，载张光直：《中国考

古学论文集》，生活·读书·新知三联书店1999年版。

[32] 张光直：《中国东南海岸的"富裕的食物采集文化"》，载张光直：《中国考古学论文集》，联经出版事业股份有限公司1995年版。

[33] 张光直：《中国古代文明的环太平洋的底层》，载张光直：《中国考古学论文集》，台北联经出版事业股份有限公司1995年版。

[34] 张光直：《连续与破裂：一个文明起源新说的草稿》，载张光直：《中国青铜时代》（二集），生活·读书·新知三联书店1990年版。

[35] 张光直：《商代的巫与巫术》，载张光直：《中国青铜时代》（二集），生活·读书·新知三联书店1990年版。

[36] 张光直：《中国古代王的兴起与城邦的形成》，载张光直：《中国考古学论文集》，台北联经出版事业股份有限公司1995年版。

[37] 张光直：《从中国古史谈社会科学与现代化》，载张光直：《考古人类学随笔》，生活·读书·新知三联书店1999年版。

[38] 张光直：《论"中国文明的起源"》，《文物》2004年第1期。

[39] 徐苹芳、张光直：《中国文明的形成及其在世界文明史上的地位》，《燕京学报》新6期，北京大学出版社1999年版。

[40] 苏秉琦、殷玮璋：《关于考古学文化的区系类型问题》，《文物》1981年第5期。

[41] 苏秉琦：《论太湖流域古文化古城古国》，载徐湖平主编：《东方文明之光：良渚文化发现60周年纪念文集》，海南国际新闻出版中心1996年版。

[42] 苏秉琦：《良渚文化的历史地位：纪念良渚遗址发现60周年》，载余杭市政协文史资料委员会编：《文明的曙光：良渚文化》，浙江人民出版社1996年版。

[43] 安志敏：《1952年秋季郑州二里岗发掘记》，《考古学报》1954年第8期。

[44] 安志敏：《殷墟的石刀》，《燕京学报》第33期，1947年。

[45] 石璋如：《第七次殷墟发掘》，《安阳发掘报告》（4），1933年。

[46] 李宏飞：《夏商世系探索》，载李雪山、郭旭东、郭胜详主编：《甲骨学110年：回顾与展望——王宇信教授师友国际学术研讨会论文集》，中国社会科学出版社2009年版。

[47] 雷海宗：《世界史分期与上古中古史中的一些问题》，《历史教学》1957年第7期。

[48] 王东：《文明起源的三大阶段新论》，《吉林大学社会科学学报》2003年第2期。

[49] 陈宁：《"夏商周断代工程"争议难平》，《社会科学报》2003年11月27日。

[50] 于省吾：《从甲骨文看商代奴隶社会性质》，《东北人民大学人文

科学学报》1957年第2、3期。

[51] 陈文华：《关于夏商西周春秋时期的青铜农具问题》，《农业考古》2002年第3期。

[52] 陈星灿：《中国史前文化研究的心路历程》，载浙江省文物考古研究所编：《良渚文化研究：纪念良渚文化发现60周年国际学术讨论会文集》，科学出版社1999年版。

[53] 陈星灿：《黄河流域农业的起源：现象和假设》，《中原文物》2001年第4期。

[54] 陈连开：《关于中华民族的含义和起源的初步探讨》，《民族论坛》1987年第3期。

[55] 陈连开：《中华新石器文化的多元区域性发展及其汇聚与辐射》，《北方民族》1988年第1期。

[56] 徐中舒：《北狄在前殷文化上之贡献：论殷墟青铜器与两轮大车之由来》，《古今论衡》1999年第3期。

[57] 杨升南、马季凡：《1997年的先秦史研究》，《中国史研究动态》1998年第5期。

[58] 徐旭生：《1959年夏豫西调查"夏墟"的初步报告》，《考古》1959年第11期。

[59] 中国科学院考古研究所洛阳发掘队：《1959年河南偃师二里头试掘简报》，《考古》1961年第2期。

[60] 陈淳、龚辛：《二里头、夏与中国早期国家研究》，《复旦学报》2004年第4期。

[61] 童恩正：《中国古代北方与南方文明发展轨迹之异同》，《中国社会科学》1997年第2期。

[62] 王震中：《文明与国家起源的"聚落三形态演进"说和"邦国—王国—帝国"说》，《中国社会科学院研究生院学报》2012年第5期。

[63] 麦戈文等：《山东日照市两城镇龙山文化酒遗存的化学分析：兼谈酒在史前时期的文化意义》，《考古》2005年第3期。

[64] 蒋乐平：《浙江史前文化演进的形态与轨迹》，《南方文物》1996年第4期。

[65] 蒋乐平：《礼器"鼎"渊源探索》，《南方文物》1992年第3期。

[66] 谷建祥等：《对草鞋山遗址马家浜文化时期稻作农业的初步认识》，《东南文化》1998年第3期。

[67] 苏州博物馆：《江苏昆山绰墩遗址第一至五次发掘简报》，《东南文化》（增刊1）2003年。

[68] 苏州博物馆、吴江县文物管理委员会：《吴江梅堰龙南新石器时代村落遗址第一、二次发掘简报》，《文物》1990年第7期。

[69] 南京博物院：《江苏吴县草鞋山遗址》，《文物资料丛刊》第3

辑，文物出版社1980年版。

[70] 李嘉球：《澄湖水下为何有街道》，《姑苏晚报》2006年1月21日。

[71] 黄琦、蒋乐平：《上山遗址与上山文化：中国第四届环境考古学大会暨上山遗址学术研讨会上专家谈"上山文化"》，《中国文物报》2006年12月29日。

[72] 浙江省文物考古研究所、浦江县博物馆：《浙江浦江县上山遗址发掘简报》，《考古》2007年第9期。

[73] 刘恒武：《论宁绍与杭嘉湖地区新石器时代文化起源及其流变》，《宁波大学学报》（人文科学版）2007年第3期。

[74] 姚仲源：《二论马家浜文化》，载中国考古学会编：《中国考古学会第二次年会论文集》，文物出版社1982年版。

[75] 浙江省文物考古研究所：《桐乡县罗家角遗址发掘报告》，《浙江省文物考古研究所学刊》，文物出版社1981年版。

[76] 王海明：《河姆渡文化与马家浜文化关系简论》，《东南文化》1991年第6期。

[77] 浙江省文物管理委员会、浙江省博物馆：《河姆渡遗址第一期发掘报告》，《考古学报》1978年第1期。

[78] 河姆渡遗址考古队：《浙江河姆渡遗址第二期发掘的主要收获》，《文物》1980年第5期。

[79] 王海明：《河姆渡文化与马家浜文化关系简论》，《东南文化》1991年第6期。

[80] 何天行：《杭县良渚镇之石器与黑陶》，载何天行：《何天行文集》，周膺、何宝康编校，浙江大学出版社2014年版。

[81] 卫聚贤：《中国最古的文字已发现》，载何天行：《何天行文集》，周膺、何宝康编校，浙江大学出版社2014年版。

[82] 施昕更：《良渚：杭县第二区黑陶文化遗址初步报告》，载浙江省文物局、浙江省博物馆编：《浙江文博七十年文萃》，浙江大学出版社1999年版。

[83] 李学勤：《试论余杭南湖良渚文化黑陶罐的刻画符号》，《浙江学刊》1992年第4期。

[84] 李学勤：《良渚文化的多字陶文》，《苏州大学学报》（吴学研究专辑）1992年。

[85] 孙维昌：《良渚文化陶器细刻纹饰论析》，《中国民间文化、民间神秘文化研究》1993年第4期。

[86] 饶宗颐：《哈佛大学所藏良渚黑陶上的符号试释》，《浙江学刊》1990年第4期。

[87] 郭若愚等：《殷墟文字缀合》，科学出版社1955年版。

[88] 严文明：《良渚随笔》，《文物》1996年第3期。

[89] 严文明：《聚落考古与史前社会研究》，《文物》1997年第6期。

[90] 张忠培：《良渚文化墓地与其表述的文明社会》，《考古学报》2012年第4期。

[91] 陈桥驿：《论古代良渚人与良渚的自然环境》，《杭州师范学院学报》（社会科学版）1995年第2期。

[92] 冯义雄：《基于生存环境演变的良渚文化信息图谱》，浙江师范大学硕士学位论文，2011年。

[93] 奕丰实：《良渚文化的分期与年代》，《中原文物》1992年第3期。

[94] 杨晶：《论良渚文化分期》，《东南文化》1991年第6期。

[95] 黄宣佩：《论良渚文化分期》，《上海博物馆集刊》（6），上海古籍出版社1992年版。

[96] 张之恒：《略论良渚文化的分期》，载余杭市政协文史资料委员会编：《文明的曙光：良渚文化》，浙江人民出版社1996年版。

[97] 李之龙：《从良渚文化社会组织形态分析其文化个性与文明进程》，《华夏考古》2003年第2期。

[98] 高蒙河：《良渚文化的家庭形态及其相关问题》，载吉林大学考古系编：《青果集：吉林大学考古系建系十周年纪念文集》，知识出版社1998年版。

[99] 高蒙河：《良渚文化区的人文景观》，载浙江省社会科学院国际良渚文化研究中心编：《良渚文化探秘》，人民出版社2006年版。

[100] 芮国耀：《长江流域考古与中国古代文明：牟永抗先生访谈录》，《东南文化》1992年第6期。

[101] 丁品、郑云飞、陈旭高、仲召兵、王宁远：《浙江余杭茅山良渚遗址》，http：//topic.ccrnews.com.cn/Articledetail.aspx? id=79。

[102] 浙江省文物管理委员会：《吴兴钱山漾遗址第一、二次发掘报告》，《考古学报》1960年第2期。

[103] 徐辉等：《对钱山漾出土丝织品的验证》，《丝绸史研究资料》1982年第1期。

[104] 赵丰：《良渚织机的复原》，《东南文化》1992年第2期。

[105] 朔知：《良渚文化的初步分析》，《考古学报》2000年第4期。

[106] 郭明建：《聚落形态与玉器生产：审视良渚文化社会的两个视角》，山东大学博士学位论文，2012年。

[107] 汪遵国：《中国文明探源与良渚文化》，《良渚学通讯》2002年第1期。

[108] 浙江省文物考古研究所：《浙江良渚庙前遗址第五、六次发掘简报》，《文物》2001年第12期。

[109] 刘斌：《余杭卢村遗址的发掘及其聚落考察》，载浙江省文物考古研究所编：《浙江省文物考古研究所学刊》（1997年），长征出版社1997

年版。

[110] 刘恒武、王力军：《良渚文化的聚落级差及城市萌芽》，《东南文化》2007年第3期。

[111] 吴汝祚：《良渚文化：中华文明的曙光》，载余杭市政协文史资料委员会编：《文明的曙光：良渚文化》，浙江人民出版社1996年版。

[112] 赵晔：《浙江余杭临平遗址群的聚落考察》，《东南文化》2012年第3期。

[113] 王政：《艺术拆半与巫术象征》，载徐湖平主编：《东方文明之光：良渚文化发现60周年纪念文集》，海南国际新闻出版中心1996年版。

[114] 邓淑蘋：《由良渚刻符玉璧论璧之原始意义》，载浙江省文物考古研究所编：《良渚文化研究：纪念良渚文化发现60周年国际学术讨论会文集》，科学出版社1999年版。

[115] 董欣宾、郑旗、陆建方：《赵陵山族徽在民族思维发展史上的重要意义》，载徐湖平主编：《东方文明之光：良渚文化发现60周年纪念文集》，海南国际新闻出版中心1996年版。

[116] 吴于廑：《世界历史上的农本与重商》，载吴于廑：《吴于廑文选》，武汉大学出版社2007年版。

[117] 吴于廑：《历史上农耕世界对工业世界的孕育》，载吴于廑：《吴于廑文选》，武汉大学出版社2007年版。

[118] 孟广林：《世界历史研究的"通观"：吴于廑先生的学术境界》，《史学集刊》2013年第4期。

[119] 裴小林：《论土地生产率极限法则：一个改进的马尔萨斯理论和不同发展阶段的反向逻辑》，载黄宗智主编：《中国乡村研究》第6辑，福建教育出版社2008年版。

[120] 张明华：《中国新石器时代水井的考古发现》，《上海博物馆集刊》(5)，上海古籍出版社1990年版。

[121] 谢仲礼：《江南地区史前木器初探》，《东南文化》1993年第6期。

[122] 游修龄：《良渚文化与稻的生产》，载游修龄：《农史研究文集》，中国农业出版社1999年版。

[123] 郑云飞、游修龄：《新石器时代遗址出土葡萄种子引起的思考》，《农业考古》2006年第1期。

[124] 宋兆麟：《木牛挽犁考》，《农业考古》1984年第1期。

[125] 程世华：《良渚文化时期的"千篰"及其用途试析》，《农业考古》2001年第1期。

[126] 柳志青、沈忠悦、柳翔：《釉陶与制盐起源于跨湖桥文化》，《萧山日报》2009年8月11日。

[127] 孟慧英：《萨满教的自然神与自然神话》，《社会科学战线》1999年第4期。

[128] 赵敦华：《图腾制是人类文明的起点》，《云南大学学报》2003年第6期。

[129] 杨剑利：《中国古代的"巫"与"巫"的分化：兼析人类社会等级制度的形成》，《学术月刊》2010年第5期。

[130] 沈刚伯：《说"史"》，载杜维运、黄进兴编：《中国史学史论文选集》，华世出版社1976年版。

[131] 戴君仁：《释史》，载戴君仁：《梅园论学集》，台北开明书店1970年版。

[132] 刘师培：《论古学出于史官》，载刘师培：《刘师培史学论著选集》，上海古籍出版社2006年版。

[133] 谭佳：《先秦"巫史传统"蠡测》，《绵阳师范学院学报》2008年第12期。

[134] 张曙光：《权力话语与文化自觉：关于文化与权力关系问题的哲学思考》，《社会科学战线》2008年第5期。

[135] 叶秀山：《试释"逻各斯"》，《中国社会科学院研究生院学报》2011年第1期。

[136] 叶秀山：《意义世界的埋葬：评隐晦哲学家德里达》，《中国社会科学》1989年第3期。

[137] 车力木格：《浅谈泰勒斯"水是始基"对理性思维诞生的意义》，山东大学硕士学位论文，2009年。

[138] 段昌群：《人类活动对生态环境的影响与古代中国文明中心的迁移》，《思想战线》1996年第4期。

[139] 李水城：《区域对比：环境与聚落的演进》，《考古与文物》2002年第6期。

[140] 吴宇虹：《生态环境的破坏和苏美尔文明的灭亡》，《世界历史》2001年第3期。

[141] 陈冰：《从ABC到霾》，《新民周刊》2009年第14期。

[142] 贺莉丹：《城市空气污染调查：广州怎么了》，《新民周刊》2009年第14期。

[143] 竺可桢：《为什么中国古代没有产生自然科学》，载竺可桢：《竺可桢文录》，浙江文艺出版社1999年版。

[144] 任鸿隽：《说中国无科学的原因》，《科学》第1卷第1期，商务印书馆民国4年（1915年）版。

[145] 任鸿隽：《科学方法讲义》，《科学》第4卷第11期，商务印书馆民国7年（1918年）版。

[146] 郭汉民、袁洪亮：《中国传统国民性的结构及其特征》，《衡阳师范学院学报》（社会科学版）2001年第1期。